普通高等教育『十三五』规划教材

大学语文

第二版

主 编　俞秀红　陈清华

副主编　陈秋芳　杨玉锋

南京大学出版社
NANJING UNIVERSITY PRESS

图书在版编目（CIP）数据

　　大学语文 / 俞秀红，陈清华主编. —2 版. —南京：
南京大学出版社，2018.8(2021.2 重印)
　　ISBN 978-7-305-20676-4

　　Ⅰ. ①大… 　Ⅱ. ①俞… 　②陈… 　Ⅲ. ①大学语文课—
高等学校—教材 　Ⅳ. ①H193.9

　　中国版本图书馆 CIP 数据核字(2018)第 172024 号

出版发行	南京大学出版社
社　　址	南京市汉口路 22 号　　　邮　　编　210093
出 版 人	金鑫荣

书　　名	**大学语文（第二版）**
主　　编	俞秀红　陈清华
责任编辑	刁晓静　　　　　　编辑热线　025-83592123
照　　排	南京开卷文化传媒有限公司
印　　刷	盐城市华光印刷厂
开　　本	787×1092　1/16　印张 15.25　字数 340 千
版　　次	2018 年 8 月第 2 版　2021 年 2 月第 3 次印刷
ISBN	978-7-305-20676-4
定　　价	38.00 元

网　　址	：http://www.njupco.com
官方微博	：http://weibo.com/njupco
官方微信号	：njupress
销售咨询热线	：(025)83594756

前 言

很多学生在得知要学习大学语文时,很沮丧也很困惑,沮丧的是,到大学了竟然还要学习这讨厌的语文? 困惑的是,我会说会写,干嘛还要学习语文呢? 每年的大学语文第一课,我都要不厌其烦地为学生解决这两个问题。

是的,为什么开设大学语文课? 它和中学语文课有什么区别呢?

第一,教学重点不同。中小学语文教学从识字入手,字、词、句、章、篇,循序渐进。重点学习对书面语言的理解和运用,把握书面语形式和内容相互依存、相互作用的关系和规律;逐步由浅入深地理解课文内容,理解体会作者通过文章表达出来的思想感情;同时,学习一般的认识方法和思维形式,学习正确运用书面语言表达自己的思想感情。对于经过12年中小学正规的语文学习,又合格通过高考的大学生来说,运用现代汉语书面语来正确理解和通顺表达应无障碍,也有能力阅读一些文言文作品。所以大学语文的教学侧重点应该是"文章内容",是通过阅读,对作者、时代、社会、人和世界得出深入的、全方位的、融会贯通的、创造性的理解、感受、认知和反应。这是对大学生素质状况变化的适应,也是由中小学语文向大学语文延伸的自然发展趋势。

第二,大学语文更应重视学生的独立意识和创造意识的培养。学者殷海光早就说过,"一个知识分子不止是一个读书多的人,一个知识分子的心灵必须有独立精神和原创能力。"真正的素质教育,就是要培养学生的人格独立和精神健全。独立思考的主见、质疑辨伪的敏感、触类旁通的联想和不拘常格的想象,都是获得新知识、发现新问题、学以致用、融会贯通的良好学习素质。前人的作品,有正有伪,教材选择的课文当然都是精品,但难免存在"虽正而不至焉",还有的在当时当地是至理名言,此时此地则应重新评价。何况分析、评价一篇文章,结论常常是多元的、可变的,没有也不应该有"标准答案"。今天的大学生一般都受过良好的语言文字基本功训练,但毋庸讳言,中小学语文课应试教育模式的副作用也是明显的,不同形式、不同程度地约束了学生的自主意识和创新精神。我们主张学生要多读书,读好书,我们更主张学生要不轻信、不唯书,大胆质疑辩难,有独立见解。

第三,激发学生对民族传统文化的热爱。语文文本本身就是人类文化的重要组成部分,学习语文的过程是体会和认识民族文化的过程。而经过应试阶段的基础知识学习,大学阶段的语文教育更应突出人文性,对学生传授语言构成的文本的同时,大学语文课堂给学生的还有文字本身的魅力、文本所蕴含的传统文化以及文本形成的历史背景等相关的文化知识,从而"通过引导大学生感受、领悟语言文字的巨大魅力而引领其追问生存的意义和存在的真相,激发他们的独立精神和自由思想以及想象力与创造力,培育和滋养其健

1

全的人格与人文关怀意识,为他们提供'精神成人'的诗意空间。"北大文学院教授温儒敏也曾说过,"我认为大学语文主要还是激发和培养学生对语文的兴趣,也就是民族语言、文学、文化的兴趣。"

第四,自学能力的培养。中学求同,大学求异!大学语文课堂,教师只是把自己对问题的看法,或者如何研究得出其观点的过程告诉同学,让同学得到一定的启发,学生不满足,于是进行补充、完善,以训练研究方法,培养创造性的能力。同样,学生不能只知从老师那里获得一个所谓结论,要自己去探索,要从独立的思考中获得学业的进步。这就要求学生掌握自学的能力。本教材每个章节分为精读和泛读,通过精读部分的讲解、分析,让学生掌握学习方法,特别是古诗文的赏析,从而能够自学后面泛读部分的篇章。

这本《大学语文》综合独立学院的实际,结合了多年大学语文教学实践,以史为线,一篇篇文学史上优秀篇章便是一颗颗闪耀的珍珠,期待学生在认识了解捡拾这些珍珠的同时,能掌握整个中华民族文学的发展史及各种文学体裁的发展史。每个章节分为精读和泛读,尽可能提供较大的容量,满足教学对阅读量的要求。同时提供相对系统的作者作品背景资料,为精确而合理地理解作品提供条件。我们希望这本教材不仅是修读课程、获得学分的工具,同时也是一本值得珍藏的课余读物,能够伴随大家久远。

本书的编写理念、思想观点、概述、注释、点评等具体内容,无不得益于前人的知识营养,参考借鉴了无数前人的成果,实难一一列举。谨一并献上我们诚挚的敬意与谢意!烦请有著作权的作者与出版社联系,以便酬谢!

南京大学出版社的王抗战先生是本书的责任编辑,为本书付出辛勤的劳动,在此一并献上感谢!

参与第二版编写的有南京航空航天大学金城学院的俞秀红、陈清华;西京学院的杨玉锋。限于编者水平,书中难免有错讹之处,敬请读者和专家不吝指正。

编　者
2018 年 7 月

目　　录

大学语文

第一编　先秦文学

先秦文学概述

"先秦"指的是公元前221年秦始皇统一六国之前的历史时期。先秦文学是我国古代文学发生发展的最早阶段,它包括秦代以前各个历史时期的文学。先秦文学是中国文学的光辉起点,跨越原始社会、奴隶社会和早期封建社会三种社会形态,经历了从胚胎萌芽到生长成熟的漫长过程。在这一阶段里产生了很多优秀作品,有成为我国古代文学先导的古代神话和古代歌谣,有标志着我国文学光辉起点的《诗经》,有作为后代史传体文学和小说、戏剧滥觞的历史散文,有体现战国时代百家争鸣之局面的诸子散文,有我国寓言文学鼻祖的先秦寓言,有光耀千古的浪漫主义杰作《楚辞》,等等。先秦文学丰富多彩,斑驳灿烂,奠定了我国两千多年文学发展的坚实基础。

一、歌谣和神话传说

远古时期的歌谣和神话传说,在古籍中时有记载。据说是神农时代出现的《蜡辞》云:"土,反其宅!水,归其壑!昆虫,毋作!草木,归其泽!"这大约是一首农事祭歌。另有《吴越春秋》卷九所载的《弹歌》:"断竹,续竹,飞土,逐宍。"该诗反映的是原始人制造弹弓和狩猎的过程,语言古朴,但已经具有韵律,显然是一首十分古老的歌谣。

神话是远古时代人民的集体口头创作,是对其所接触的自然现象、社会现象,幻想出来的具有艺术意味的解释和描述。中国神话大多保存在《山海经》《楚辞》《庄子》《列子》《淮南子》等古籍中,在所有的古代文献中,以《山海经》最有神话学价值,是我国古代保存神话资料最多的著作。神话按题材大致可分为:创世神话、洪水神话、战争神话、英雄神话等,其中著名的有盘古开天地、女娲补天、黄帝擒蚩尤、大禹治水、后羿射日、夸父追日、精卫填海等等。

二、《诗经》和《楚辞》

《诗经》是中国第一部诗歌总集,收集了自西周初年至春秋中叶五百多年间的诗歌305篇。先秦称为《诗》,或取其整数称《诗三百》《三百篇》。大约成书于春秋时期,到了汉代被儒家奉为经典。《诗经》从内容上可以分为风、雅、颂三部分,其中"风"是地方民歌,有十五国风,共一百六十首;"雅"主要是朝廷乐歌,分大雅和小雅,共一百零五篇;"颂"主要是宗庙乐歌,有四十首。其中思想和艺术价值最高的是民歌,"饥者歌其食,劳者歌其事",

《伐檀》《硕鼠》就是"风"的代表作。

《诗经》以四言为主,兼有杂言。在结构上多采用重章叠句的形式加强抒情效果。表现手法主要是赋、比、兴。"赋"就是铺陈(敷陈其事而直言之者也),"比"就是比喻(以彼物比此物也),"兴"就是启发(先言他物以引起所咏之词也)。

汉代传授《诗经》的有齐、鲁、韩、毛四家。东汉以后,齐、鲁先后亡失,韩诗仅存《韩诗外传》。毛诗盛行于东汉以后,并流传至今。重要的注本有《毛诗正义》、宋朱熹的《诗集传》、清马瑞辰的《毛诗传笺通释》、清陈奂的《诗毛氏传疏》、今人程俊英的《诗经释注》、今人余冠英的《诗经选译》等。

《楚辞》是最早的浪漫主义诗歌总集及浪漫主义文学源头。其本义泛指楚地的歌辞,以后才成为专称,指以战国时楚国屈原的创作为代表的新诗体。西汉末年,刘向将屈原、宋玉的作品以及汉代淮南小山、东方朔、王褒、刘向等人承袭模仿屈原、宋玉的作品汇编成集,计十六篇,定名为《楚辞》。

《楚辞》运用楚地(今湖南、湖北、安徽西部一带)的方言声韵,叙写楚地的山川人物、历史风情,具有浓厚的地域文化色彩,如宋人黄伯思所说,"皆书楚语,作楚声,纪楚地,名楚物"(《东观余论·翼骚序》)。全书以屈原作品为主,其余各篇也都承袭屈赋的形式,感情奔放,想象奇特。与《诗经》古朴的四言体诗相比,楚辞的句式较活泼,句中有时使用楚国方言,在节奏和韵律上独具特色,更适合表现丰富复杂的思想感情。

三、诸子散文和历史散文

春秋战国时期是学术思想的繁荣时期。针对社会急剧的发展变化,许多有识之士纷纷发表各自的看法,逐渐形成儒家、法家、道家、墨家、兵家等诸多学派,史称诸子百家。诸子百家的学术观点反映在他们的文学作品中,也随之形成了不同的学术和文学派别。诸子散文大都观点鲜明,言辞犀利,感情充沛,表达方式灵活多样,具有很强的感染力,所以诸子百家散文不仅具有重要的学术价值,同时也具有重要的文学价值,代表作品有《论语》《墨子》《老子》等。

先秦历史散文的发展,大致可分三个阶段。第一阶段从夏到春秋时期,以《尚书》和《春秋》为代表,此期史官分司,言、事不混,如《尚书》记言,《春秋》记事,文字古朴简洁。第二阶段从春秋末到战国初期,代表作是《左传》和《国语》,此时的创作,既记言又记事,言事相融,篇幅加长,内容详赡,记事曲折,写人生动,富于文采。第三阶段是战国中后期,以《战国策》为代表,它采取国别体,吸取《左传》《国语》的创作技巧并加以发展,使历史散文发展到新的高峰,总的趋势是,由简到繁,由质而文,由片断的文辞到较详细生动的记言、记事、写人。由于当时文史哲界限不清,人们的思维还带有文明史初期具象思维的诸多特点,因而其历史散文带有极强的文学特色,大都注意将神话、传说渗入史籍,使历史事件故事化;注重描写与人物特征刻画,使历史人物形象化;对事件进行褒贬评价,使记事记言声情并茂。

桃 夭

《诗经·周南》

桃之夭夭,灼灼其华[1]。之子于归,宜其室家[2]。
桃之夭夭,有蕡其实[3]。之子于归,宜其家室。
桃之夭夭,其叶蓁蓁[4]。之子于归,宜其家人。

【注释】

[1] 夭夭:桃树含苞欲放的样子。灼灼:花开鲜艳的样子。华:花。

[2] 之子:指出嫁的姑娘。归:女子出嫁。宜:和顺,和善。室家:指夫妇。

[3] 蕡(fén):果实很多的样子。

[4] 蓁蓁(zhēn zhēn):树叶茂盛的样子。

【学习提示】

这首诗选自《国风·周南》,是女子出嫁时所吟唱的诗歌。唱出了女子出嫁时对婚姻生活的希望和憧憬,用桃树的枝叶茂盛、果实累累来比喻婚姻生活的幸福美满。

各章的前两句,是起兴,分别以桃树的枝、花、叶、实比兴男女盛年,及时嫁娶。清姚际恒《诗经通论》:"桃花色最艳,故以喻女子,开千古词赋咏美人之祖。"这种意象被后世的诗人反复使用。诗中运用重章叠句,反复赞咏,更与新婚时的气氛相融合,与新婚夫妇美满的生活相映衬,既体现了歌谣的风格,又体现了农村的物候特征。

黍 离

《诗经·王风》

彼黍离离,彼稷之苗[1]。行迈靡靡,中心摇摇[2]。知我者谓我心忧,不知我者谓我何求。悠悠苍天!此何人哉?[3]

彼黍离离,彼稷之穗。行迈靡靡,中心如醉。知我者谓我心忧,不知我者谓我何求。悠悠苍天!此何人哉?

彼黍离离,彼稷之实。行迈靡靡,中心如噎[4]。知我者谓我心忧,不知我者谓我何求。悠悠苍天!此何人哉?

【注释】

[1] 黍：一种农作物，即糜子，子实去皮后叫黄米，有黏性，可以酿酒、做糕等。离离：繁茂貌。稷：谷子，一说高粱，黍的一个变种，散穗，子实不黏或黏性不及黍者为稷。

[2] 行迈：道上走。靡靡：迟迟、缓慢的样子。中心：内心。摇摇：心神不宁。

[3] 悠悠：遥遥，形容天之无际。此何人哉：这（指故国沦亡的凄凉景象）是谁造成的呢？

[4] 噎：食物塞住咽喉，这里指哽咽。

【学习提示】

毛诗序称："《黍离》，闵宗周也。周大夫行役至于宗周，过宗庙宫室，尽为黍离。闵宗周之颠覆，彷徨不忍去而作是诗也。"这种解说在后代被普遍接受，黍离之悲成为重要典故，用以指亡国之痛。

这首诗在抒发对西周灭亡的沉痛时，首先出现的是生长茂盛的农作物，而庄稼生长的地方曾是宗周的宗庙宫室。这种沧海桑田的巨大变化，自然使诗人陷入悲哀之中，行进的脚步变得迟缓。三段反复出现"行迈靡靡"的诗句，用脚步的迟缓引出心情的沉痛。昔日气势恢弘的王官，转眼之间已是苔痕遍地，黍稷杂生，曾经拥有的辉煌，犹如明日黄花，独有我孤独地踯躅在昨日风采的遗迹面前。质问苍天，为何如此对我？却得不到任何回答，只有独自黯然垂泪，任那亡国之痛一泻千里。

这首诗采用的是递进式的写景抒情笔法。出现的景物依次是"彼稷之苗""彼稷之穗""彼稷之实"，农作物的部位暗合农作物的生长过程：先有苗，再有穗，最后有了颗粒。作者抒发沉痛之情时，依次是"中心摇摇""中心如醉""中心如噎"，变得越来越强烈，也更加痛苦。

作者忧国忧民，伤时悯乱，最后向天发问：这种历史悲剧是谁造成的，由谁来承担西周灭亡的历史责任，诗的作者非常清楚。他不把问题的答案明确说出，而是采用质问的方式，所产生的艺术效果更加强烈，并给读者留下思考的空间。

采 薇

《诗经·小雅》

采薇采薇，薇亦作止[1]。曰归曰归，岁亦莫止[2]。靡室靡家，猃狁之故[3]。不遑启居，猃狁之故[4]。

采薇采薇，薇亦柔止[5]。曰归曰归，心亦忧止。忧心烈烈[6]，载饥载渴。我戍未定，靡使归聘[7]。

采薇采薇,薇亦刚止[8]。曰归曰归,岁亦阳止[9]。王事靡盬,不遑启处[10]。忧心孔疚,我行不来[11]!

彼尔维何?维常之华[12]。彼路斯何?君子之车[13]。戎车既驾,四牡业业[14]。岂敢定居?一月三捷[15]。

驾彼四牡,四牡骙骙[16]。君子所依,小人所腓[17]。四牡翼翼,象弭鱼服[18]。岂不日戒?玁狁孔棘[19]!

昔我往矣,杨柳依依。今我来思,雨雪霏霏。行道迟迟,载渴载饥。我心伤悲,莫知我哀!

【注释】

[1] 薇:豆科野豌豆属的一种,学名救荒野豌豆,又叫大巢菜,种子、茎、叶均可食用。作:指薇菜冒出地面。止:句末助词,无实意。

[2] 曰:句首、句中助词,无实意。莫:通"暮",也读作"暮"。本文指年末。

[3] 靡室靡家:没有正常的家庭生活。靡,无。室,与"家"义同。玁(xiǎn)狁(yǔn):中国古代少数民族名。

[4] 不遑(huáng):不暇。遑,闲暇。启居:跪、坐,指休息、休整。启,跪、跪坐。居,安坐、安居。古人席地而坐,两膝着席,危坐时腰部伸直,臀部与足离开;安坐时臀部贴在足跟上。

[5] 柔:柔嫩。"柔"比"作"更进一步生长,指刚长出来的薇菜柔嫩的样子。

[6] 烈烈:炽烈,形容忧心如焚。

[7] 戍(shù):防守,这里指防守的地点。聘(pìn):问候的音信。

[8] 刚:坚硬。

[9] 阳:农历十月,小阳春季节。今犹言"十月小阳春"。

[10] 靡:无。盬(gǔ):止息,了结。启处:休整,休息。

[11] 孔:甚,很。疚:病,苦痛。我行不来:我不能回家。来,回家。(一说,我从军出发后,还没有人来慰问过)

[12] 常:常棣(棠棣),即苿莒,植物名。

[13] 路:高大的战车。斯何,犹言维何。斯,语气助词,无实意。君子:指将帅。

[14] 牡(mǔ):雄马。业业:高大的样子。

[15] 捷:胜利。谓接战、交战。(一说,捷,邪出,指改道行军。此句意谓,一月多次行军。)

[16] 骙(kuí):雄强,威武。这里的骙骙是指马强壮的意思。

[17] 腓(féi):庇护,掩护。小人:指士兵。

[18] 翼翼:整齐的样子。谓马训练有素。弭(mǐ):弓的一种,其两端饰以骨角。(一说弓两头的弯曲处。象弭,以象牙装饰弓端的弭。鱼服,鲨鱼鱼皮制的箭袋。)

[19] 日戒：日日警惕戒备。棘（jí）：急，孔棘，很紧急。

【学习提示】

毛序为："《采薇》，遣戍役也。文王之时，西有昆夷之患，北有猃狁之难。以天子之命，命将率遣戍役，以守卫中国。故歌《采薇》以遣之。"全诗六节（每八句为一节），模仿一个戍卒的口吻，以采薇起兴，前五节着重写戍边征战生活的艰苦、强烈的思乡情绪以及久久未能回家的原因，从中透露出士兵既有御敌胜利的喜悦，也深感征战之苦，流露出期望和平的心绪，作者的爱国情怀是通过对猃狁的仇恨来表现的。

湘夫人[1]

帝子降兮北渚，目眇眇兮愁予[2]。
袅袅兮秋风，洞庭波兮木叶下[3]。
登白薠兮骋望，与佳期兮夕张[4]。
鸟何萃兮蘋中，罾何为兮木上？[5]
沅有茝兮醴有兰，思公子兮未敢言[6]。
荒忽兮远望，观流水兮潺湲[7]。
麋何食兮庭中？蛟何为兮水裔[8]？
朝驰余马兮江皋，夕济兮西澨[9]。
闻佳人兮召予，将腾驾兮偕逝[10]。
筑室兮水中，葺之兮荷盖[11]。
荪壁兮紫坛，匊芳椒兮成堂[12]。
桂栋兮兰橑，辛夷楣兮药房[13]。
罔薜荔兮为帷，擗蕙櫋兮既张[14]。
白玉兮为镇，疏石兰兮为芳[15]。
芷葺兮荷屋，缭之兮杜衡[16]。
合百草兮实庭，建芳馨兮庑门[17]。
九嶷缤兮并迎，灵之来兮如云[18]。
捐余袂兮江中，遗余褋兮澧浦[19]。
搴汀洲兮杜若，将以遗兮远者[20]。
时不可兮骤得，聊逍遥兮容与[21]。

【注释】

[1] 选自《楚辞章句》，《楚辞》收集战国时代楚国屈原、宋玉和汉代贾谊等人的诗赋，西汉刘向辑，东汉王逸作章句。《湘夫人》为《九歌》中的一篇。《九歌》是屈原十一篇作品

的总称。"九"是泛指，非实数，《九歌》本是古乐章名。王逸《楚辞章句》认为："昔楚国南郢之邑，沅湘之间，其俗信鬼而好祠。其祠必作歌乐鼓舞以乐诸神。屈原放逐，窜伏其间，怀忧苦毒，愁思沸郁，出见俗人祭祀之礼，歌舞之乐，其辞鄙陋，因作《九歌》之曲，上陈事神之敬，下见己之冤结，托之以讽谏。"也有人认为是屈原在民间祭歌的基础上加工而成。此篇与《九歌》中另一篇《湘君》为姊妹篇。关于湘夫人和湘君为谁，多有争论。二人为湘水之神，则无疑。此篇写湘君期待湘夫人而不至，产生的思慕哀怨之情。湘夫人：与湘君并称为楚地传说中的湘水配偶神。有人认为湘君、湘夫人与虞舜及其二妃娥皇、女英的传说有关，湘君即舜，湘夫人即娥皇、女英。

[2] 帝子：指湘夫人。舜妃为帝尧之女，故称帝子。渚：水中的沙洲。眇(miǎo)眇：极目远望的样子。愁予(yú)：使我发愁。予，我，下文"闻佳人兮召予"中"予"同。

[3] 袅(niǎo)袅：微风吹拂的样子。

[4] 蘋(fán)：草名，多生长在秋季沼泽地。骋望：纵目远望。佳：佳人，指湘夫人。下文"佳人"同。期：期约，约会。张：陈设，指陈设帏帐、祭品等。

[5] 萃：聚集。鸟本当聚集在木上，反说在水草中。蘋：水草。罾(zēng)：渔网。罾原当在水中，反说在木上，比喻所愿不得，失其应处之所。

[6] 沅：即沅水，在今湖南省。芷：香草名，即白芷。醴：(lǐ)，即澧水，在今湖南省，流入洞庭湖。公子：指帝子，湘夫人。古代贵族称公族、贵族子女不分性别，都可称"公子"。

[7] 荒忽：即"恍惚"，迷迷糊糊的样子。潺(chán)湲(yuán)：水流缓慢，但不间断的样子。

[8] 水裔：水边。

[9] 江皋(gāo)：江边。济：渡水。澨(shì)：水边。

[10] 偕逝：同去，指与使者同往。

[11] 葺(qì)：修补，这里指用茅草盖屋。

[12] 荪：一种香草。紫：紫贝。坛：庭院。播：散布。芳椒：芳香的椒树子。

[13] 栋：屋梁。橑(liáo)：屋椽。辛夷：香木名，初春开花又叫木笔。楣：门上的横梁。药：香草名，即白芷。

[14] 罔：通"网"，编织。薜(bì)荔(lì)：一种香草，缘木而生。帷：围在四边的帐幕。擗(pǐ)：剖开。櫋(mián)：檐际木，这里作"幔"讲，帐顶。

[15] 镇：镇压坐席之物。疏：散布，分陈。石兰：兰草的一种。

[16] 缭：缠绕。杜衡：即杜若，一种香草。

[17] 实：充满。馨：散布很远的香气。庑(wǔ)：厢房。

[18] 九嶷(yí)：山名，又名苍梧，传说中舜的葬地，在湘水南，这里指山神。缤：盛多的样子。灵：指九嶷山上的众神，一说指湘夫人。

[19] 袂(mèi)：衣袖。褋(dié)：汗衫。

[20] 搴(qiān)：采摘。汀(tīng)：水中或水边的平地。遗(wèi)：赠送。

[21] 骤:轻易,一下子。聊:姑且。容与:从容自在的样子。

【学习提示】

《湘夫人》是祭湘水女神的诗歌,和《湘君》是姊妹篇。全篇以湘君思念湘夫人的语调去写,描绘出那种驰神遥望,祈之不来,盼而不见的惆怅心情,通篇笼罩在凄美的氛围中。开头几句是秋水的绝唱,是"千古言秋之祖"(胡应麟《诗薮》)。通常认为湘君和湘夫人是湘水的配偶神,他们彼此眷恋,却不知什么原因,一直见而不得,只能互相地想着对方,无望地追寻。他们之间,永远隔着迷惘的水域。而水中的杜若辛夷等香花香草也喻示了湘君、湘夫人高洁优美的形象。

全诗描写的对象和运用的语言,都是楚化了的,如"兮"字的大量运用,如沅水、湘水、洞庭湖、辛夷等自然界山水、动植物。民俗风情、神话传说,特有的宗教气氛更有着鲜明的楚地特色,都是立足于楚地特有的天然环境、社会风尚和文化心理结构这个土壤上的。

《论语》两则

《论语》是儒家学派的经典著作之一,由孔子的弟子及其再传弟子编撰而成。共20篇,成书时间大约在春秋战国时期。它以语录体和对话文体为主,记录了孔子及其弟子言行,集中体现了孔子的政治主张、论理思想、道德观念及教育原则等,与《大学》《中庸》《孟子》《诗经》《尚书》《礼记》《易经》《春秋》并称"四书五经",为后人研究孔子思想的主要资料。

子路、曾皙、冉有、公西华侍坐篇[1]

子路、曾皙、冉有、公西华侍坐。子曰:"以吾一日长乎尔,毋吾以也。居则曰:'不吾知也!'如或知尔,则何以哉?"

子路率尔[2]而对曰:"千乘之国[3],摄[4]乎大国之间,加之以师旅[5],因之以饥馑[6];由也为之,比及[7]三年,可使有勇,且知方[8]也。"

夫子哂之[9]。

"求,尔何如?"

对曰:"方六七十,如五六十[10],求也为之,比及三年,可使足民。如其礼乐,以俟君子。"

"赤,尔何如?"

对曰:"非曰能之,愿学焉。宗庙之事[11],如会同[12],端章甫[13],愿为小相焉。"

"点,尔何如?"

鼓瑟希[14],铿尔[15],舍瑟而作,对曰:"异乎三子者之撰。[16]"

子曰:"何伤乎? 亦各言其志也。"

曰："莫春者[17]，春服既成，冠者[18]五六人，童子[19]六七人，浴乎沂[20]，风乎舞雩[21]，咏而归。"

夫子喟然叹曰："吾与点也[22]！"

三子者出，曾皙后。曾皙曰："夫三子者之言何如？"

子曰："亦各言其志也已矣！"

曰："夫子何哂由也？"

曰："为国以礼，其言不让，是故哂之。唯求则非邦也与？安见方六七十如五六十而非邦也者？唯赤则非邦也与？宗庙会同，非诸侯而何？赤也为之小，孰能为之大？"

【注释】

[1] 选自《论语·先进》，题目是编者所加的。子路：姓仲，名由，字子路，又字季路，小孔子9岁。曾皙：姓曾，名点，字子皙。曾参的父亲，小孔子20多岁。冉有：姓冉，名求，字子有，小孔子29岁。公西华：姓公西，名赤，字子华，小孔子42岁。以上四人都是孔子的学生。侍坐：卑者在尊者身旁陪伴叫"侍"。单用"侍"是陪伴者站着。用"侍坐"指双方都坐着；陪侍长者闲坐。

[2] 率尔：轻率的、毫不思索的样子。

[3] 千乘(shèng)之国：拥有一千辆兵车的国家。古时一车四马为"一乘"。能出车千乘的国家，在当时是一个中等国家。

[4] 摄：迫近。进而作"夹"讲。

[5] 师旅：古时军队的编制。五百人为一"旅"，五旅为一"师"。后因以"师旅"为军队的通称。

[6] 饥馑：谷的不熟为"饥"，果蔬不熟为"馑"。

[7] 比(bì)及：等到。

[8] 方：正道。这里指辨别是非的道理。

[9] 哂(shěn)：笑。这里略含讥讽的意思。

[10] 方六七十，如五六十：一个纵横六七十里，或者五六十里的小国家。方，见方，方圆，计量面积或体积的一种单位。面积一方即一丈见方。方六七十，即国土边长为六七十里。如：或者，连词，表示选择关系。

[11] 宗庙之事：指诸侯的祭祀活动。其中以祭祀祖宗为代表。祭祖必在宗庙(祖庙)，故以"宗庙之事"泛指。

[12] 如会同：或者在诸侯的盟会典礼中。如：或者，连词，表示选择关系。会同：诸侯会盟。

[13] 端章甫：穿着礼服，戴着礼帽。端，礼服。章甫，礼帽。这里都是名词活用作动词。

[14] 希：通"稀"。指弹瑟的速度放慢，节奏逐渐稀疏。

[15] 铿(kēng)尔：铿的一声，琴瑟声止住了。铿：象声词。指弹瑟完毕时最后一声高音。尔："铿"的词尾。

[16] 撰：述。

[17] 莫(mù)春：指夏历三月，天气已转暖的时节。莫：通假"暮"。

[18] 冠者：古代男子二十岁时要举行冠礼，束发、加帽，表示成人。"冠者"指成年人。

[19] 童子：未加冠以前的少年。

[20] 浴乎沂(yí)：到沂河里去洗洗澡。乎：介词，用法同"于"，状语后置，乎沂是状语。沂，水名，在今山东曲阜县南，此水因有温泉流入，故暮春时即可入浴。

[21] 风乎舞雩(yú)：到舞雩台上吹吹风。风：吹风，乘凉。名词活用作动词。舞雩：鲁国祭天求雨的地方，设有坛，在今山东曲阜县南。"雩"是古代为求雨而举行的祭祀。古人行雩时要伴以音乐和舞蹈，故称"舞雩"。

[22] 与：赞许，同意。

【学习提示】

本篇是孔子启发弟子们谈自己的理想，并对弟子们所谈理想的内容和态度，表示不同的看法和评价。人生理想实际上包含着政治上的追求和道德上的修养两个方面。子路、冉有、公西华所谈的理想虽不尽相同，但都侧重于政治方面，曾晳的高明之处正在于他能将政治和道德的两种理想熔为一炉，而出之以春风沂水，一片和煦春光，既可理解为政治上的理想寄托，也可引申为道德上的修养追求，故孔子说："吾与点也！"

长沮、桀溺耦而耕

长沮、桀溺[1]耦而耕[2]。孔子过之，使子路问津[3]焉。长沮曰："夫执舆[4]者为谁？"子路曰："为孔丘。"曰："是鲁孔丘与？"曰："是也。"曰："是知津矣。"问于桀溺。桀溺曰："子为谁？"曰："为仲由。"曰："是孔丘之徒与？"对曰："然。"曰："滔滔者天下皆是也，而谁以易之[5]？且而与其从辟[6]人之士也，岂若从辟世之士哉？"耰[7]而不辍子路行以告。夫子怃然[8]曰："鸟兽不可与同群，吾非斯人之徒与而谁与？天下有道，丘不与易也。"

【注释】

[1] 长沮、桀溺：两位隐士，真实姓名和身世不详。

[2] 耦而耕：两个人合力耕作。

[3] 津：渡口。

[4] 执舆：即执辔。

[5] 之：与。

[6] 辟：同"避"。

[7] 耰(yōu)：用土覆盖种子。

大学语文

10

[8] 怃然:怅然,失意。

【学习提示】

这一章反映了孔子关于社会改革的主观愿望和积极的入世思想。孔子不倡导消极避世的做法,他认为,即使不能齐家治国平天下,也要独善其身,做一个有道德修养的人。孔子就是这样一位身体力行者。正因为社会动乱、天下无道,他才与自己的弟子们不辞辛苦地四处呼吁,为社会改革而努力,这是一种可贵的忧患意识和历史责任感,是可贵的担当精神。

《孟子》两则

孟子(约前372~前289),名轲,字子舆,战国中期鲁国邹人(今山东邹县东南部人)。是著名的思想家、政治家、教育家,孔子学说的继承者,儒家的重要代表人物,被后世尊称为"亚圣"。其弟子及再传弟子将孟子的言行记录成《孟子》一书,属语录体散文集,是孟子的言论汇编,他提倡仁政,提出"民贵君轻"的民本思想。

人皆有不忍人之心

孟子曰:"人皆有不忍人之心[1]。先王有不忍人之心,斯有不忍人之政矣。以不忍人之心,行不忍人之政,治天下可运之掌上。所以谓人皆有不忍人之心者,今人乍[2]见孺子将入于井,皆有怵惕恻隐[3]之心,非所以内交[4]于孺子之父母也,非所以要誉[5]于乡党朋友也,非恶其声而然也。由是观之,无恻隐之心,非人也;无羞恶之心,非人也;无辞让之心,非人也;无是非之心。非人也。恻隐之心,仁之端[6]也;羞恶之心,义之端也;辞让之心,礼之端也;是非之心,智之端也。人之有是四端也,犹其有四体也。有是四端而自谓不能者,自贼者也;谓其君不能者,贼其君者也。凡有四端于我[7]者,知皆扩而充之矣,若火之始然[8],泉之始达。苟能充之,足以保[9]四海;苟不充之,不足以事父母。"

【注释】

[1] 不忍人之心:怜悯心,同情心。
[2] 乍:突然、忽然。
[3] 怵惕:惊惧。恻隐:哀痛,同情。
[4] 内交:内交即结交,内同"纳"。
[5] 要誉:博取名誉。要同"邀",求。
[6] 端:开端,起源,源头。
[7] 我:同"己"。
[8] 然:同"燃"。

[9] 保：定，安定。

【学习提示】

《人皆有不忍人之心》出自《孟子》的《公孙丑章句上》，孟子从人人都有"不忍人之心"的仁心推导仁政。他认为"不忍人之心"包含四个方面，即恻隐、羞恶、辞让、是非之心，简称"四心"。而这"四心"只是"仁义礼智"这四种道德范畴的发端，还需要"扩而充之"才能够发扬光大。不然的话，就会熄灭或枯竭。"扩而充之"也就是后天的培养，由于这种"不忍人之心"是人本身所固有的，所以，仁政也应该是天经地义的，孟子的推导仍然是为了推行他那毕生的追求，即"仁政"理想。

养心莫善于寡欲

孟子曰："养心莫善于寡欲。其为人也寡欲，虽有不存焉者，寡矣；其为人也多欲，虽有存焉者，寡矣。"

【学习提示】

《养心莫善于寡欲》出自《孟子》的《尽心章句下》，外物改变人的本性，感官之欲减损人的善心。所以，欲望太多的人，往往利令智昏，做了欲望的奴隶，其结果是"欲望号街车"，不知驶向哪里，失去控制，坠入万劫不复的深渊。因此，修养心性的最好办法就是减少欲望，寡欲清心。

《老子》六篇

老子（前600～前470之后），姓李名耳，号伯阳，楚国苦县厉乡曲仁里人，传说老子出生时就长有白色的眉毛及胡子，所以被后人称为老子。伟大的哲学家和思想家、道家学派创始人，世界百位历史名人之一。其作品《老子》即《道德经》，又称《道德真经》《老子》《五千言》《老子五千文》，是道家思想的重要来源，被奉为道教最高经典。《道德经》分上下两篇，原文上篇《道经》、下篇《德经》，不分章。后分为81章，上篇《道经》从第1章到第37章，下篇《德经》从第38章至第81章。《道德经》是阐述"道"和"德"的深刻含义，它代表了老子的哲学思想。是中国历史上首部完整的哲学著作，其精华是朴素的辩证法，主张无为而治，对中国哲学发展具有深刻影响。

上善若水。水善利万物而不争，处众人之所恶，故几于道。居善地，心善渊，与善仁，言善信，政善治，事善能，动善时。夫唯不争，故无尤。（《老子》第八章）

三十辐，共一毂，当其无，有车之用。埏埴以为器，当其无，有器之用。凿户牖以为室，

当其无,有室之用。故有之以为利,无之以为用。(《老子》第十一章)

太上,不知有之;其次,亲而誉之;其次,畏之;其次,侮之。信不足焉,有不信焉。(《老子》第十七章)

知人者智,自知者明。胜人者有力,自胜者强。知足者富。强行者有志。不失其所者久。死而不亡者寿。(《老子》第三十三章)

大成若缺,其用不弊。大盈若冲,其用不穷。大直若屈,大巧若拙,大辩若讷。(《老子》第四十五章)

人之生也柔弱,其死也坚强。草木之生也柔脆,其死也枯槁。故坚强者死之徒,柔弱者生之徒。是以兵强则灭,木强则折。强大处下,柔弱处上。(《老子》第七十六章)

【学习提示】

　　第八章老子以自然界的水来喻人、教人。老子首先用水性来比喻有高尚品德者的人格,认为他们的品格像水那样,一是柔,二是停留在卑下的地方,三是滋润万物而不与争。最完善的人格也应该具有这种心态与行为,不但做有利于众人的事情而不与争,而且还愿意去众人不愿去的卑下的地方,愿意做别人不愿做的事情。他可以忍辱负重,任劳任怨,能尽其所能地贡献自己的力量去帮助别人,而不会与别人争功争名争利,这就是老子"善利万物而不争"的著名思想。

　　老子在第十一章里论述了"有"与"无",即实在之物与空虚部分之间的相互关系。他举例说明"有"和"无"是相互依存的、相互为用的;无形的东西能产生很大的作用,只是不容易被一般人所觉察。他特别把"无"的作用向人们显现出来。老子举了三个例子:车子的作用在于载人运货;器皿的作用在于盛装物品;房屋的作用在于供人居住,这是车、皿、室给人的便利。车子是由辐和毂等部件构成的,这些部件是"有",毂中空虚的部分是"无",没有"无"车子就无法行驶,当然也就无法载人运货,其"有"的作用也就发挥不出来了。器皿没有空虚的部分,即无"无",就不能起到装盛东西的作用,其外壁的"有"也无法发挥作用。房屋同样如此,如果没有四壁门窗之中空的地方可以出入、采光、流通空气,人就无法居住,可见是房屋中的空的地方发挥了作用。

　　第十七章里,老子提出了自己的政治思想主张,他把统治者按不同情况分为四种,其中最好的统治者是人民不知道他的存在,最坏的统治者是被人民所轻侮,处于中间状况的统治者老百姓亲近并称赞他,或者畏惧他。老子理想中的政治状况是统治者具有诚实的素质,他悠闲自在,很少发号施令,政府只是服从于人民的工具而已,政治权力不得逼临于人民身上，人民和政府相安无事，各自过着安闲自适的生活。当然，这只是老子的主观愿望，是一种乌托邦式的政治幻想。

第三十三章，讲个人修养与自我设计的问题，主张人们要丰富自己精神生活的一系列观点。在老子看来，"知人""胜人"十分重要，但是"自知""自胜"更加重要。他认为，一个人倘若能省视自己、坚定自己的生活信念，并且切实推行，就能够保持旺盛的生命力和饱满的精神风貌。

第四十五章，讲的是辩证法思想。老子认为有些事物表面看来是一种情况，实质上却又是一种情况。表面情况和实际情况有时完全相反。在政治上不要有为，只有贯彻了"无为"的原则，才能取得成功。（任继愈《老子新译》）

第七十六章，老子以生活中常见的现象，反复说明这样一种观点：柔弱胜刚强。正如水滴石穿、绳锯木断。

《庄子》·逍遥游（节选）

庄子（约前369～前286），名周，字子休，战国中期宋国蒙人。道家学派的主要代表人物，与老子并称为"老庄"，他们的哲学思想体系，被思想学术界尊为"老庄哲学"。

《庄子》一书，《汉书·艺文志》记有52篇，今本33篇。其中内篇7，外篇15，杂篇11。全书以"寓言""重言""卮言"为主要表现形式，继承老子学说而倡导相对主义，蔑视礼法权贵而倡言逍遥自由，行文汪洋恣肆，瑰丽诡谲，意出尘外，乃先秦诸子文章的典范之作。

逍遥游（节选）

尧让天下于许由[1]，曰："日月出矣，而爝火不息[2]；其于光也，不亦难乎？时雨降矣[3]，而犹浸灌[4]；其于泽也[5]，不亦劳乎[6]？夫子立而天下治[7]，而我犹尸之[8]；吾自视缺然[9]，请致天下[10]。"许由曰："子治天下[11]，天下既已治也；而我犹代子，吾将为名乎？名者，实之宾也[12]；吾将为宾乎？鹪鹩巢于深林[13]，不过一枝；偃鼠饮河[14]，不过满腹。归休乎君[15]，予无所用天下为[16]！庖人虽不治庖[17]，尸祝不越樽俎而代之矣[18]。"

肩吾问于连叔曰[19]："吾闻言于接舆[20]，大而无当[21]，往而不反[22]。吾惊怖其言。犹河汉而无极也[23]；大有迳庭[24]，不近人情焉。"连叔曰："其言谓何哉？"曰："藐姑射之山[25]，有神人居焉。肌肤若冰雪，淖约若处子[26]，不食五谷，吸风饮露，乘云气，御飞龙，而游乎四海之外；其神凝[27]，使物不疵疠而年谷熟[28]。吾是以狂而不信也[29]。"连叔曰："然。瞽者无以与乎文章之观[30]，聋者无以与乎钟鼓之声。岂唯形骸有聋盲哉？夫知亦有之！是其言也，犹时女也[31]。之人也，之德也，将旁礴万物，以为一[32]，世蕲乎乱[33]，孰弊弊焉以天下为事[34]！之人也，物莫之伤：大浸稽天而不溺[35]，大旱、金石流，土山焦而不热。是其尘垢秕糠将犹陶铸尧舜者也[36]，孰肯以物为事？"

宋人资章甫，适诸越[37]，越人断发文身[38]，无所用之。尧治天下之民，平海内之政，往见四子藐姑射之山,汾水之阳[39],窅然丧其天下焉[40]。

【注释】

[1] 尧:我国历史上传说时代的圣明君主。许由:古代传说中的高士,字仲武,隐于箕山。相传尧要让天下给他,他自命高洁而不受。

[2] 爝(jué)火:炬火,木材上蘸上油脂燃起的火把。

[3] 时雨:按时令季节及时降下的雨。

[4] 浸灌:灌溉。

[5] 泽:润泽。

[6] 劳:这里含有徒劳的意思。

[7] 立:位,在位。

[8] 尸:庙中的神主,这里用其空居其位,虚有其名之义。

[9] 缺然:不足的样子。

[10] 致:给予。

[11] 子:对人的尊称。

[12] 宾:次要的、派生的东西。

[13] 鹪鹩(jiāo liáo):一种善于筑巢的小鸟。

[14] 偃(yǎn)鼠:鼹鼠。

[15] 休:止,这里是算了的意思。

[16] 为:句末疑问语气词。

[17] 庖人:厨师。

[18] 尸祝:祭祀时主持祭祀的人。樽:酒器。俎:盛肉的器皿。"樽俎"这里代指各种厨事。成语"越俎代庖"出于此。

[19] 肩吾、连叔:旧说皆为有道之人,实是庄子为表达的需要而虚构的人物。

[20] 接舆:楚国的隐士,姓陆名通,接舆为字。

[21] 当(dàng):底,边际。

[22] 反:返。

[23] 河汉:银河。极:边际,尽头。

[24] 迳:门外的小路。庭:堂外之地。"迳庭"连用,这里喻指差异很大。成语"大相迳庭"出于此。

[25] 藐(miǎo):遥远的样子。姑射(yè):传说中的山名。

[26] 淖约:柔弱、美好的样子。处子:处女。

[27] 凝:指神情专一。

[28] 疵疠(lì):疾病。

[29] 以:认为。狂:通作"诳",虚妄之言。信:真实可靠。

[30] 瞽(gǔ)：盲。文章：花纹、色彩。

[31] 时：是。女：汝，你。旧注指时女为处女，联系上下文实是牵强，故未从。

[32] 旁礴：混同的样子。

[33] 蕲(qí)：祈求的意思。乱：这里作"治"讲，这是古代同词义反的语言现象。

[34] 弊弊焉：忙忙碌碌、疲惫不堪的样子。

[35] 大浸：大水。稽：至。

[36] 秕：瘪谷。穅："糠"字之异体。陶：用土烧制瓦器。铸：熔炼金属铸造器物。

[37] 资：贩卖。章甫：古代殷地人的一种礼帽。适：往。

[38] 断发：不蓄头发。文身：在身上刺满花纹。越国处南方，习俗与中原的宋国不同。

[39] 四子：旧注指王倪、啮缺、被衣、许由四人，实为虚构的人物。阳：山的南面或水流的北面。

[40] 窅(yǎo)然：怅然若失的样子。丧(sàng)：丧失、忘掉。

【学习提示】

智慧圆通的人，绝不妄求"空名"。用庄子的话来说就叫作"圣人无名"；在广大的宇宙中，人世的治乱如泡沫的生灭。所以神化莫测的人，明白自然生灭的道理，便不会妄想"立功"。用庄子的话来说就叫作"圣人无功"；用和无用，功和无功，都是相对的，不可执着不化。所以，想通了这个道理，尧舜的有功和无功与宋人衣帽的有用和无用，都同样不是绝对的。姑射山的神人把尧舜的功劳看作泡沫的生灭，便是同样之理。

《列子》·伯牙善鼓琴

列子（约前450～约前375），名御寇，战国时期郑国圃田（今河南省郑州市）人。道家学派著名的代表人物，对后代的哲学、文学、科技、宗教都有深远的影响。列子一生安贫乐道，不求名利，不进官场，隐居郑地40年，潜心著述20篇，十万多字。现在流传的《列子》一书，现存八篇《天瑞》《黄帝》《周穆王》《仲尼》《汤问》《力命》《杨朱》《说符》。其中《愚公移山》《杞人忧天》《两小儿辩日》《纪昌学射》《汤问》等脍炙人口的寓言故事，可谓家喻户晓，广为流传。

伯牙善鼓琴

伯牙善鼓琴[1]，钟子期善听。伯牙鼓琴，志在登高山[2]。钟子期曰："善哉[3]！峨峨兮若泰山[4]！"志在流水，钟子期曰："善哉！洋洋[5]兮若江河！"伯牙所念，钟子期必得之。伯牙游于泰山之阴[6]，卒[7]逢暴雨，止于岩下，心悲，乃援琴而鼓之。初为霖雨之操[8]，更造崩山之音。曲每奏，钟子期辄穷其趣。伯牙乃舍琴而叹曰："善哉，善哉！子之听夫志，想像犹吾心也。吾于何逃声[9]哉?"

【注释】

[1] 善:擅长,善于。

[2] 志:志趣,心意。

[3] 善哉:善,赞美之词,即为"好啊"。

[4] 峨峨:山高。

[5] 洋洋:盛大的样子。

[6] 阴:山的北面。

[7] 卒(cù):通"猝",突然。

[8] 操:琴曲名。

[9] 逃声:躲开。隐藏自己的声音,在这里可以理解为隐藏自己的心声。

【学习提示】

伯牙善鼓琴,钟子期善听。善听,要走进对方的心灵,要真诚地欣赏。伯牙摔琴谢知音亦是对钟子期的答谢。知己难遇,知音难求。伯牙、钟子期即交朋结友的千古楷模。

《左传》·晋楚鄢陵之战(节选)

《左传》相传是春秋末期的鲁国史官左丘明所著,是中国古代最早一部叙事详尽的编年史,共35卷。《左传》全称《春秋左氏传》,是为《春秋》做注解的一部史书,与《春秋公羊传》《春秋谷梁传》合称"春秋三传"。《公羊传》《谷梁传》是从政治和思想方面去解释《春秋》,而《左传》则从丰富的历史材料去诠释《春秋》。唐刘知几的《史通》评论《左传》时说:"其言简而要,其事详而博。"

晋楚鄢陵之战(节选)

六月,晋、楚遇于鄢陵[1]。范文子不欲战。欲至曰:"韩之战,惠公不振旅[2];其之役,先轸不反命[3];泌之师,荀伯不复从[4];皆晋之耻也! 子亦见君子事矣,今我辟楚,又益耻也。"文子曰:"吾先君之亟战也[5],有故。秦、狄、楚皆强,不尽力,子孙将弱。今三强服矣,敌,楚而已。惟圣人能外内无患。自非圣人[6],外宁必有内忧。盍释楚以为外惧乎?"

甲午晦[7],楚晨压晋军而陈。军吏患之。范匄趋进[8],曰:"塞井夷灶[9],陈于军中,而疏行首[10]。晋楚唯天所授,何患焉?"文子执戈逐之,曰:"国之存亡,天也,童子何知焉?"栾书曰:"楚师轻佻[11],固垒而待之,三日必退。退而击之,必获胜焉。"至曰:"楚有六间[12],不可失也:其二卿相恶[13]! 王卒以旧[14];郑陈而不并不整;蛮军而不陈[15];陈不违晦[16];在陈而嚣[17]。合而加嚣。各顾其后,莫有斗心,旧不必良,以犯天忌[18],我必克之。"

楚予登巢车，以望晋军[19]。子重使大宰伯州犁待于王后[20]。王曰："骋而左右，何也？"曰："召军吏也。""皆聚于中军矣。"曰："合谋也。""张幕矣。"曰："虔卜于先君也[21]。""彻幕矣。"曰："将发命也。""甚嚣，且尘上矣。"曰："将塞井夷灶而为行也。""皆乘矣，左右执兵而下矣。"曰："听誓[22]也。""战乎？"曰："未可知也。""乘而左右皆下矣。"曰："战祷也。"伯州犁以公卒告王。苗贲皇在晋侯之侧[23]，亦以王卒告。皆曰："国士在，且厚[24]，不可当也。"苗贲皇言于晋侯曰："楚之良[25]，在其中军王族而已。请分良以击其左右，而三军萃于王卒，必大败之。"公筮之，史曰："吉。其卦遇《复》[26]，曰：'南国蹙[27]，射其元王[28]，中厥目。'国蹙、王伤，不败何待？"公从之。

【注释】

[1] 鄢陵：郑国地名，在今河南鄢陵。

[2] 范文子：即士燮。不振旅：军旅不振，意思是战败。

[3] 先轸：箕之战中晋军主帅。不反命：不能回国复君命。

[4] 泌：郑国地名，在今河南郑州西北。荀伯：即荀林父，泌之战中晋军主帅。不复从：不能从原路退兵，即战败逃跑。

[5] 亟：多次。

[6] 自：如果。

[7] 晦：夏历每月的最后一天。

[8] 范匄（gài）：范文子士燮的儿子，又称范宣子。趋进：快步向前。

[9] 塞：填。夷：平。

[10] 行首：行道。疏行首：把行列间的通道疏通。

[11] 轻佻：指军心轻浮急躁。

[12] 间：缺陷。

[13] 二卿：指子重和子反。相恶：不和。

[14] 王卒以旧：楚王的亲兵都用贵族子弟。

[15] 蛮军：指楚国带来的南方少数民族军队。

[16] 违晦：避开晦日。古人认为月末那天不适宜用兵。

[17] 嚚：喧哗。

[18] 犯天忌：指晦日用兵。以：而且。

[19] 楚予：指楚共王。巢车：一种设有瞭望楼的兵车，用以望远。

[20] 伯州犁：晋国大夫伯宗的儿子，伯宗死后他逃到楚国当了太宰。

[21] 虔：诚。卜：占卜。

[22] 听誓：听主帅发布誓师令。

[23] 苗贲皇：楚国令尹斗椒的儿子。

[24] 国士:国中精选的武士。厚:指人数众多。

[25] 良:精兵。

[26] 《复》:《周易》的卦名。萃:集中。

[27] 南国:指楚国。蹙:窘迫。

[28] 元王:元首,指楚共王。

【学习提示】

  《左传》艺术成就主要表现在精彩细密的叙事、个性鲜明的人物和委婉巧妙的辞令三方面,而其中能充分体现其精湛写作技巧和高超叙事能力的就是它的战争描写。《左传》战争描写的模式有两种,一是注重交代战前与战后与战争密切相关的各种因素和条件的变化(包括与战争有关的政治、外交活动,即战争准备和人心向背),同时辅以对占卜、天象、预言、征兆、梦境的描写赋予战争道德化和神秘化的特点,增强战争结果的必然性,以具体揭示战争胜负的根本原因,而对战争过程则一笔带过。二是全景式的战争画卷,在描写战争过程中的激烈场面时往往只选取决定战争进程的关键人物来刻画,借助人物在战场上的语言和动作集中凝练地展现战场上战士们奋力厮杀的姿态。战后则侧重于对两国交战结果的叙述和双方态度、反思的描写。选文中战前晋军军官对战争形势的分析,楚王与伯州犁问答都反映了《左传》精湛的战争描写艺术。

《战国策》·苏秦始将连横

  《战国策》是一部国别体史书。主要记述了战国时期纵横家的政治主张和策略,展示了战国时代的历史特点和社会风貌,是研究战国历史的重要典籍。作者并非一人,成书并非一时,西汉末刘向编定为33篇,书名亦为刘向所拟定。宋时已有缺失,由曾巩作了订补。有东汉高诱注,今残缺。宋鲍彪改变原书次序,作新注。吴师道作《校注》,近代人金正炜作《补释》,今人缪文远作《战国策新注》。

  《战国策》是我国一部优秀散文集,它文笔恣肆,语言流畅,论事透辟,写人传神,还善于运用寓言故事和新奇的比喻来说明抽象的道理,具有浓厚的艺术魅力和文学趣味,对我国两汉以来史传文、政论文的发展都产生过积极影响。

苏秦始将连横

  苏秦始将连横[1],说秦惠王曰[2]:"大王之国,西有巴、蜀、汉中之利[3],北有胡貉、代马之用[4],南有巫山、黔中之限[5],东有崤、函之固[6]。田肥美,民殷富,战车万乘,奋击百万[7],沃野千里,蓄积饶多,地势形便,此所谓天府[8],天下之雄国也。以大王之贤,士民之众,车骑之用,兵法之教,可以并诸侯,吞天下,称帝而治。愿大王少留意,臣请奏其效!"

  秦王曰:"寡人闻之:毛羽不丰满者,不可以高飞,文章不成者,不可以诛罚;道德不厚者,不可以使民;政教不顺者,不可以烦大臣。今先生俨然不远千里而庭教之[9],愿以异日[10]。"

苏秦曰:"臣固疑大王之不能用也。昔者神农伐补遂[11],黄帝伐涿鹿而禽蚩尤[12],尧伐驩兜[13],舜伐三苗[14],禹伐共工[15],汤伐有夏[16],文王伐崇[17],武王伐纣[18],齐桓任战而伯天下[19]。由此观之,恶有不战者乎[20]?古者使车毂击驰[21],言语相结,天下为一,约从连横,兵革不藏。文士并饬[22],诸侯乱惑,万端俱起[23],不可胜理。科条既备,民多伪态,书策稠浊[24],百姓不足。上下相愁,民无所聊[25],明言章理[26],兵甲愈起。辩言伟服[27],战攻不息,繁称文辞,天下不治。舌弊耳聋,不见成功,行义约信,天下不亲。于是乃废文任武,厚养死士,缀甲厉兵[28],效胜于战场。夫徒处而致利[29],安坐而广地,虽古五帝三王五伯[30],明主贤君,常欲坐而致之,其势不能。故以战续之,宽则两军相攻,迫则杖戟相橦[31],然后可建大功。是故兵胜于外,义强于内,威立于上,民服于下。今欲并天下,凌万乘[32],诎敌国[33],制海内,子元元[34],臣诸侯,非兵不可。今不嗣主[35],忽于至道[36],皆惛于教[37],乱于治,迷于言,惑于语,沈于辩,溺于辞。以此论之,王固不能行也。"

说秦王书十上而说不行[38],黑貂之裘弊,黄金百斤尽,资用乏绝,去秦而归。赢滕履蹻[39],负书担囊[40],形容枯槁,面目犁黑[41],状有愧色。归至家,妻不下紝[42],嫂不为炊。父母不与言。苏秦喟叹曰:"妻不以我为夫,嫂不以我为叔,父母不以我为子,是皆秦之罪也!"乃夜发书,陈箧数十,得太公阴符之谋[43],伏而诵之,简练以为揣摩[44]。读书欲睡,引锥自刺其股,血流至足[45],曰:"安有说人主不能出其金玉锦绣,取卿相之尊者乎?"期年,揣摩成,曰:"此真可以说当世之君矣。"

于是乃摩燕乌集阙[46],见说赵王于华屋之下[47],抵掌而谈[48],赵王大悦,封为武安君[49]。受相印,革车百乘,锦绣千纯,白璧百双,黄金万溢[50],以随其后,约从散横,以抑强秦,故苏秦相于赵而关不通[51]。

当此之时,天下之大,万民之众,王侯之威,谋臣之权,皆欲决苏秦之策。不费斗粮,未烦一兵,未战一士,未绝一弦,未折一矢,诸侯相亲,贤于兄弟。夫贤人在而天下服,一人用而天下从。故曰:式于政,不式于勇[52];式于廊庙之内[53],不式于四境之外。当秦之隆[54],黄金万镒为用,转毂连骑,炫熿于道,山东之国从风而服[55],使赵大重[56]。且夫苏秦,特穷巷掘门桑户桊枢之士耳[57],伏轼撙衔[58],横历天下,廷说诸侯之王,杜左右之口,天下莫之能伉[59]。

将说楚王,路过洛阳,父母闻之,清宫除道,张乐设饮[60],郊迎三十里。妻侧目而视,倾耳而听。嫂蛇行匍伏,四拜自跪而谢。苏秦曰:"嫂何前倨而后卑也[61]?"嫂曰:"以季子之位尊而多金[62]。"苏秦曰:"嗟乎!贫穷则父母不子,富贵则亲戚畏惧。人生世上,势位富贵,盖可忽乎哉[63]?"

【注释】

[1]苏秦:字季子,战国时洛阳人,著名策士,纵横派代表人物,先用连横之说说秦,后

又主张合纵,为东方六国所任用,后因在齐国为燕昭王从事反间活动被发觉,车裂而死。
连横:战国时代,合六国抗秦,称为约从(或"合纵");秦与六国中任何一国联合以打击别的
国家,称为连横。

[2] 说(shuì):劝说,游说。秦惠王:前336年至前311年在位。

[3] 巴:今四川省东部。蜀:今四川省西部。汉中:今陕西省秦岭以南一带。

[4] 胡:指匈奴族所居地区。貉(hé):一种形似狐狸的动物,毛皮可做裘。代:今河北、
山西省北部,以产良马闻世。

[5] 巫山:在今四川省巫山县东。黔中:在今湖南省沅陵县西。限:屏障。

[6] 崤:崤山,崤山在今河南省洛宁县西北。函:函谷关,在今河南省灵宝县西南。

[7] 奋击:奋勇进击的武士。

[8] 天府:自然界的宝库。

[9] 俨然:庄重矜持。

[10] 愿以异日:愿改在其他时间。

[11] 神农:传说中发明农业和医药的远古帝王。补遂:古国名。

[12] 黄帝:姬姓,号轩辕氏,传说中中原各族的共同祖先。涿鹿:在今河北省涿鹿县
南。禽:通"擒"。蚩尤:神话中东方九黎族的首领。

[13] 驩(huān)兜:尧的大臣,传说曾与共工一起作恶。

[14] 三苗:古代少数民族。

[15] 共工:传为尧的大臣,与驩兜、三苗、鲧并称四凶。

[16] 有夏:即夏桀。"有"字无义。

[17] 崇:古国名,在今陕西省户县东。

[18] 纣:商朝末代君主,传说中的大暴君。

[19] 伯:同"霸",称霸。

[20] 恶:同"乌",何。

[21] 毂(gǔ):车轮中央圆眼,以容车轴。这里代指车乘。

[22] 饬:通"饰",修饰文词,即巧为游说。

[23] 万端俱起:群议纷起。

[24] 稠浊:多而乱。

[25] 聊:依靠。

[26] 章:同"彰",明显。

[27] 伟服:华丽的服饰。

[28] 厉:通"砺",磨砺。

[29] 徒处:白白地等待。

[30] 五伯:伯同"霸","五伯"即春秋五霸。指春秋时先后称霸的五个诸侯:齐桓公、
宋襄公、晋文公、秦穆公、楚庄王。

〔31〕杖:持着。橦(chōng):冲刺。

〔32〕凌:凌驾于上。万乘:兵车万辆,指大国。

〔33〕诎:同"屈",屈服。

〔34〕元元:人民。

〔35〕嗣主:继位的君王。

〔36〕至道:指用兵之道。

〔37〕惛:不明。

〔38〕说不行:指连横的主张未得实行。

〔39〕嬴(léi):缠绕。縢(téng):绑腿布。蹻(qiáo):草鞋。

〔40〕橐(tuó):囊。

〔41〕犁:通"黧"(lí),黑色。

〔42〕紝(rèn):纺织机。

〔43〕太公:姜太公吕尚。阴符:兵书。

〔44〕简:选择。练:熟习。

〔45〕足:应作"踵",足跟。

〔46〕摩:靠近,此处意指"登上"。燕乌集阙:宫阙名。

〔47〕华屋:指宫殿。

〔48〕抵:拍击。

〔49〕武安:今属河北省。

〔50〕溢:通"镒"。一镒二十四两。

〔51〕关:函谷关,为六国通秦要道。

〔52〕式:用。

〔53〕廊庙:指朝廷。

〔54〕隆:显赫。

〔55〕山东:指华山以东。

〔56〕使赵大重:使赵的地位因此而提高。

〔57〕掘门:同窟门,极言居处简陋。桑户:桑木为板的门。棬(quān)枢:树枝做成的门枢。

〔58〕轼:车前横木。撙(zǔn):节制。

〔59〕伉:通"抗"。

〔60〕张:摆列。

〔61〕倨:傲慢。

〔62〕季子:苏秦的字。

〔63〕盖:同"盍",何。

【学习提示】

　　《战国策》非常善于对人物形象的刻画,选文生动地刻画了一个长于论辩、追逐名利的策士,逼真描绘了一群势力庸俗的小人。苏秦游说秦国失败后像乞丐样回到家中,而"妻不下,嫂不为炊,父母不与言",后来,他发愤图强,六国封相,路过家门时,"父母闻之,清宫除道,张乐设饮,郊迎三十里。妻侧目而视……嫂蛇行匍伏"。前后两个场面的鲜明对照,充分揭露一切以功名利禄为依归的炎凉世态,暴露了封建伦理道德的虚伪性。而苏秦的"读书欲睡"也是为了高官厚禄,客观上揭露处于统治阶级中下层的策士的丑态。

　　选文雄辩的论说、尖刻的讽刺、耐人寻味的幽默,也让我们看到了《战国策》独特的语言风格。

子 衿

《诗经·郑风》

青青子衿,悠悠我心。纵我不往,子宁不嗣音?
青青子佩,悠悠我思。纵我不往,子宁不来?
挑兮达兮,在城阙兮。一日不见,如三月兮!

静 女

《诗经·邶风》

静女其姝,俟我于城隅。爱而不见,搔首踟蹰。
静女其娈,贻我彤管。彤管有炜,说怿女美。
自牧归荑,洵美且异。匪女之为美,美人之贻。

硕 人

《诗经·卫风》

硕人其颀,衣锦褧衣。齐侯之子,卫侯之妻,东宫之妹。邢侯之姨,谭公维私。
手如柔荑,肤如凝脂。领如蝤蛴,齿如瓠犀。螓首蛾眉,巧笑倩兮,美目盼兮。
硕人敖敖,说于农郊。四牡有骄,朱幩镳镳。翟茀以朝,大夫夙退,无使君劳。
河水洋洋,北流活活。施罛濊濊,鱣鲔发发。葭菼揭揭,庶姜孽孽,庶士有朅。

东 山

《诗经·豳风》

我徂东山,慆慆不归;我来自东,零雨其濛。我东曰归,我心西悲。制彼裳衣,勿士行枚。蜎蜎者蠋,烝在桑野;敦彼独宿,亦在车下。

我徂东山,慆慆不归;我来自东,零雨其濛。果臝之实,亦施于宇;伊威在室,蟏蛸在户;町畽鹿场,熠耀宵行。不可畏也,伊可怀也。

我徂东山,慆慆不归;我来自东,零雨其濛。鹳鸣于垤,妇叹于室。洒扫穹窒,我征聿至。有敦瓜苦,烝在栗薪。自我不见,于今三年!

我徂东山,慆慆不归;我来自东,零雨其濛。仓庚于飞,熠耀其羽;之子于归,皇驳其马。亲结其缡,九十其仪。其新孔嘉,其旧如之何?

九辩（前篇）

宋　玉

悲哉秋之为气也！

萧瑟兮草木摇落而变衰。

憭栗兮若在远行，登山临水兮送将归。

泬寥兮天高而气清；

寂寥兮收潦而水清，

憯凄增欷兮薄寒之中人。

怆怳懭悢兮去故而就新；

坎廪兮贫士失职而志不平。

廓落兮羁旅而无友生；惆怅兮而私自怜。

燕翩翩其辞归兮，蝉寂漠而无声；

雁雍雍而南游兮，鹍鸡啁哳而悲鸣。

独申旦而不寐兮，哀蟋蟀之宵征。

时亹亹而过中兮，蹇淹留而无成。

悲忧穷戚兮独处廓，有美一人兮心不绎。

去乡离家兮徕远客，超逍遥兮今焉薄？

专思君兮不可化，君不知兮可奈何！

蓄怨兮积思，心烦憺兮忘食事。

愿一见兮道余意，君之心兮与余异。

车既驾兮朅而归，不得见兮心伤悲。

倚结軨兮长太息，涕潺湲兮下沾轼。

忼慨绝兮不得，中瞀乱兮迷惑。

私自怜兮何极，心怦怦兮谅直。

皇天平分四时兮，窃独悲此凛秋。

白露既下百草兮，奄离披此梧楸。

去白日之昭昭兮，袭长夜之悠悠。

离芳蔼之方壮兮，余萎约而悲愁。

秋既先戒以白露兮，冬又申之以严霜。

收恢台之孟夏兮，然欲傺而沉藏。

叶菸邑而无色兮，枝烦挐而交横；

颜淫溢而将罢兮，柯仿佛而萎黄。

萷櫹槮之可哀兮，形销铄而瘀伤。

惟其纷糅而将落兮，恨其失时而无当。

揽骓辔而下节兮,聊逍遥以相羊。

岁忽忽而遒尽兮,恐余寿之弗将。

悼余生之不时兮,逢此世之俇攘。

澹容与而独倚兮,蟋蟀鸣此西堂。

心怵惕而震荡兮,何所忧之多方!

仰明月而太息兮,步列星而极明。

窃悲夫蕙华之曾敷兮,纷旖旎乎都房;

何曾华之无实兮,从风雨而飞扬?

以为君独服此蕙兮,羌无以异于众芳。

闵奇思之不通兮,将去君而高翔。

心闵怜之惨凄兮,愿一见而有明。

重无怨而生离兮,中结轸而增伤。

岂不郁陶而思君兮? 君之门以九重。

猛犬狺狺而迎吠兮,关梁闭而不通。

皇天淫溢而秋霖兮,后土何时而得干!

块独守此无泽兮,仰浮云而永叹。

何时俗之工巧兮,背绳墨而改错!

宋玉(约公元前 298 年—约公元前 222 年),又名子渊,华夏族,东周战国时鄢城(今湖北宜城市)人,楚国辞赋作家。生于屈原之后,一说是屈原弟子。曾事楚顷襄王。好辞赋,为屈原之后辞赋家,所谓"下里巴人""阳春白雪""曲高和寡"的典故皆他而来。在艺术上,《九辩》虽多模仿《离骚》之处,但也有自己的特色。它善于借景抒情,融情于景,并且句法多变,能够巧妙地运用双声叠韵和叠字等修辞手法,读起来抑扬顿挫,饶有音乐之美,从而具有很强的艺术感染力。如开头一段描写秋天:"悲哉秋之为气也,萧瑟兮草木摇落而变衰。憭栗兮若在远行,登山临水兮送将归!"寥寥数语,而情景俱现,成为后世文人触景伤怀,寄慨身世的滥觞。

《论语》数则

颜渊、子路侍。子曰:"盍各言尔志?"子路曰:"愿车马衣轻裘与朋友共,敝之而无憾。"颜渊曰:"愿无伐善,无施劳。"子路曰:"愿闻子之志。"子曰:"老者安之,朋友信之,少者怀之。"(《论语·公冶长篇》)

曾子曰:"士不可以不弘毅,任重而道远。仁以为己任,不亦重乎? 死而后已,不亦远乎?"(《论语·泰伯篇》)

子贡问曰:"有一言而可以终身行之者乎?"子曰:"其恕乎! 己所不欲,勿施于人。"(《论语·卫灵公篇》)

子曰:"名不正,则言不顺;言不顺,则事不成;事不成,则礼乐不兴;礼乐不兴,则刑罚不中;刑罚不中,则民无所措手足。"(《论语·子路篇》)

子曰:"饭疏食、饮水,曲肱而枕之,乐亦在其中矣。不义而富且贵,于我如浮云。"(《论语·述而篇》)

荀子·性恶论

人之性恶,其善者伪也。今人之性,生而有好利焉,顺是,故争夺生而辞让亡焉;生而有疾恶焉,顺是,故残贼生而忠信亡焉;生而有耳目之欲,有好声色焉,顺是,故淫乱生而礼义文理亡焉。然则从人之性,顺人之情,必出于争夺,合于犯分乱理,而归于暴。故必将有师法之化,礼义之道,然后出于辞让,合于文理,而归于治。用此观之,然则人之性恶明矣,其善者伪也。故枸木必将待檃栝、烝矫然后直;钝金必将待砻厉然后利;今人之性恶,必将待师法然后正,得礼义然后治,今人无师法,则偏险而不正;无礼义,则悖乱而不治,古者圣王以人之性恶,以为偏险而不正,悖乱而不治,是以为之起礼义、制法度,以矫饰人之情性而正之,以扰化人之情性而导之也,始皆出于治,合于道者也。今之人,化师法,积文学,道礼义者为君子;纵性情,安恣睢,而违礼义者为小人。用此观之,然则人之性恶明矣,其善者,伪也。

孟子曰:"今之学者,其性善。"曰:是不然! 是不及知人之性,而不察乎人之性、伪之分者也。凡性者,天之就也,不可学,不可事。礼义者,圣人之所生也,人之所学而能,所事而成者也。不可学,不可事,而在人者,谓之性;可学而能,可事而成之在人者,谓之伪。是性伪之分也。今人之性,目可以见,耳可以听;夫可以见之明不离目,可以听之聪不离耳,目明而耳聪,不可学明矣。

孟子曰:"今人之性善,将皆失丧其性故也。"曰:若是,则过矣。今人之性,生而离其朴,离其资,必失而丧之。用此观之,然则人之性恶明矣。所谓性善者,不离其朴而美之,不离其资而利之也。使夫资朴之于美,心意之于善,若夫可以见之明不离目,可以听之聪不离耳,故曰目明而耳聪也。今人之性,饥而欲饱,寒而欲暖,劳而欲休,此人之情性也。今人饥,见长而不敢先食者,将有所让也;劳而不敢求息者,将有所代也。夫子之让乎父,弟之让乎兄,子之代乎父,弟之代乎兄,此二行者,皆反于性而悖于情也;然而孝子之道,礼义之文理也。故顺情性则不辞让矣,辞让则悖于情性矣。用此观之,然则人之性恶明矣,其善者伪也。

问者曰:"人之性恶,则礼义恶生?"应之曰:凡礼义者,是生于圣人之伪,非故生于人之性也。故陶人埏埴而为器,然则器生于工人之伪,非故生于人之性也。故工人斫木而成器，然则器生于工人之伪，非故生于人之性也。圣人积思虑，习伪故，以生礼义而起法度，然则礼义法度者，是生于圣人之伪，非故生于人之性也。若夫目好色，耳好听，口好味，心好利，骨体肤理好愉佚，是皆生于人之情性者也；感而自然，不待事而后生之者也。夫感而不能然，必且待事而后然者，谓之生于伪。是性伪之所生，其不同之征也。故圣人化性而起伪，伪起而生礼义，礼义生而制法度。然则礼义法度者，是圣人之所生也。故圣人之所以同于众，其不异于众者，性也；所以异而过众者，伪也。夫好利而欲得者，此人之情性也。假之有弟兄资财而分者，且顺情性，好利而欲得，若是，则兄弟相拂夺矣；且化礼义之文理，若是，则让乎国人矣。故顺情性则弟兄争矣，化礼义则让乎国人矣。凡人之欲为善者，为性恶也。夫薄愿厚，恶愿美，狭愿广，贫愿富，贱愿贵，苟无之中者，必求于外。故富而不愿财，贵而不愿势，苟有之中者，必不及于外。用此观之，人之欲为善者，为性恶也。今人之性，固无礼义，故强学而求有之也；性不知礼义，故思虑而求知之也。然则性而已，则人无礼义，不知礼义。人无礼义则乱，不知礼义则悖。然则生而已，则悖乱在己。用此观之，人之性恶明矣，其善者伪也。

孟子曰："人之性善。"曰：是不然。凡古今天下之所谓善者，正理平治也；所谓恶者，偏险悖乱也；是善恶之分也矣。今诚以人之性固正理平治邪，则有恶用圣王，恶用礼义哉！虽有圣王礼义，将曷加于正理平治也哉！今不然，人之性恶。故古者圣人以人之性恶，以为偏险而不正，悖乱而不治，故为之立君上之势以临之，明礼义以化之，起法正以治之，重刑罚以禁之，使天下皆出于治，合于善也。是圣王之治而礼义之化也。今当试去君上之势，无礼义之化，去法正之治，无刑罚之禁，倚而观天下民人之相与也。若是，则夫强者害弱而夺之，众者暴寡而哗之，天下悖乱而相亡，不待顷矣。用此观之，然则人之性恶明矣，其善者伪也。

故善言古者，必有节于今；善言天者，必有征于人。凡论者贵其有辨合，有符验。故坐而言之，起而可设，张而可施行。今孟子曰："人之性善。"无辨合符验，坐而言之，起而不可设，张而不可施行，岂不过甚矣哉！故性善则去圣王，息礼义矣。性恶则与圣王，贵礼义矣。故檃栝之生，为枸木也；绳墨之起，为不直也；立君上，明礼义，为性恶也。用此观之，然则人之性恶明矣，其善者伪也。

直木不待檃栝而直者，其性直也。枸木必将待檃栝烝矫然后直者，以其性不直也。今人之性恶，必将待圣王之治，礼义之化，然后始出于治，合于善也。用此观之，人之性恶明矣，其善者伪也。

问者曰："礼义积伪者，是人之性，故圣人能生之也。"应之曰：是不然。夫陶人埏埴而生瓦，然则瓦埴岂陶人之性也哉？工人斲木而生器，然则器木岂工人之性也哉？夫圣人之于礼义也，辟则陶埏而生之也。然则礼义积伪者，岂人之本性也哉！凡人之性者，尧舜之与桀跖，其性一也；君子之与小人，其性一也。今将以礼义积伪为人之性邪？然则有曷贵尧禹，曷贵君子矣哉！凡贵尧禹君子者，能化性，能起伪，伪起而生礼义。然则圣人之于礼义积伪也，亦犹陶埏而为之也。用此观之，然则礼义积伪者，岂人之性也哉！所贱于桀跖小人者，从其性，顺其情，安恣孳，以出乎贪利争夺。故人之性恶明矣，其善者伪也。天非私曾骞孝己而外众人也，然而曾骞孝己独厚于孝之实，而全于孝之名者，何也？以綦于礼义故也。天非私齐鲁之民而外秦人也，然而于父子之义，夫妇之别，不如齐鲁之孝具敬文者，何也？以秦人从情性，安恣孳，慢于礼义故也，岂其性异矣哉！

"涂之人可以为禹。"曷谓也？曰：凡禹之所以为禹者，以其为仁义法正也。然则仁义法正有可知可能之理。然而涂之人也，皆有可以知仁义法正之质，皆有可以能仁义法正之具，然则其可以为禹明矣。今以仁义法正为固无可知可能之理邪？然则唯禹不知仁义法正，不能仁义法正也。将使涂之人固无可以知仁义法正之质，而固无可以能仁义法正之具邪？然则涂之人也，且内不可以知父子之义，外不可以知君臣之正。今不然。涂之人者，皆内可以知父子之义，外可以知君臣之正，然则其可以知之质，可以能之具，其在涂之人明矣。今使涂之人者，以其可以知之质，可以能之具，本夫仁义法正之可知可能之理，可能之具，然则其可以为禹明矣。今使涂之人伏术为学，专心一志，思索孰察，加日县久，积善而不息，则通于神明，参于天地矣。故圣人者，人之所积而致矣。

曰："圣可积而致，然而皆不可积，何也？"曰：可以而不可使也。故小人可以为君子，而不肯为君子可以为小人，而不肯为小人。小人君子者，未尝不可以相为也，然而不相为者，可以而不可使也。故涂之人可以为禹，则然；涂之人能为禹，则未必然也。虽不能为禹，无害可以为禹。足可以遍行天下，然而未尝有遍行天下者也。夫工匠农贾，未尝不可以相为事也，然而未尝能相为事也。用此观之，然则可以为，未必能也；虽不能，无害可以为。然则能不能之与可不可，其不同远矣，其不可以相为明矣。

尧问于舜曰："人情何如？"舜对曰："人情甚不美，又何问焉！妻子具而孝衰于亲，嗜欲得而信衰于友，爵禄盈而忠衰于君。人之情乎！人之情乎！甚不美，又何问焉！唯贤者为不然。"

有圣人之知者，有士君子之知者，有小人之知者，有役夫之知者。多言则文而类，终日议其所以，言之千举万变，其统类一也：是圣人之知也。少言则径而省，论而法，若佚之以绳：是士君子之知也。其言也谄，其行也悖，其举事多悔：是小人之知也。齐给便敏而无类，杂能旁魄而无用，析速粹孰而不急，不恤是非，不论曲直，以期胜人为意，是役夫之知也。

有上勇者，有中勇者，有下勇者。天下有中，敢直其身；先王有道，敢行其意；上不循于乱世之君，下不俗于乱世之民；仁之所在无贫穷，仁之所亡无富贵；天下知之，则欲与天下同苦乐之；天下不知之，则傀然独立天地之间而不畏：是上勇也。礼恭而意俭，大齐信焉，而轻货财；贤者敢推而尚之，不肖者敢援而废之：是中勇也。轻身而重货，恬祸而广解苟免，不恤是非然不然之情，以期胜人为意：是下勇也。

繁弱、巨黍古之良弓也；然而不得排檠则不能自正。桓公之葱，太公之阙，文王之录，庄君之曶，阖闾之干将、莫邪、巨阙、辟闾，此皆古之良剑也；然而不加砥厉则不能利，不得人力则不能断。骅骝、骐骥、纤离、绿耳，此皆古之良马也；然而必前有衔辔之制，后有鞭策之威,加之以造父之驭,然后一日而致千里也。夫人虽有性质美而心辩知,必将求贤师而事之,择良友而友之。得贤师而事之,则所闻者尧舜禹汤之道也;得良友而友之,则所见者忠信敬让之行也。身日进于仁义而不自知也者,靡使然也。今与不善人处,则所闻者欺诬诈伪也,所见者污漫淫邪贪利之行也,身且加于刑戮而不自知者,靡使然也。传曰:"不知其子视其友,不知其君视其左右。"靡而已矣! 靡而已矣!

中西文论视域中的"赋、比、兴"

叶嘉莹

"赋、比、兴"乃《诗经》和中国古代诗歌借物象与事象传达感动并引起读者感动的三种表达方式,是心物之间互动关系的反映。兴是由物及心,比是由心及物,赋是即物即心。它与西方在"形象与情志关系"上的最大不同在于,西方的诗歌创作多出于理性的安排,从而降低了"兴"在诗歌创作中的地位而成为不重要的一环,其八种"情志与形象之间的关系"仅类似于中国诗歌创作中"赋、比、兴"三种表现手法中的"比"的手法。

一

刘勰《文心雕龙·明诗》篇说:"人禀七情,应物斯感,感物吟志,莫非自然。"我们作为人类,有心灵有感情,天生就应该是爱好诗词的。"人禀七情"——喜、怒、哀、乐、爱、恶、欲,面对外在的一切物象,人们都应该有所感应。很多人以为,所谓物象就是动物、植物、鸟兽、花草等外在的事物,故说《诗经》上常常用外物引起诗人的感发,就是草木鸟兽引起了诗人的感发。其实,所谓外物的这个"物","人禀七情,应物斯感"的"物",应该分成两方面:一个是大自然的物象,是草木鸟兽;另一个是人世间事物,就是刘勰所说的"人禀七情,应物斯感,感物吟志"。当你看到外在物象的种种变化时,内心自然会有一种感受产生。所以,古代像李后主的小词《相见欢》"林花谢了春红,太匆匆。无奈朝来寒雨晚来风",就表达了他不假修饰的感情:怎么这样好的春红竟然就谢了,竟然满树都谢了? 真是"太匆匆"了! 如果说"林花谢了春红"还是外表所见的现象,那么,"太匆匆"则是词人内心的悲哀和感叹。花的生命本来就是短暂的,可是,花不只是太匆匆,仅有短暂的三五天的生命,更有"无奈朝来寒雨晚来风"的打击摧伤。他这里所说的朝来的寒雨、晚来的寒风也不能从表面上去理解,并不是说朝来就只有寒雨没有风,晚来就只有风没有寒雨。中国的文学对举都有普遍包举的意思,"朝来寒雨晚来风"是自朝至暮都有冷雨寒风的吹袭。而这寒风冷雨的吹袭打击,就是只对花草吗? 辛稼轩的《水龙吟·登建康赏心亭》中说:"可惜流年,忧愁风雨,树犹如此。"那风雨其实是整个生命所遭受的挫伤。所以,李后主《相见欢》所写的是整个生命的无常,生命的苦短。他用林花这么小的一个自然界的物象,表现了对于生命短暂无常的感悟。因此,鸟啼花落,皆与神通,外物与我们的精神、我们的心灵有相通之处。

人不能悟,是因为我们的心都被那些物质的、死板的东西塞满了。因此,我们就没有一个空灵的心来接受宇宙万物如此美好的种种生命迹象。作为一个人,你有你的心灵,你有你的感情,如果对于能够真正打动你的心灵感情的、真正有生命的可以引起你共鸣的东西,你不能感受它,那就是我们所说的"哀莫大于心死,而身死次之"。而我们所说的万物,当然是有生命的了。所以,钟嵘的《诗品·序》说:"气之动物,物之感人,故摇荡性情,形诸舞咏。"按照传统的观念,宇宙之间有阴阳二气,冬至的时候,冷到极点了,冬至就阳生,阳气就回来了;夏至热到极点了,夏至就阴生。像北宋的欧阳修就写过不少《玉楼春》的小词,其中有:"雪云乍变春云簇,渐觉年华堪送目。"如果你在北方,当春天来临的时候,就会感受到欧阳修这两句词的美丽。"雪云乍变春云簇",是写春天的云彩。冬天的雪云与夏云不同,它阴得很匀,整片天空都是铅灰色的;可春天来了,"雪云乍变",变成了"春云簇"。"簇"就是一团一团的,一堆一堆的,所以欧阳修说"春云簇"。春天的云彩柔软得像一团一团的棉花、棉絮一样,你放眼看去,就觉得一年的芳华、一年中最美好的季节真的来到了。所以,当欧阳修看到这种景象的时候,就说"渐觉年华堪送目"。这还是一个总写,那年华如何地让你"堪送目"? 欧阳修写得很美丽,他说是"北枝梅蕊犯寒开,南浦波纹如酒绿"。春天真的是来了,不但是南面向阳的那个花已经开了,而且北面背太阳的树枝上的花也冒着寒风慢慢地在开放;天气暖了,那冰化开了,水的波纹就绿波荡漾。它荡漾就荡漾好了,说它绿颜色的绿水很美丽就好了,欧阳修却进一步说"南浦"的"波纹如酒绿"。传说王安石有一句诗"春风又绿江南岸",本来写的不是"绿",而是"春风又到江南岸"。"到"也说得很清楚,但总觉得"到"字太死板了,于是又改为"春风又过江南岸""春风又满江南岸",但想来想去,还是"绿"字最好。因为"绿"字,不但是它到了,不但是它过了,不但是它满了,而且还有这么美丽的一个颜色在那里。欧阳修就更妙了,他说"南浦"的"波纹"是"如酒绿",说的真是让人陶醉。中国的文字一向讲究对偶,这个对偶不是给你出个题目故意为难你,非要你作个对,而是有它的妙用。"北枝"与"南浦"对举,一个是"北",一个是"南";一个是"枝",高高在上,一个是"浦",是低平的,是在下面。这个"梅"是花,那个"波"是水。"北枝梅蕊"是"犯寒"开,"南浦"的"波纹"如酒一样的绿。就是在这对举之间,暗示了整个的天地。整个的天地是无边的春色,所以就"渐觉年华堪送目"。不管你是往高处看那北枝的梅蕊,还是低头看那南浦的波纹,天地之间一片的春色,十分美丽。

人为什么要作诗呢? 是因为阴阳二气的变化感动了人心,所以就"摇荡性情,形诸舞咏"。欧阳修因为被它摇荡了,所以他如此的陶醉在春光之中。"北枝梅蕊犯寒开",给人以意兴的风发;"南浦波纹如酒绿",使人如此陶醉,所以他就"形诸舞咏",把它写了下来。"咏"就是"歌咏","歌咏"就是作诗。人非草木,孰能无情? 如果有情,每个人都可以成为诗人。《礼记·乐记》中就说道:"人心之动,物使之然也。"是什么外物使你动情呢? 陆机的《文赋》说,"瞻万物而思纷",是你自己看到万物的形象,才引起你内心情绪的感动;"悲落叶于劲秋,喜柔条于芳春",你看到草木的黄落,内心就悲哀,看到春天的草木欣欣向荣,内心就欢喜。这就说明,你内心真的有了兴发感动。所以《诗品·序》说,"春风春鸟,秋月秋蝉,夏云暑雨,冬月祁寒,斯四候之感诸诗者也"。

"四时之景不同,而乐亦无穷也",这是欧阳修《醉翁亭记》的话。四时的阴阳二气的转移，四时的草木鸟兽的变化，四时的景色不同，我们的快乐也是无穷的。作为人类，如果你对那些草木鸟兽都开心了，都有如此的感情，才会有像辛弃疾所说的，"一松一竹真朋友"，"山鸟山花好弟兄"。《论语·微子》说："鸟兽不可与同群，吾非斯人之徒与而谁与?"鸟兽我们也欣赏，我们也喜爱，我们也关怀，我们也把它写进诗里去。可是，跟你更切近的、更值得你关心的，是与你同样的人类。所以，"赋、比、兴"就是诗歌创作时感发作用之由来与性质的基本区分。概括地说，中国诗歌原是以抒写情志为主的，情志之感动由来有二：一是由于自然界之感发，二是由于人事界之感发。至于表达此种感发的方式则有三：即赋、比、兴。人们常说，"气之动物，物之感人"，似乎只有外面的草木鸟兽才能感发情志。其实不尽然。吴文英在一首词中说，"三千年事残鸦外"，意思是说，如果你讲到三千年的事，那三千年前的往事早已消磨在"残鸦"外了。这说明，人事亦足以使人感发情志。所以，"赋、比、兴"就是诗歌抒写情志的具体作法。《诗大序》说："诗者，志之所之也，在心为志，发言为诗。"你光是内心感动，有诗情，但没有写出来，那不是诗。所以，《诗经》就把"赋、比、兴"作为诗人如何感发情志、发言为诗的三种方法。所谓"赋"，就是"直陈其事"，直接把事情说出来；所谓"比"，就是"以此例彼"，"例"就是"比"，用这件事情来比喻那一件事情；所谓"兴"，就是见物起兴，你看到一个东西，引起你内心的一种感动。为了更直观地说明这一问题，下面我们举一些《诗经》上的例证。

我们先从"兴"字说起。《诗经》第一篇《关雎》说："关关雎鸠，在河之洲。窈窕淑女，君子好逑。""关关"是象声词，就是"咕咕咕咕"的鸟叫声，有人说这是鸟求偶的叫声。雎鸠，就是一种水鸟。"关关雎鸠"，就是水鸟咕咕的叫声。"在河之洲"，就是在那河水边的沙洲上。因为听到雎鸠这样一对一对美丽的鸟的叫声，看到这水鸟都有它们的伴侣，所以就产生了对恋人的思念。杜甫曾说过："泥融飞燕子，沙暖睡鸳鸯。"燕子，是一对一对的燕子，鸳鸯，是一对一对的鸳鸯。如果说禽鸟都有这么美好的生活，都有这么亲密的伴侣，那人岂不更应该有美好的生活和亲密的伴侣吗？如果有一个品质如此美好的女孩子，那就应该是君子的一个美好的配偶。因为听到雎鸠鸣叫的声音，就引起人的感觉，就联想到人间的爱情。这就是"兴"。再如，《硕鼠》说："硕鼠硕鼠，无食我黍。三岁贯女，莫我肯顾。逝将去女，适彼乐土。乐土乐土，得我所。"意思是说，大老鼠啊，不要再吃我的粮食了，我的粮食都被你们吃光了。三年了，我都供着你吃我的粮食，而你一点也不顾念我，所以我现在要离开你了，要到一个快乐的土地上去。如果我真是找到这么一块快乐的土地，那么我就真的找到一个可以安身立命的地方了。这个大老鼠就是指剥削者。这里是借老鼠来讽刺那些个剥削的人。这就是"比"。

这两首诗都是从外物的物象开始的：一个是从鸟开始的，一个是从老鼠开始的。为什么一个是"兴"，一个是"比"呢？"兴"是一个由物及心的过程，是因为听到或看到外物的景象才引起的一种感动。"比"则是由心及物，是内心中先有一种对剥削者痛恨的恶劣印象，然后才用老鼠作比。所以，"兴"是自然而然的感发。也许你本来没有想到要找个伴侣，可是你听到"关关雎鸠"的鸟叫声，你忽然间油然心动，这是由外物引起你内心的情动，这就是"气之动物"。但《硕鼠》不是,硕鼠是因为你受到剥削压迫的痛苦,因此,你就把剥削者比成一个大老鼠。如果说,"兴"是完全自然的感发,"比"是经过理性的安排的话,那么,"赋"就是直陈其事,不需要一个外物的形象引起你的诗情,你直接就说了。例如,《诗经·郑风·将仲子》言:"将仲子兮,无逾我里,无折我树杞。岂敢爱之?畏我父母。仲可怀也,父母之言,亦可畏也。"这里,没有鸟兽,没有草木,什么都没有,直接就说了,这就是"赋"。

诗本来是很美好的,写起来也不是很难。它主要有三种不同的写法:一个是由物及心;一个是由心及物;一个就是平铺直叙,即心即物。作为诗人,是"情动于中,而形于言",是你内心有所感动后,你才用言词来表达你的感动。所以,重要的是你有了作诗的感动,同时也能使读者感动。因此,怎样传达你的感动很重要。"赋、比、兴"不是教给大家三种简单死板的知识和方法,而是说,有一类诗是借着由物及心的感动,把作者的感动传达出来,用"兴"的方法、外物的形象带起你的感动。《诗经·周南·桃夭》说:"桃之夭夭,灼灼其华。之子于归,宜其室家。"这是用桃花的鲜艳美丽,来表现一个女孩子出嫁时的欣喜和美丽;用桃花这个形象,来引起你的感发联想。当然,诗歌有时给人的感动不是这样简单的一对一的直接的感动,而是一生二、二生三、三生无穷的绵延感动,不仅使同时代的人受感动,就是相隔了几百年之后,诗里面的感动力量仍然可以使后来的读者受到感动。比如,杜甫在《咏怀古迹五首》其二中写道:"摇落深知宋玉悲,风流儒雅亦吾师。"宋玉是战国时代的人,杜甫是唐朝的人,相隔有千百年之久。宋玉《九辩》说:"悲哉秋之为气也,萧瑟兮草木摇落而变衰。"看到草木摇落而变衰,就会感到一种肃杀之气,所以中国就形成了一种悲秋的传统。而悲秋的传统,其实还不是从宋玉开始的,而是从屈原就已经开始了。屈原《离骚》说:"日月忽其不淹兮,春与秋其代序。惟草木之零落兮,恐美人之迟暮。"天上的太阳,天上的月亮,"忽"地一下就匆匆忙忙地在天上经过,一年四季的春秋就如此地消失了。当你看到草木的零落,看到摇落变衰的草木,就"恐美人之迟暮"。王国维看到南唐中主李璟《山花子》中"菡萏香销翠叶残,西风愁起绿波间"之语,大有"众芳芜秽,美人迟暮"的感慨。为什么会有这种感慨呢?如果你曾经有过美好的容颜,美好的生命,却没有得到赏识,然后就这样白白地衰老了,这是多么的悲哀啊!这说的是妇女。如果男子有美好的才学、美好的理想,却没有实现自己的价值,就这样地衰老了,这是生命落空的悲哀。所以,所有有理想的人,当他衰老的时候,回首往昔一事无成,就会产生这样的感慨。杜甫写过一首诗叫《杜位宅守岁》,其中说:"四十明朝过,飞腾暮景斜。"《论语·子罕》中孔子亦说:"四十、五十而无闻焉,斯亦不足畏也已。"所以,男子到四十岁,应该有你自己学问事业的根基才对,四十岁一过,飞腾的理想就如同这黄昏的晚霞,走进西斜的道路上去了。所以,从屈原到宋玉,从宋玉到杜甫,凡是有才华、有意志、有理想的人,当他年命衰老的时候,都会有这样的感慨。因此,不要以为"赋、比、兴"是三个死板的名词,"赋、比、兴"所说的是如何传达你的感动,如何引起读者的感动。

二

按照中国以往的习惯,在讲到作文方法时,常常会告诉学生要多用形象思维。于是,大家都用形象思维,没有形象也非找个形象不可,即使那个形象已经死掉了,也要找个形象在那里。其实,形象是可以死掉的,不要以为有了形象,所作的诗就成功了。例如,杜甫的诗有很多注本,最有名的要属《杜诗仇注》了。仇,是仇兆鳌。《杜诗仇注》本来叫《杜诗详注》，因为作者姓仇，所以，人们管它叫《杜诗仇注》。《杜诗详注》真的是很详，仇兆鳌把杜甫诗句的每一个字的来历都给写出来了。虽然中国当时还没有产生现代的文学理论，但仇兆鳌有很多做法用现代文艺理论还是可以给它解释一番的。现在的理论有一种叫"intertextuality"（意思是互为文本），text 就是文本。为什么不说"本文"而非要说"文本"呢？主要是两者的意思不同。如果你一说"本文"，这个文章就死掉了，是死死板板的本文；而你说"文本"，这文章是一个客体（object）在那里，你可以从这个文章里边引申出更多的意思、更多的兴发感动。这个文本，用西方语言学家索绪尔的话来说：一个是平行的语序轴（Syntagmatic Axis），这是文法的组词；一个是直线的联想轴（Associative Axis），你可以用一个语码，一个语言的词汇来表述。每一个语言（language）都是一个符号，每一个符号都可以有很多的 intertextuality，可以给你很多很多的启发和联想。仇兆鳌的《杜诗详注》说杜甫的诗写得好，就是因为杜甫传达出了他的兴发感动，把他内心的感动用语言文字传递了出来。仇兆鳌在讲杜甫《曲江》中"穿花蛱蝶深深见，点水蜻蜓款款飞"这两句诗时，引了两句别人的诗"鱼跃练川抛玉尺，莺穿丝柳织金梭"。这"鱼跃练川抛玉尺"，是说这水像一条白绸子，是"练川"，这个鱼从这个像绸子一样的水上跳过去，就像一根玉尺丢在白绸子上，所以就说"鱼跃练川抛玉尺"。"莺"是黄莺鸟，是说黄莺鸟就像金梭一样在柳条中来回地穿飞，像是一个黄金的梭在那里编织。这形象是很美的：有鱼有莺，而且形容说，水像白练，鱼像玉尺，柳丝像细细的丝线，黄莺鸟像金梭。但是，并非有了形象就是好诗，因为与杜甫的两句诗相比，这个作品没有生命，作者没有感动，至少他没有把他自己感动的生命传达出来，所以这个作品中的形象是僵死的。当然，一般地说来，如果你空口说，大家不容易想象，所以你给人一个形象是比较好的。但也不尽然，你就是空口说，只要你说得好，一样可以成为有感动的诗篇。你看《诗经·郑风·将仲子》"将仲子兮"四个字，一个"将"字，一个"兮"字，就把那个感动的口气表现出来了。"将仲子兮"是第一句，她是呼唤仲子，是直接的叙述。叙述的时候，不是形象，是口吻。接着说，"无逾我里"，这个男孩子常常跳墙跟她幽会，所以她说你不要跳进我家的院子；"无折我树杞"，因为你一跳墙，会把我们家墙边的杞树枝给折断的，所以你也不要折断我们家的树枝。这里，"将仲子兮"呼唤得既温柔又多情，这就是"将"字的作用。可是，由于她接着说你不要这样不要那样，这也太伤感情了。所以，她又马上回来说"岂敢爱之"，难道我是爱我们家的杞树比爱你还爱吗？当然不是，为什么要这个男孩子不要再跳了？"畏我父母"啊！所以，这里扬起来又跌下去，然后她又说，我虽然怕我的父母，但"仲可怀也"，我对你还是很怀念的。可是，"父母之言，亦可畏也"。虽然这里一个形象都没有，但这种转折、起伏，就把这个女孩子内心想要跟仲子约会又担心害怕的那种感情，都委婉曲折地表达出来了。这就是"赋"。所以，写作不在于你用了什么方法，重要的是你用什么样的叙述方法把你的感动传达出来。

中国古人讲《诗经》的赋、比、兴，都是讲一首诗第一章的开头一句。但有的时候，中国诗歌也把"比""兴"用在句子的中间。例如，秦观一首小词《减字木兰花》说："欲见回肠，断尽金炉小篆香。"宋人的词在怀念一个人的时候常用"万转千回思量遍"，可是，你说你"思量"，怎么知道你"万转千回"了？你说你断肠，谁又看见你肠断了？而秦观则说"欲见回肠"，你想知道我千回万转的断肠的思量吗？我可以给你一个比喻，那就是"断尽金炉小篆香"。"香"是何等的芬芳，美好的感情不应该是芬芳的吗？"篆"字何

大学语文

等的曲折,何等的千回百转;"小"字何等精微,何等纤细;"炉"在燃烧,是何等热烈;"金"字何等贵重!每一个字都有它的意义。"香"是篆香,是金炉里边燃烧的小篆香,为了思量而一寸一寸地断掉。李商隐《无题》说,"春心莫共花争发",因为那"一寸相思一寸灰"。所以,"欲见回肠,断尽金炉小篆香"可见其语言是多么的美妙。笔者以为,形象是重要的,在诗词中可以出现在任何的地方,但关键在于你是否写出了你内心的感动。因为有时候也无须完全要形象,如《诗经·郑风·将仲子》这首诗,一样写得如此之生动,如此之真切,如此之感人!而且,杜甫有很多首诗就是直接叙述的,如《自京赴奉先县咏怀五百字》:"杜陵有布衣,老大意转拙。许身一何愚,窃比稷与契。"就是直陈其事,直接诉说内心的感情,但一样的使人感动。

赋、比、兴三种表达方式是讲心与物之间的关系。兴是由物及心,比是由心及物,赋是即物即心。说到即物即心,有人就会产生误会,以为物一定是外界的动物、植物或鸟兽。如果这样理解,那"将仲子兮"中的仲子是个物吗?所以,这个物要有分别。古人所说的这个物,其实是指"物象"。自然界的草木鸟兽当然是物象,可是在中国古人的头脑中,除了自然界的物象外,人事界的事象,包括人事界的种种悲欢离合,那都是象。"孟冬十郡良家子,血作陈陶泽中水。"杜甫在《悲陈陶》中叙述了发生在陈陶泽的那一次战争:孟冬的季节,农历的十月,他们几个郡县中最好的良家子弟都被征去当兵打仗了,并在一场战争中全都死去。这些个年轻的十郡良家子弟的血,都流在陈陶的泽中,变成一片的血水。这里没有自然界的物象,只有人事界的事象,但也同样使人感动。

之所以说中国古人头脑中的象既兼有自然界的物象,也兼有人事界的事象,是因为《易经》上就有记载:"夫易者,象也。""易"之八卦本身就是一种符号的形象,六十四卦中每一卦的卦辞及爻辞所叙写的都是以各种事物的形象为主。如果把这些形象加以归类的话,我们大致可以将之区分为三大类:其一是取象于自然界的物象,其二是取象于人世间之事象,其三则是取象于假想中之喻象。比如,《易经》"中孚"九二的爻辞说:"鸣鹤在阴,其子和之。"是鹤鸟在树阴山谷中鸣叫而有同类应和的叫声。虽然"鸣鹤"之声是听觉的感受,但属于自然界的物象。再如,"蒙"卦中初六的爻辞说:"利用刑人,用说桎梏。"就是说,你占到了这个卦以后,就应该解除犯了刑法的罪人的桎梏。"说"同"脱",是解除的意思。《周易正义》就曾经指明说,"此经'刑人'、'说人'"为"二事象",这是人事界的事象。所以,《易经》里边的象可以是自然界的,也可以是人事界的。而"乾"卦的九五说"飞龙在天",这个龙既不是自然界所有,也非人事界所有,是假想中的一个喻象,一个神话中的动物。所以,《易经》上面都是讲象,"易"就是象,是宇宙之中的各种各样的象。这个所谓象者,是非常丰富的。所以,在你写作的时候,如果你想有一个好的开端,想带领别人进入你的感动之中,你既可以用一个形象做比方,说是"春心莫共花争发,一寸相思一寸灰","欲见回肠,断尽金炉小篆香";也可以取象于各种形象、自然界的物象、人世界的事象或者假想的形象,就像李商隐的《锦瑟》诗"庄生晓梦迷蝴蝶,望帝春心托杜鹃。沧海月明珠有泪,蓝田日暖玉生烟"那样,自然界的物象,人世间的事象,假想的形象,都可以供你驱使。但是,这些物象必须要与你的感情发生关系,即前面所说的形象与情意的关系,也就是心与物的关系,表现在手法上就是"赋、比、兴"。

三

西方的文艺理论也是非常注意形象(image)的。西方的所有的文论、诗论,往往长篇大论地来讨论这个 image。所以，image 是非常重要的。对西方所说的形象，笔者给它做了一个归纳，大致有如下八种情况：

第一个是明喻（simile）。所谓明喻，就是把比喻的事情说明。英文称作 simile，simile 就是你把比喻明白地说出来。像李白《长相思》中"美人如花隔云端"一句，"美人如花"是说那个美人像花一样的美丽，他把那个"如"字给说出来了。这就是 simile，就是明喻。

第二个是隐喻（metaphor）。比如，杜牧的《赠别》诗："娉娉袅袅十三余，豆蔻梢头二月初。春风十里扬州路，卷上珠帘总不如。"杜牧一向是个比较浪漫的诗人。他说扬州路上有一个最年轻而且最美丽的女孩子，只有十三岁多一点，好像那豆梢头初放的花朵。可是，他说这个女子如同"豆蔻梢头二月初"的花朵了吗？没有。他没有用这个"如同"的"如"字，没有说明，所以这是隐喻，英文称作 metaphor。

第三个是转喻（metonymy）。所谓转喻，就是你用一个相关的名物转过来比喻这个东西。陈子昂写过三十多首《感遇诗》，其中有一首说："黄屋非尧意。"什么是"黄屋"呢？皇帝所坐的车子里边都是一种非常明亮的黄颜色，在过去的封建时代，只有天子才允许用这种颜色，普通的老百姓是不可以用的。所以，"黄屋"就是皇帝所坐的那个车子。这里转过来代表皇帝，是说做皇帝并不是尧舜他自己的本意，他没有想坐在黄屋里当皇帝的意思。所以，"黄屋非尧意"就是一种转喻，英文称作 metonymy。

第四个是象征（symbol）。比如，陶渊明诗里边喜欢说松树，在《饮酒二十八首》之八中有"青松在东园，众草没其姿"，在《和郭主簿二首》之二中有"芳菊开林耀，青松冠岩列"。在陶渊明的诗里，那青苍的松树，永远都代表着一种坚贞的品格。"因值孤生松，敛翮遥来归。"陶渊明写一双彷徨无定的飞鸟在高空中盘旋，这么疲倦却找不到一个栖止落脚的地方，最后它看到一棵孤独而又挺拔直立的松树，觉得这是它应该落下来的所在，所以就"敛翮遥来归"。之所以说"孤生松"，就是孤独的一棵松树，不假借任何的外力，不依傍任何的草木，独自在那里顽强生长。"芳菊开林耀，青松冠岩列"，是说在丛林之中，黄色的菊花开了，颜色这么明亮，在一片葱翠之中，老远的就看到了；而那一排青苍的松树，则在山岩上挺拔而立。陶渊明就是要赞美这样的菊花和松树，说它们是"怀此贞秀姿，卓为霜下杰"。这里的"怀"字写得好，菊花和松树的颜色不是外表涂上去，而是深藏在它内心中的美。那菊的明亮的颜色，松的青苍的颜色，在秋风的凛冽之中，当外物凋零之时，开得更加明艳，显得更加青苍。所以，他说"怜此贞秀姿"，那真的是坚贞，是耐得住艰难、困苦、寒霜、雨雪。不仅是贞，而且是"贞秀姿"。它卓然挺出，竟然在寒霜的摧残中显出它的这种美好的姿态。这里，松树是象征，它那在冰雪严寒中挺拔坚贞而不凋零的形象，象征了一种意志、品格和操守。

第五个是"拟人"（personification）。拟人就是把它比作一个人，英文称为personification。像晏几道《蝶恋花》中所写："红烛自怜无好计，夜寒空替人垂泪。"红烛没有感情怎么知道自怜？他是把红烛看成人，说你们两个相爱的人就要离别了，"红楼别夜堪惆怅"，那我一支蜡烛也帮不上你们的忙，只有"夜寒空替人垂泪"了。这是把蜡烛拟人化了。

第六个是"举隅"（synecdoche）。《论语·述而》中言："举一隅不以三隅反，则不复也。"意思是说，如果教学生认识四方形的东西，先给他指出一个角，再让他类推另外三个角,如果他不能同时理解那三个,那就不再告诉他了。这是孔子教书的办法,就是你不用举外物的物象的全部,你只举它的一部分,就概括了全部。像温庭筠的词,有一首《梦江南》的调子说:"梳洗罢,独倚望江楼。过尽千帆皆不是,斜晖脉脉水悠悠,肠断白蘋洲。"这里的"帆",只是船的一部分,他没有说"过尽千船皆不是",为什么不用"过尽千船"呢?因为说"船"显得很笨。可是"帆"呢?白帆,远远的一个影子,如李白《送孟浩然》诗中说:"孤帆远影碧空尽,唯见长江天际流。"就是一个白色的船帆,摇得那么远,你还能看到那个帆影。所以,帆是那么明显的一个形象,是船的一部分,却代表了船的整体,这就是举隅,英文称作 synecdoche。

第七个是"寓托"(allegory)。像张九龄的《感遇十二首》其一说:"兰叶春葳蕤,桂花秋皎洁。欣欣此生意,自尔为佳节。谁知林栖者,闻风坐相悦。草木有本心,何求美人折?"春天兰叶的葳蕤,秋天桂花的皎洁,都表现了一种欣欣向荣的美好的生命。"谁知林栖者,闻风坐相悦",哪里想到这山林之中还有一个隐居的人,闻到一阵香风过去,不管是兰花的香,还是桂花的香,那"林栖者"都对此生出一种爱悦之心。他觉得兰花这么美,桂花这么美,因而想把兰花折下来,或者想把桂花折下来。所以,张九龄说,"草木有本心",兰花的茂盛,桂花的光彩,这是草木本身的生命啊!中国古人还有一句俗话说:"兰生空谷。"兰花就是生在一个寂寞的山谷之中,一个人的影子都没有,它"不为无人而不芳",不因无人赞美就不芳香了,因为那芳香是兰花的本质。杜甫《自京赴奉先县咏怀五百字》说:"葵藿倾太阳,物性固莫夺。"向日葵倾向太阳,它生来就是如此,不是外力所能够改变的。所以,兰花的芬芳,桂花的皎洁,都是生命的本质,"何求美人折?"不是为了让人来攀折才芬芳的!这里所取的兰叶、桂花的自然芬芳,象征了一种美好的意志、品格和操守。所以,整个一首诗是一个寓托,英文称作 allegory。

西方文论中还有一个比较复杂的现象叫作 objective correlative。objective 是客观的、客体的、外在的,correlative 是相关的。笔者把 objective correlative 翻译成"外应物象"。李商隐的《锦瑟》诗说:"锦瑟无端五十弦,一弦一柱思华年。庄生晓梦迷蝴蝶,望帝春心托杜鹃。沧海月明珠有泪,蓝田日暖玉生烟。此情可待成追忆,只是当时已惘然。"这首诗前面六句都是 image,都是各种不同的形象。这一大串的形象,表现了一大串的情意。像这种不明言情意,而全借外面的物象表达的方式,就是 objective correlative。

西方文学理论中所说的各种物象,是 image,也就是形象跟情意的关系,这在中国的诗歌里面都有。可是还有一点很大的不同,就是所有这八种情意与形象的关系,只类似于中国诗歌赋、比、兴三种表现手法中的"比"。不管是明喻、隐喻、转喻、象征、拟人、举隅、寓托,还是 objective correlative,都是先有一个情意,然后安排一个形象去表现,所有的形象与情意的关系,都是"比"的关系。而中国所说的"兴"的这种关系,在西方没有相当的一个字来表达。这并不是说西方就没有由外物感发所引起的这种作品。西方文论中没有这个字,只能说明"兴"的作用在西方的诗歌创作中不是重要的一环。他们内心的情意与形象的关系,主要是用理性的客体跟主体的安排和思索说出来的。而"兴"之妙,比如前面说过的《诗经》中的《关雎》,说"关关雎鸠"这个鸟,有伴侣的和乐与美好,所以引起我们人的感发。可是,有时候这个"兴",却讲不出什么道理来。所以,朱熹曾经说,这个"兴"有的时候在诗里全无巴鼻,你找不到什么缘由。像《诗经》里有一首《山有枢》:"山有枢,隰有榆。子有衣裳,弗曳弗娄。子有车马,弗驰弗驱。宛其死矣,他人是愉。山有栲,隰有杻。子有廷内，弗洒弗埽。子有钟鼓，弗鼓弗考。宛其死矣，他人是保。"意思是说，山上有这样高的树，山下有那样高的树。你有衣服你不穿，你有车马你不用，有一天你死了，就归人家去安享了；山上有这样的树，山下有那样的树。你有厅室你不打扫，你有钟鼓你不敲打，你有一天死了，那就被别人全占有了。这里所说的山上有这个树、山下有那个树，与你穿衣服和你有钟鼓敲击不敲击，并没有必然的关系，完全是一种自然而然的感发。而且，中国诗歌还有很妙的一点，就是吟诵。它有的时候还不是和情意相关，当然更不是西方的理性的安排；它是声音的感动，声音的呼应。所以，中国诗歌的节奏与押韵是很重要的。作诗的时候，字从音出，字从韵出，不是完全用理性去思索安排，更不是查词典查韵书，一个字一个字地拼凑，而是伴随着你的节奏，伴随着你的声音，诗就自然而然地出来了，也就自然而然地带着感发。

由此可见，不同的文学有不同的传统，不同的文化有不同的侧重。"赋、比、兴"是中国古代诗歌抒写情志的具体方法，重在外物的情志感发和诗人内心情志的抒写，注重诗歌的形象思维；西方也注重 image，但文学创作多以理性思维运作，作品过多表现出一种思辨色彩，在形象性上区别于中国古代的诗歌创作。因而，中西文化在某种意义上是既融合又区别的。

（载于《河北学刊》2004 年 5 月）

第二编　秦汉文学

秦汉文学概述

　　秦始皇灭六国,完成中国的统一,建立起我国历史上第一个中央集权的封建专制大帝国。为了适应统一帝国的需要,秦王朝在政治经济和文化上,采取了一系列的改革措施,那些改革,对生产和文化的发展,提供了有利的条件。但同时它又焚书坑儒,推行极端严酷的思想统治,这对学术文化的发展极为不利。因此,整个秦代,几乎没有什么文学可言,值得一提的就是完成于统一前的《吕氏春秋》。这是秦丞相吕不韦门客的集体著作。它包括八览、六论、十二纪,故后世又称为《吕览》。它兼有儒、道、墨、法、农诸家学说,故《汉书·文艺志》列为"杂家"。书中保存了大量的先秦时代的文献和遗闻佚事。它是一种系统化的、集合许多单篇的说理文,层层深入,最见条理。和先秦其他诸子散文一样,它往往以寓言故事为譬喻,因而增加了文章的形象性。例如《荡兵》《顺说》《察今》等篇都有这样的特点。秦代文学的唯一作家是李斯,《谏逐客书》是其名作。文章立意高深,始终围绕"大一统"的目标,从秦王统一天下的高度立论,正反论证,利害并举,说明用客卿强国的重要性。雄辩滔滔终打动了秦王嬴政,使他收回逐客的成命,恢复了李斯的官职,《谏逐客书》也成为一篇脍炙人口的名文。

　　从公元前202年刘邦建立汉朝,到公元220年汉献帝禅位于曹丕,两汉历时四百余年,是中国的封建盛世。主要文学成就包括:汉赋、散文、诗歌。

一、汉赋

　　王国维其《宋元戏曲考序》云:"凡一代有一代之文学,楚之骚,汉之赋,六代之骈语,唐之诗,宋之词,元之曲,皆所谓一代之文学,而后世莫能继焉者也。"赋是汉代的代表文学样式。

　　赋作为一种文体,早在战国时代后期便已经产生。最早写作赋体作品并以赋名篇的可能是荀子。据《汉书·艺文志》载,荀子有赋10篇(现存《礼》《知》《云》《蚕》《箴》5篇),是用通俗"隐语"铺写五种事物。战国时,屈原、宋玉等已运用铺陈方法抒发忧愤哀愁之情,如《风赋》《高唐赋》《神女赋》等,辞藻华美,且有讽谏用意,被称为"宋体赋"。但无论荀赋还是宋体赋,都还属萌芽状态。赋体的进一步发展,当受到战国后期纵横家的散文和新兴文体楚辞的巨大影响。在发展中吸收了楚辞的某些特点——华丽的辞藻、夸张的手法,因而丰富了自己的体制,铺陈写物,"不歌而诵",接近于散文,正由于赋体的发展与楚辞有着密切关系,所以汉代往往把辞赋连称。

汉赋发展经历了骚体赋、汉大赋和抒情小赋三个阶段。

汉初六十年是骚体赋的时期,代表作是贾谊的《吊屈原赋》《鵩鸟赋》,它直接受屈原《九章》和《天问》的影响,保留着加"兮"的传统,其语言是四言和散句的结合,表现手法为抒情言志。《吊屈原赋》是贾谊因统治阶级内部矛盾而受毁谤与排挤,在汉文帝三年(前177年)被贬为长沙王太傅以后所作。贾谊在赋中对屈原的遭遇表示的深切悼惜,其实就是对自身处境的伤感,将自己心中的愤慨不平与屈原的忧愁幽思融汇在一起,以表达对世间贤人失意、小人得志这种不公平状况的极大不满。不过,在感情一致的前提下,贾谊并不赞同屈原以身殉国的行为,作者主张"远浊世而自藏",以此保全自己。《鵩鸟赋》作于贾谊任长沙王太傅三年时,通篇以人鸟对话而展开,开汉赋主客问答体式之先河。又以议论来抒写对生命忧患的思考,阐发人生的哲理。议论之中常运用一些贴切的比喻,来增强议论的形象性,也常用感叹语气来加强议论的情感性。此赋语言凝练精警,形式上以整齐的四言句为主,也有散文化的倾向,体现着向汉大赋的过渡。

枚乘《七发》标志着汉大赋体制的形成。

《七发》虚拟楚太子患病,吴客前往探视,指出其病患是耽乐纵欲的结果,表示可以用"要言妙道"治愈之。然后便按照听琴、饮食、跑马、游览、出猎、观涛以及"方术之士"的妙论七个方面,层层铺叙,启发太子,终使太子霍然病已。

《七发》在以下方面体现了大赋文体的基本形成:

(1)铺叙描摹,夸饰渲染。如"曲江观涛"一节描写江涛的汹涌澎湃;隐藏了创作主体的情绪,纯用客观的铺陈和议论;

(2)遣词造语趋于繁复华丽;

(3)以主客问答的形式结构全篇。后代以七段成篇的赋成为一种专门文体,称为"七体"。

西汉中期从武帝经昭帝至宣帝,九十余年间是汉赋的散体大赋的鼎盛期。这一时期,由于积七十余年休养生息的持续发展,政权巩固,国力强大,疆域辽阔,封建皇权至高无上,统治集团已不再以省俭为本,而是好大喜功,耽于声色享乐,并形成风气,因此上自皇帝,皆喜爱最适于形象地再现这种时代风气的赋体文学,从而给予大力提倡。于是迅速出现了繁荣景象,仅据班固《汉书·艺文志》中依照刘向在成帝时经过审查筛选,论而录之的六十一位有主名的赋家和九百三十篇赋作统计,这一时期就占了绝大多数。

散体大赋的内容多为统治者扬威颂圣,思想倾向比较空泛,艺术形式过于简单僵化,普遍采用主客问答的形式,作品篇幅巨大,文字排铺堆砌,对事物进行铺陈描写。从形式上来说,它更像散文,直接继承了先秦散文。代表作家作品主要有司马相如《子虚赋》《上林赋》,扬雄《长杨赋》《羽猎赋》,班固《两都赋》和张衡《两京赋》等。

40

东汉中叶至东汉末年，这一时期汉赋的思想内容、体制和风格都开始有所转变，歌颂国势声威、美化皇帝功业，专以铺采摛文为能事的大赋逐渐减少，而反映社会黑暗现实、讥讽时事、抒情咏物的短篇小赋开始兴起。具有代表性的赋作是张衡的《二京赋》和《归田赋》。作者以清新的语言，抒发自己的情志，表现了在宦官当政，朝政日非的情况下，不肯同流合污，自甘淡泊的品格。继张衡而起的是赵壹和蔡邕，赵壹的《刺世嫉邪赋》对东汉末年是非颠倒"情伪万方"的黑暗现象进行了揭露和抨击，表现了作者嫉恶如仇的反抗精神。这篇赋语言犀利，情绪悲愤，揭露颇有深度。蔡邕的《述行赋》是他在桓帝时被当权宦官强征赴都，在途中有感而作。在赋中作者不仅揭露和批判了当时宦官专权、政治黑暗、贵族们荒淫无耻的现实，而且还满怀同情地写出了当时的民间疾苦，表现了作者的爱憎感情，语言平实，格调冷峻，颇具感染力。

二、散文

两汉散文以历史散文和政论散文最为突出。

(一) 政论文

汉初，统治者一心治理国家，巩固政权，反映在文学创作中主要是总结秦亡教训，以利长治久安的政论文。政论文受战国说辞和辞赋的影响，大多气势磅礴，感情激切。代表是贾谊的《过秦论》。作为一篇史论，其主旨在于分析"秦之过"，贾谊在分析了秦的兴起、灭亡及其原因后，鲜明地提出了中心论点："仁义不施而攻守之势异也。"其目的是提供给汉文帝作为改革政治的借鉴。除贾谊外，晁错的《言兵事疏》、邹阳的《狱中上梁王书》等最为著名。

《盐铁论》是西汉后期的一本政论性散文集。昭帝始元六年(前81年)期间召开"盐铁会议"，以贤良文学为一方，以御史大夫桑弘羊为另一方，就盐铁专营、酒类专卖和平准均输等问题展开辩论。桓宽根据当时的会议记录，并加上与会儒生朱子伯的介绍，将其整理改编，撰成《盐铁论》。第一篇至第四十一篇，记述了会议正式辩论的经过及双方的主要观点。第四十二篇至第五十九篇写会后双方对匈奴的外交策略、法制等问题的争论要点。最后一篇是后序。《盐铁论》是研究西汉经济史、政治史的重要史料。

东汉政论散文相继出现了王充《论衡》、王符《潜夫论》为代表的一批积极参与现实的作品。《论衡》以事实验证言论，弥补了道家空说无着的缺陷，是中国历史上一部不朽的无神论著作，王充被认为是汉代道家思想的重要传承者与发展者。《潜夫论》共三十六篇，多数是讨论治国安民之术的政论文章，少数也涉及哲学问题。他对东汉后期政治社会提出广泛尖锐的批判，涉及政治、经济、社会风俗各个方面，指出其本末倒置、名实相违的黑暗情形，认为这些皆出于"衰世之务"，并引经据典，用历史教训警告当时的统治者。

(二) 历史散文

司马迁的《史记》是我国第一部纪传体通史，所谓的"二十四史"，即以《史记》为首，它不仅是伟大的历史著作,也是伟大的散文著作,共130篇。在体例上,《史记》分为5大部分,即本纪,记帝王之事;世家,述诸侯之事;列传,叙人臣之事;表,即表格形式的大事记;书,即典章制度。鲁迅誉之:"史家之绝唱,无韵之离骚。"

《汉书》是继《史记》之后的又一部富有散文文学特色的史学巨著,其中有不少出色的人物传记,如《霍光传》《朱买臣传》《东方朔传》。《汉书》是中国第一部纪传体的断代史。其体例基本上承袭《史记》,只是改"书"为"志",创"刑法""五行""地理""艺文"四志,并将"世家"取消,与"列传"合在一起,统称"传",使《汉书》形成一种新的面貌。《汉书》共有十二纪、八表、十志、七十列传,共100篇,是后来官修史书的范本。

《淮南子》也是西汉一部大著述,是西汉初年淮南王刘安招集门客,于汉景帝、汉武帝之交时撰写的一部论文集。该书共21篇,最后一篇名《要略》,是全书的序言。全书内容庞杂,它将道、阴阳、墨、法和一部分儒家思想糅合起来,但主要的宗旨属于道家,其中著名的篇章有《共工怒触不周山》《塞翁失马》等。

(三)诗歌

两汉诗歌以乐府和东汉末年的文人五言诗成就最高。

乐府是汉武帝时设立的一个官署。它的职责是采集民间歌谣或文人的诗来配乐,以备朝廷祭祀或宴会时演奏之用。它搜集整理的诗歌,后世就叫"乐府诗",或简称"乐府"。汉乐府是继《诗经》之后,古代民歌的又一次大汇集,它开创了诗歌现实主义的新风。汉乐府民歌中女性题材作品占重要位置,它用通俗的语言构造贴近生活的作品,由杂言渐趋向五言,采用叙事写法,刻画人物细致入微,创造人物性格鲜明,故事情节较为完整,而且能突出思想内涵着重描绘典型细节,开拓叙事诗发展成熟的新阶段,《孔雀东南飞》与《木兰诗》合称"乐府双璧"。汉代《孔雀东南飞》、北朝《木兰诗》和唐代韦庄《秦妇吟》并称"乐府三绝"。

五言诗是在两汉民谣和乐府民歌中首先产生和发展起来的。它作为一种独立的诗体,大约起源于西汉而在东汉末年趋于成熟。五言相对于《诗经》以四言为主的形式,便于抒情叙事,无疑能包括更为丰富的内容,表达更为澎湃的激情。因此,在汉乐府民歌的影响下,文人开始学习写作五言诗,为诗歌创作开辟了一个新领域,文人五言诗应运而生。现存最早文人五言诗是东汉班固的《咏史》,代表作是《古诗十九首》。

《古诗十九首》是南朝萧统从传世无名氏《古诗》中选录十九首编入《昭明文选》而成。《古诗十九首》深刻地再现了文人在汉末社会思想大转变时期,追求的幻灭与沉沦,心灵的觉醒与痛苦。艺术上语言朴素自然,描写生动真切,具有浑然天成的艺术风格。

史记·李将军列传

司马迁（前145年～?），字子长，夏阳龙门（今陕西韩城）人，是古代著名的史学家和文学家。其父是西汉武帝时期太史令司马谈，著有《论六家要旨》一文。对春秋战国以来的诸子百家思想进行了高度概括。司马迁童年在家乡黄河边上的龙门山下度过。10岁时，随父亲司马谈到长安，直接受学于著名儒学大师董仲舒、孔安国。20岁，南游江淮，后仕为郎中，多次随驾西巡，曾出使巴蜀。元封三年（前108），继承其父之职，任太史令，太初元年（前104），与唐都、落下闳等共订《太初历》。此后，开始撰写《史记》。后因替投降匈奴的李陵辩护，获罪下狱，受腐刑。《史记》是我国第一部纪传体通史，鲁迅誉之："史家之绝唱，无韵之离骚。"司马迁还有《报任安书》等散文名作。

李将军列传

李将军广者，陇西成纪人也。其先曰李信，秦时为将，逐得燕太子丹者也[1]。故槐里，徙成纪。广家世世受射[2]。孝文帝十四年，匈奴大入萧关，而广以良家子从军击胡[3]，用善骑射[4]，杀首虏多[5]，为汉中郎。广从弟李蔡亦为郎[6]，皆为武骑常侍，秩八百石[7]。尝从行，有所冲陷折关及格猛兽[8]，而文帝曰："惜乎，子不遇时！如令子当高帝时，万户侯岂足道哉[9]！"

及孝景初立，广为陇西都尉，徙为骑郎将[10]。吴楚军时[11]，广为骁骑都尉，从太尉亚夫击吴楚军[12]，取旗，显功名昌邑下。以梁王授广将军印，还，赏不行[13]。徙为上谷太守，匈奴日以合战。典属国公孙昆邪为上泣曰："李广才气，天下无双，自负其能，数与虏敌战，恐亡之。"于是乃徙为上郡太守。后广转为边郡太守，徙上郡[14]。尝为陇西、北地、雁门、代郡、云中太守，皆以力战为名。

匈奴大入上郡，天子使中贵人从广勒习兵击匈奴[15]。中贵人将骑数十纵[16]，见匈奴三人，与战。三人还射，伤中贵人，杀其骑且尽。中贵人走广。广曰："是必射雕者也[17]。"广乃遂从百骑往驰三人。三人亡马步行[18]，行数十里。广令其骑张左右翼，而广身自射彼三人者，杀其二人，生得一人，果匈奴射雕者也。已缚之上马，望匈奴有数千骑，见广，以为诱骑[19]，皆惊，上山陈[20]。广之百骑皆大恐，欲驰还走。广曰："吾去大军数十里，今如此以百骑走，匈奴追射我立尽。今我留，匈奴必以我为大军之诱，必不敢击我。"广令诸骑曰："前！"前未到匈奴陈二里所[21]，止，令曰："皆下马解鞍！"其骑曰："虏多且近，即有急，奈何？"广曰："彼虏以我为走，今皆解鞍以示不走，用坚其意。"于是胡骑遂不敢击。有白马将出护其兵[22]，李广上马与十余骑奔射杀胡白马将，而复还至其骑中，解鞍，令士皆纵马卧[23]。是时会暮，胡兵终怪之，不敢击。夜半时，胡兵亦以为汉有伏军于旁欲夜取之，胡皆引兵而去。平旦[24]，李广乃归其大军。大军不知广所之，故弗从。

居久之，孝景崩，武帝立，左右以为广名将也，于是广以上郡太守为未央卫尉，而程不识亦为长乐卫尉，程不识故与李广俱以边太守将军屯。及出击胡，而广行无部伍行陈，就善水草屯，舍止，人人自便，不击刀斗以自卫，莫府省约文书籍事[25]，然亦远斥侯[26]，未尝遇害。程不识正部曲行伍营陈[27]，击刀斗，士吏治军簿至明，军不得休息，然亦未尝遇害。不识曰："李广军极简易，然虏卒犯之[28]，无以禁也；而其士卒亦佚乐[29]，咸乐为之死。我军虽烦扰，然虏亦不得犯我。"是时汉边郡李广、程不识皆为名将，然匈奴畏李广之略，士卒亦多乐从李广而苦程不识。程不识孝景时以数直谏为太中大夫[30]。为人廉，谨于文法[31]。

后汉以马邑城诱单于，使大军伏马邑旁谷，而广为骁骑将军，领属护军将军[32]。是时单于觉之，去，汉军皆无功[33]。其后四岁，广以卫尉为将军，出雁门击匈奴。匈奴兵多，破败广军，生得广。单于素闻广贤，令曰："得李广必生致之。"胡骑得广，广时伤病，置广两马间，络而盛卧广[34]。行十余里，广详死[35]，睨其旁有一胡儿骑善马，广暂腾而上胡儿马[36]，因推堕儿，取其弓，鞭马南驰数十里，复得其余军，因引而入塞。匈奴捕者骑数百追之，广行取胡儿弓，射杀追骑，以故得脱。于是至汉，汉下广吏[37]。吏当广所失亡多[38]，为虏所生得，当斩，赎为庶人[39]。

顷之，家居数岁。广家与故颍阴侯孙屏野居蓝田南山中射猎。尝夜从一骑出，从人田间饮。还至霸陵亭，霸陵尉醉，呵止广。广骑曰："故李将军。"尉曰："今将军尚不得夜行，何乃故也！"止广宿亭下。居无何，匈奴入杀辽西太守，败韩将军，后韩将军徙右北平。于是天子乃召拜广为右北平太守。广即请霸陵尉与俱，至军而斩之。

广居右北平，匈奴闻之，号曰"汉之飞将军"，避之数岁，不敢入右北平。

广出猎，见草中石，以为虎而射之，中石没镞，视之石也。因复更射之，终不能复入石矣。广所居郡闻有虎，尝自射之。及居右北平射虎，虎腾伤广，广亦竟射杀之。广廉，得赏赐辄分其麾下，饮食与士共之。终广之身，为二千石四十余年，家无余财，终不言家产事。广为人长，猿臂，其善射亦天性也，虽其子孙他人学者，莫能及广。广讷口少言，与人居则画地为军陈，射阔狭以饮[40]。专以射为戏，竟死。广之将兵，乏绝之处[41]，见水，士卒不尽饮，广不近水，士卒不尽食，广不尝食。宽缓不苛，士以此爱乐为用。其射，见敌急，非在数十步之内，度不中不发，发即应弦而倒。用此[42]，其将兵数困辱，其射猛兽亦为所伤云。

居顷之，石建卒，于是上召广代建为郎中令。元朔六年[43]，广复为后将军，从大将军军出定襄，击匈奴。诸将多中首虏率[44]，以功为侯者，而广军无功。后二岁，广以郎中令将四千骑出右北平，博望侯张骞将万骑与广俱，异道[45]。行可数百里，匈奴左贤王将四万骑围广，广军士皆恐，广乃使其子敢往驰之。敢独与数十骑驰，直贯胡骑，出其左右而还，告广曰："胡虏易与耳[46]。"军士乃安。广为圜陈外向[47]，胡急击之，矢下如雨。汉兵死者过半，汉矢且尽。广乃令士持满毋发[48]，而广身自以大黄射其裨将[49]，杀数人，胡虏益解[50]。会日暮，吏士皆无人色，而广意气自如，益治军。军中自是服其勇也。明日，复力战，而博望侯军亦至，匈奴军乃解去。汉军罢[51]，弗能追。是时广军几没，罢归。汉法，博望侯留迟后期，当死，赎为庶人。广军功自如[52]，无赏。

　　初，广之从弟李蔡与广俱事孝文帝。景帝时，蔡积功劳至二千石。孝武帝时，至代相。以元朔五年为轻车将军，从大将军击右贤王[53]，有功中率[54]，封为乐安侯。元狩二年中[55]，代公孙弘为丞相。蔡为人在下中，名声出广下甚远，然广不得爵邑，官不过九卿，而蔡为列侯，位至三公。诸广之军吏及士卒或取封侯。广尝与望气王朔燕语[56]，曰："自汉击匈奴而广未尝不在其中，而诸部校尉以下，才能不及中人，然以击胡军功取侯者数十人，而广不为后人，然无尺寸之功以得封邑者，何也？岂吾相不当侯邪？且固命也？"朔曰："将军自念，岂尝有所恨乎[57]？"广曰："吾尝为陇西守，羌尝反[58]，吾诱而降，降者八百余人，吾诈而同日杀之。至今大恨独此耳。"朔曰："祸莫大于杀已降，此乃将军所以不得侯者也。"

　　后二岁，大将军、骠骑将军大出击匈奴[59]，广数自请行，天子以为老，弗许；良久乃许之，以为前将军。是岁，元狩四年也。

　　广既从大将军青击匈奴，既出塞，青捕虏知单于所居，乃自以精兵走之，而令广并于右将军军[60]，出东道。东道少回远[61]，而大军行水草少，其势不屯行[62]。广自请曰："臣部为前将军，今大将军乃徙令臣出东道，且臣结发而与匈奴战[63]，今乃一得当单于[64]，臣愿居前，先死单于[65]。"大将军青亦阴受上诫，以为李广老，数奇[66]，毋令当单于，恐不得所欲。而是时公孙敖新失侯[67]，为中将军从大将军，大将军亦欲使敖与俱当单于，故徙前将军广。广时知之，固自辞于大将军。大将军不听，令长史封书与广之莫府[68]，曰："急诣部[69]，如书。"广不谢大将军而起行，意甚愠怒而就部，引兵与右将军食其合军出东道[70]。军亡导[71]，或失道，后大将军。大将军与单于接战，单于遁走，弗能得而还。南绝幕[72]，遇前将军、右将军。广已见大将军，还入军。大将军使长史持糒醪遗广[73]，因问广、食其失道状，青欲上书报天子军曲折[74]。广未对，大将军使长史急责广之幕府对簿[75]。广曰："诸校尉无罪，乃我自失道。吾今自上簿。"

　　至莫府，广谓其麾下曰："广结发与匈奴大小七十余战，今幸从大将军出接单于兵，而大将军又徙广部行回远，而又迷失道，岂非天哉！且广年六十余矣，终不能复对刀笔之吏。"遂引刀自刭。广军士大夫一军皆哭[76]。百姓闻之，知与不知，皆为垂涕。而右将军独下吏，当死，赎为庶人。

　　广子三人，曰当户、椒、敢，为郎。天子与韩嫣戏，嫣少不逊[77]，当户击嫣，嫣走。于是天子以为勇。当户早死，拜椒为代郡太守，皆先广死。当户有遗腹子名陵。广死军时，敢从骠骑将军。广死明年，李蔡以丞相坐侵孝景园壖地[78]（前118年），当下吏治，蔡亦自杀，不对狱[79]，国除。李敢以校尉从骠骑将军击胡左贤王，力战，夺左贤王鼓旗，斩首多，赐爵关内侯,食邑二百户,代广为郎中令。顷之,怨大将军青之恨其父[80],乃击伤大将军,大将军匿讳之[81]。居无何,敢从上雍,至甘泉宫猎。骠骑将军去病与青有亲[82],射杀敢。去病时方贵幸,上讳云鹿触杀之。居岁余,去病死。而敢有女为太子中人[83],爱幸,敢男禹有宠于太子,然好利,李氏陵迟衰微矣[84]。

李陵既壮[85],选为建章监[86],监诸骑。善射,爱士卒。天子以为李氏世将,而使将八百骑。尝深入匈奴二千余里,过居延视地形,无所见虏而还。拜为骑都尉,将丹阳楚人五千人,教射酒泉、张掖以屯卫胡[87]。

数岁,天汉二年秋[88],贰师将军李广利将三万骑击匈奴右贤王于祁连天山[89],而使陵将其射士步兵五千人出居延北可千余里,欲以分匈奴兵,毋令专走贰师也[90]。陵既至期还,而单于以兵八万围击陵军。陵军五千人,兵矢既尽,士死者过半,而所杀伤匈奴亦万余人。且引且战[91],连斗八日,还未到居延百余里,匈奴遮狭绝道,陵食乏而救兵不到,虏急击招降陵。陵曰:"无面目报陛下。"遂降匈奴。其兵尽没,余亡散得归汉者四百余人。

单于既得陵,素闻其家声,及战又壮,乃以其女妻陵而贵之。汉闻,族陵母妻子[92]。自是之后,李氏名败,而陇西之士居门下者皆用为耻焉[93]。

太史公曰:《传》曰[94]"其身正,不令而行;其身不正,虽令不从"。其李将军之谓也?余睹李将军悛悛如鄙人[95],口不能道辞。及死之日,天下知与不知,皆为尽哀。彼其忠实心诚信于士大夫也!谚曰"桃李不言,下自成蹊[96]"。此言虽小,可以喻大也。

【注释】

[1]"逐得"句:李信掳获燕太子丹一事,详见《史记》卷八十六《刺客列传》。

[2]受:学习。

[3]良家子:家世清白人家的子弟。汉朝军人的来源有两种,一种即所谓"良家子",另一种是罪犯和贫民等。

[4]用:由于,因为。

[5]首虏:敌人的首级。

[6]从弟:堂弟。

[7]秩:官吏的俸禄。

[8]冲陷:冲锋陷阵。折关:抵御、拦阻,指抵挡敌人。

[9]万户侯:有万户封邑的侯爵。

[10]徙:调任。

[11]吴楚军时:指景帝三年吴楚等七国起兵叛乱。其事详见卷一百六《吴王濞列传》。

[12]亚夫:即周亚夫。

[13]"以梁王"至"赏不行":李广作战立功之地在梁国境内,梁王私自封他为将军并授给将军印。这种做法违反汉朝廷的法令,因而李广还朝后,朝廷认为他功不抵过,不予

封赏。

[14] 这里的"徙上郡"与上文"徙为上郡太守"重复,文字可能有误。对此,各家说法不同,不详述。

[15] 中贵人:宫中受宠的人,指宦官。勒:统率,部署。

[16] 将:率领。骑:骑兵。纵:放马驰骋。

[17] 射雕者:射雕的能手。雕,猛禽,飞行能力极强而且迅猛,能射雕的人必有很高的射箭本领。

[18] 亡:失。

[19] 诱骑:诱敌的骑兵。

[20] 陈:同"阵",摆开阵势。

[21] 所:表示大约的数目。"二里所"即二里左右。

[22] 护:监护。

[23] 纵马卧:把马放开,随意躺下。

[24] 平旦:清晨,天刚亮。

[25] 籍:考勤或记载功过之类的簿册。

[26] 斥侯:侦察瞭望的士兵。"远斥侯",远远地布置侦察哨。另一种解释,到远离侦察瞭望所及的地方。

[27] 部曲:古代军队编制,将军率领的军队,下有部,部下有曲,曲下有屯。行伍:古代军的基层编制,五人为伍,二十五人为行。营陈:即"营阵",营地和军队的阵势。

[28] 卒:通"猝",突然。

[29] 佚:通"逸",安逸,安闲。

[30] 数:屡次。

[31] 文法:朝廷制定的条文法令。

[32] 领属:受统领节制。护军将军:即韩安国。

[33] 韩安国率军埋伏在马邑附近,设计诱骗单于,但被单于发觉,匈奴兵退去,所以汉军无功。其事详见卷一百八《韩长孺列传》。

[34] 络:用绳子编结的网兜。盛:放,装。

[35] 详:通"佯",假装。

[36] 暂:骤然。

[37] 下:交付。吏:指执法的官吏。

[38] 当:判断,判决。

[39] 赎:古代罪犯交纳财物可减免刑罚,称为"赎罪"或"赎刑"。庶人:平民。

[40] 阔狭:指上句所说在地上画的军阵图中,有的行列宽,有的行列窄。这句的意思是,比赛射军阵图,射中窄的行列为胜,射中宽的行列及不中都为负,负者罚酒。

[41] 乏绝:指缺水断粮。

[42] 用此:因此。

[43] 元朔:汉武帝的第三个年号,共六年(前128—前123)。

[44] 首虏率:斩杀敌人首级和俘获敌人的数量规定。汉朝制度,凡达到规定数量的即可封侯。

[45] 异道:走不同的路。

[46] 易与:容易对付。与:打交道。

[47] 圜陈:圆形的兵阵。圜:通"圆"。

[48] 持满:把弓拉满。

[49] 大黄:弩弓名,用兽角制成,色黄,体大,是当时射程最远的武器。裨(pí)将:副将。

[50] 益:逐渐。解:散开。

[51] 罢:通"疲",疲惫。

[52] 军功自如:指功过相当。

[53] 大将军:指卫青。

[54] 率:即上文的"首虏率",见前注。

[55] 元狩:汉武帝的第四个年号,共六年(前122—前127)。

[56] 望气:古代通过观察星象或气象来占卜吉凶的迷信活动。

[57] 恨:悔恨。

[58] 羌:古代西部的少数民族之一。

[59] 骠骑将军:即霍去病。

[60] 右将军:名赵食其。

[61] 少:稍。回:迂迴。

[62] 屯行:并队行进。屯:聚集。

[63] 结发:即束发。古代男子到十五岁即可束发。这里的意思是指少年或年轻之时。

[64] 当:面对,对敌。

[65] 死:死战。

[66] 数奇:命运不好。数,命运;奇,单数。古代占卜以得偶为吉,奇为不吉。

[67] 公孙敖:原为合骑侯,后因罪当斩,赎为庶人,所以说"新失侯"。他曾救过卫青的性命,所以卫青想给他立功的机会而排挤李广。其事迹详见卷一百一十一《卫将军骠骑列传》。

[68] 长史:官名,这里指大将军的秘书。封书:写好公文加封。

[69] 诣:到……去。

[70] 食其:即赵食其。

[71] 导:向导。

［72］绝：渡过，横穿。幕（mò）：通"漠"，沙漠。

［73］糒（bèi）：干饭。醪：浊酒。

［74］曲折：委曲，指详细的情况。

［75］对簿：按簿册上的记载对质，即受审。

［76］士大夫：这里指军中的将士。

［77］不逊：不礼貌，放肆。

［78］坐：因犯……罪。孝景园：景帝的陵园。壖地：陵前神道（直通陵墓的大道）外边的空地。

［79］对狱：和狱吏对质，即受审。

［80］恨其父：使其父饮恨自杀。有人认为"恨"通"很"，违拗、不听从的意思。

［81］匿讳：隐瞒。

［82］有亲：指霍去病是卫青的外甥。

［83］中人：指侍妾。

［84］陵迟：衰落，败落。

［85］从这句开始到"太史公曰"之前，古今学者多认为是后人所续，不是司马迁手笔。

［86］选：量才授官。

［87］屯卫：驻军防卫。

［88］天汉：汉武帝的第八个年号，共四年（前100—前97）。

［89］祁连天山：即祁连山。

［90］专走贰师：专来对付贰师将军的军队。

［91］引：退。

［92］族：灭门，诛灭全族。这里指杀其全家。

［93］居门下者：在门下为宾客。

［94］传：汉朝人称《诗》《书》《易》《礼》《春秋》为经，解说经书的著作都称为"传"。这里的传是指《论语》。因《论语》是孔子弟子及再传弟子所记，不是孔子亲笔著述，所以也称为传。

［95］悛悛：老实厚道的样子。

［96］蹊：小路。

【学习提示】

《李将军列传》出自司马迁《史记》卷一百九、列传第四十九。记述汉代名将李广的生平事迹。李广是英勇善战、智勇双全的英雄。他一生与匈奴战斗七十余次，常常以少胜多，险中取胜，以致匈奴人闻名丧胆，称之为"飞将军"，"避之数岁"。李广又是一位体恤士卒的将领。他治军简易，对士兵从不苛刻，尤其是他与士卒同甘共苦的作风，深得将士们的敬佩。正是由于李广这种战斗中身先士卒，生活中先人后己的品格，使士兵都甘愿在他

第二编 秦汉文学

麾下，"咸乐为之死"。然而，这位战功卓著、备受士卒爱戴的名将，却一生坎坷，终身未得封爵。皇帝嫌他命运不好，不敢重用，贵戚也借机对他排挤，终于导致李广含愤自杀。李广是以自杀抗议朝廷对他的不公，控诉贵戚对他的无理。太史公也通过李广的悲剧结局揭露并谴责了统治者的任人唯亲、刻薄寡恩以及对贤能的压抑与扼杀。

这篇作品充分展示了作者在人物传记方面的杰出才能。抓住主要特征突出人物形象是司马迁最擅长的方法之一，在本文中作者就抓住李广最突出的特点，通过一些生动的故事和细节，着力加以描写，使人物形象极为鲜明。司马迁写人物传记往往笔端含情，在这篇《李将军列传》中更是倾注了对李广的深切同情，同时也流露出对当权者的愤慨。作者的这些感情主要是在叙事中体现出来的，如，在文章结尾李广"引刀自刭"后，写道："广军士大夫一军皆哭。百姓闻之，知与不知皆为垂涕。"这里没有议论，没有抒情，而作者对李广的赞扬、同情、以至于悲愤和辛酸，都蕴含于叙述之中。

汉书·东方朔传（节选）

班固（32～92），字孟坚，东汉扶风安陵人，其父班彪，著名的史学家，续补了《史记》名《后传》，班固在此基础上开始编写《汉书》，被告私改国史而被捕，幸得汉明帝欣赏他的才华，任其为兰台令史，后负责校订秘书。《汉书》外撰有《白虎通德伦》、辞赋《两都赋》等。

《东方朔传》（节选）
（汉书卷六十五）

东方朔字曼倩，平原厌次人也[1]。武帝初即位，征天下举方正贤良文学材力之士，待以不次之位[2]，四方士多上书言得失，自衒鬻者以千数[3]，其不足采者辄报闻罢[4]。朔初来，上书曰："臣朔少失父母，长养兄嫂。年十三学书，三冬文史足用[5]。十五学击剑。十六学《诗》《书》，诵二十二万言[6]。十九学孙吴兵法，战阵之具，钲鼓之教[7]，亦诵二十二万言。凡臣朔固已诵四十四万言。又常服子路之言[8]，臣朔年二十二，长九尺三寸，目若悬珠，齿若编贝，勇若孟贲[9]，捷若庆忌[10]，廉若鲍叔[11]，信若尾生[12]。若此，可以为天子大臣矣。臣朔昧死再拜以闻。"

朔文辞不逊，高自称誉，上伟之[13]，令待诏公车[14]，奉禄薄，未得省见[15]。

久之，朔绐骑侏儒[16]，曰："上以若曹无益于县官[17]，耕田力作固不及人，'临众处官不能治民，从军击虏不任兵事，无益于国用，徒索衣食，今欲尽杀若曹。"侏儒大恐，啼泣。朔教曰："上即过，叩头请罪。"居有顷，闻上过，侏儒皆号泣顿首。上问："何为？"对曰："东方朔言上欲尽诛臣等。"上知朔多端[19]，召问朔："何恐侏儒为？"对曰："臣朔生亦言，死亦言。侏儒长三尺余，奉一囊粟，钱二百四十。臣朔长九尺余，亦奉一囊粟，钱二百四十[20]。侏儒饱欲死，臣朔饥欲死。臣言可用，幸异其礼；不可用，罢之，无令但索长安米。"上大笑，因使待诏金马门[21]，稍得亲近。

上尝使诸数家射覆[22]，置守宫盂下[23]，射之，皆不能中。朔自赞曰："臣尝受《易》，请射之。"乃别著布卦而对曰[24]："臣以为龙又无角，谓之为蛇又有足，跂跂脉脉善缘壁[25]，是非守宫即蜥蜴。"上曰："善。"赐帛十匹。复使射他物，连中，辄赐帛。

时有幸倡郭舍人[26]，滑稽不穷，常侍左右，曰："朔狂，幸中耳，非至数也[27]。臣愿令朔复射，朔中之，臣榜百[28]，不能中，臣赐帛。"乃覆树上寄生[29]，令朔射之。朔曰："是窭薮也[30]。"舍人曰："果知朔不能中也。"朔曰："生肉为脍，干肉为脯；著树为寄生，盆下为窭薮。"上令倡监榜舍人[31]，舍人不胜痛，呼謈[32]。朔笑之曰："咄[33]！口无毛[34]，声謷謷[35]，尻益高[36]。"舍人恚曰："朔擅诋欺天子从官，当弃市。"上问朔："何故诋之？"对曰："臣非敢诋之，乃与为隐耳[37]。"上曰："隐云何？"朔曰："夫口无毛者，狗窦也[38]；声謷謷者，鸟哺鷇也[39]；尻益高者，鹤俯啄也。"舍人不服，因曰："臣愿复问朔隐语，不知，亦当榜。"即妄为谐语曰[40]："令壶龃，老柏涂，伊优亚，狋吽牙[41]，何谓也？"朔曰："令者，命也。壶者，所以盛也[42]。龃者，齿不正也。老者，人所敬也。柏者[43]，鬼之廷也。涂者，渐洳径也[44]。伊优亚者，辞未定也。狋吽牙音，两犬争也。"舍人所问，朔应声辄对，变诈锋出，莫能穷者，左右大惊。上以朔为常侍郎[45]，遂得爱幸。

久之，伏日[46]，诏赐从官肉。大官丞日晏不来[47]，朔独拔剑割肉，谓其同官曰："伏日当早归，请受赐。"即怀肉去。大官奏之[48]。朔入，上曰："昨赐肉，不待诏，以剑割肉而去之，何也？"朔免冠谢。上曰："先生起自责何也。"朔再拜曰："朔来！朔来！受赐不待诏，无礼也！拔剑割肉，一何壮也！割之不多，又何廉也！归遗细君[49]，又何仁也！"上笑曰：使先生自责，乃反自誉！"复赐酒一石，肉百斤，归遗细君。

【注释】

[1] 平原：郡名（在今山东平原南）。厌次：县名，在今山东惠民县东北。

[2] 待以不次之位：谓越级提拔。

[3] 自衒鬻：卖弄炫耀自己的才能。

[4] 报闻罢：意谓经过请示皇帝而不任用。

[5] 三冬：三年。文史足用：王先谦云："文者，各书之体；史者，史籀所作世之通文字，讽诵在口者也；足用者，言足用以应试。"

[6] 言：一字为一"言"。

[7] 钲鼓之教：指挥军队进退之法。

[8] 子路：姓仲名由，一字季路，孔子弟子。子路之言：指子路此语："千乘之国，摄乎大国之间，加之以师旅，因之以饥馑；由也为之，比及三年，可使有勇，且知方也。"（见《论语·先进篇》）

[9] 孟贲：战国时著名的勇士。

[10] 庆忌：春秋时吴王僚之子。传说庆忌非常敏捷，箭射不中，马追不及。

[11] 鲍叔：鲍叔牙，春秋时齐大夫，与管仲分财，自取其少。

[12] 尾生:传说为古代之信士。他与女子约会于桥下,待之不至,遇水而死。

[13] 伟之:以为大奇(颜师古说)。

[14] 公车:汉代官署名。设公车令,掌管宫殿中司马门的警卫工作,并接待上书的臣民。

[15] 未得省见:未得召入见天子。

[16] 绐:欺骗。驺:主驾车马之吏。侏儒:矮子。

[17] 若曹:你们。县官:指天子。

[18] 索:求也。

[19] 多端:点子多。

[20] 钱二百四十:为待诏一日之俸,每月俸钱为七千二百(陈直说)。

[21] 金马门:指未央宫门。门旁有铜马,故名"金马门"。

[22] 数家:术数家。射覆:猜测覆盖之物,是古代近于占卜的一种游戏。

[23] 守宫:蝎虎,俗称"壁虎"。

[24] 别:分也。

[25] 跂跂:虫爬行貌。脉脉(mò mò):凝视貌。

[26] 幸倡:得到皇帝宠幸的倡优。

[27] 至:实也。

[28] 榜:鞭挞。

[29] 寄生:寄生于他物的生物。

[30] 窭薮:放在头上用以顶物的环形草垫。

[31] 倡监:谓黄门倡监,当属于黄门令(陈直说)。

[32] 暴(bó):因痛而呼叫。

[33] 咄(duō):呵斥声。

[34] 口无毛:谓后窍(杨树达说)。

[35] 謷謷(áo áo):嘈杂声。

[36] 尻(kāo):臀部。

[37] 隐:谓隐语,即谜语。

[38] 狗窦:狗洞。有说当作"狗穴窦"(刘攽说)。

[39] 鷇(kòu,又读gòu):待母哺食的雏鸟。

[40] 谐语:和韵之语。

[41] 狋(yí,又读yín):犬争斗声。吽(óu):犬争斗声。

[42] 盛(chéng):受物。

[43] 柏:指墓上之柏。

[44] 渐洳(rù):浸湿。

[45] 常侍郎:官名,侍从皇帝。

［46］伏日：三伏之日，即盛暑之时。

［47］太官丞：少府属官。晏：晚也。

［48］之：衍字（刘敞、王念孙等说）。

［49］细君：东方朔妻子之名。

【学习提示】

东方朔，武帝初上书自荐而入仕，滑稽、多智，以辞赋谏武帝戒奢侈，又陈农战强国之计，未被采用。《答客难》《非有先生论》是其辞赋名篇。

从传记文学来看，《汉书》虽逊于《史记》，但仍写出了不少出色的人物传记，《东方朔传》就是其中一篇。班固的笔下不像司马迁那样时时渗透情感，只是具体地描写事实、人物的言行，但摹写神情气质极工，宛如漫画，人物的精神面貌跃然而出。读者在为其诙谐幽默拍掌欢呼大笑不止时，谁又不是含泪地笑呢？

《古诗十九首》诗选

行行重行行

行行重行行，与君生别离。
相去万余里，各在天一涯；
道路阻且长，会面安可知？
胡马依北风，越鸟巢南枝。
相去日已远，衣带日已缓；
浮云蔽白日，游子不顾反。
思君令人老，岁月忽已晚。
弃捐勿复道，努力加餐饭。

西北有高楼

西北有高楼，上与浮云齐。
交疏结绮窗，阿阁三重阶。
上有弦歌声，音响一何悲！
谁能为此曲，无乃杞梁妻。
清商随风发，中曲正徘徊。
一弹再三叹，慷慨有余哀。
不惜歌者苦，但伤知音稀。
愿为双鸿鹄，奋翅起高飞。

明月皎夜光

明月皎夜光,促织鸣东壁。

玉衡指孟冬,众星何历历。

白露沾野草,时节忽复易。

秋蝉鸣树间,玄鸟逝安适。

昔我同门友,高举振六翮。

不念携手好,弃我如遗迹。

南箕北有斗,牵牛不负轭。

良无磐石固,虚名复何益。

【学习提示】

《行行重行行》,淳朴清新的民歌风格,内在节奏上重叠反复的形式,同一相思别离用或显、或寓、或直、或曲、或托物比兴的方法层层深入,宋陈绎《诗谱》评"情真、景真、事真、意真"。吴淇评,"妙在'已晚'上着一'忽'字。比衣带之缓曰'日已',逐日抚髀,苦处在渐;岁月之晚曰'忽已',陡然惊心,苦处在顿。"今人叶嘉莹则说,"对于具有这种德操的人,无论是逐臣还是弃妇,是居者还是行者,抑或是任何一个经历过这样的离别却仍然一心抱着重逢的希望不肯放弃的人,这首诗所写的情意都有它永恒的真实性。"

《西北有高楼》是写知音难觅? 报国无门? 还是失恋之歌? 似乎都能说得通,那重门紧锁的高楼上隐隐传来的凄凉的弦歌,让我们清晰地感受到了歌者经历的惨痛和被压抑的内心痛苦,吴淇称《古诗十九首》中,"惟此首最为悲酸"。

作者将所抒之情融于幻景之中,对于声音的描写细腻生动,歌者与听者遥相呼应,把失意之人的徘徊、悲切、希冀全面地展现出来了。阅读时,要细细体会诗中那种若隐若现、缥缈空灵的意境。

《明月皎夜光》是写游子离愁的,诗中刻画了一个久客异乡、愁思辗转、夜不能寐的游子形象。最突出的艺术手法是人物的心理描写,清代张庚《古诗解》中分析诗中主人公的心理发展层次说:"因'忧愁'而'不寐',因'不寐'而'起',因'起'而'徘徊',因'徘徊'而'出户',既'出户'而'彷徨',因彷徨无告而仍'入房',十句中层次井井,而一节紧一节,直有千回百折之势,百读不厌。"

乐府诗选

十五从军征

十五从军征,八十始得归。

道逢乡里人,家中有阿谁?

遥望是君家,松柏冢累累。

兔从狗窦入[1],雉从梁上飞。

中庭生旅谷[2],井上生旅葵[3]。

舂谷持作饭,采葵持作羹[4]。

羹饭一时熟,不知贻阿谁。

出门东向望,泪落沾我衣。

饮马长城窟行

青青河畔草,绵绵思远道[5]。

远道不可思,宿昔梦见之[6]。

梦见在我傍,忽觉在他乡。

他乡各异县,展转不相见[7]。

枯桑知天风,海水知天寒[8]。

入门各自媚,谁肯相为言[9]。

客从远方来,遗我双鲤鱼[10]。

呼儿烹鲤鱼[11],中有尺素书[12]。

长跪读素书[13],书中竟何如?

上言加餐饭,下言长相忆[14]。

【注释】

[1] 狗窦:给狗出入的墙洞。窦(dòu),洞穴。

[2] 中庭:屋前的院子。

[3] 旅:旅生,植物未经播种而野生。旅葵(kuí):葵菜,嫩叶可以吃。

[4] 舂(chōng):把东西放在石臼或乳钵里捣掉谷子的皮壳或捣碎。羹(gēng):用菜叶做的汤。

[5] 绵绵:这里义含双关,由看到连绵不断的青青春草,而引起对征人缠绵不断的情思。

[6] 宿昔:指昨夜。

[7] 展转:亦作"辗转",不定。这里是说在他乡作客的人行踪无定。"展转"又是形容不能安眠之词。如将这一句解释指思妇而言,也可以通,就是说她醒后翻来覆去不能再入梦。

[8] 枯桑:落了叶的桑树。这两句是说枯桑虽然没有叶,仍然感到风吹;海水虽然不结冰,仍然感到天冷。比喻那远方的人纵然感情淡薄也应该知道我的孤凄、我的想念。

[9] 入门,指各回自己家里。媚:爱。言:问讯。以上二句是把远人没有音信归咎于别

人不肯代为传送。

[10] 双鲤鱼：指藏书信的函，就是刻成鲤鱼形的两块木板，一底一盖，把书信夹在里面。一说将上面写着书信的绢结成鱼形。

[11] 烹：煮。假鱼本不能煮，诗人为了造语生动故意将打开书函说成烹鱼。

[12] 尺素书：古人写文章或书信所用长一尺左右的绢帛，称为"尺素"。素，生绢。书，信。

[13] 长跪：伸直了腰跪着，古人席地而坐，坐时两膝着地，臀部压在脚后跟上。跪时将腰伸直，上身就显得长些，所以称为"长跪"。

[14] 下：末二句"上""下"指书信的前部与后部。

【学习提示】

《十五从军征》描绘了一个在外征战的老兵返乡途中与到家之后的种种场景，当时繁复的兵役使得那个时代充满了小人物的辛酸和无奈。没有马革裹尸，却也垂垂而暮。

中国古代征役频繁，游宦之风很盛。作为反映社会生活的文学作品，出现了大量的思妇怀人诗。《饮马长城窟行》就表现了妇女们"独守"的悲苦和对远行之人的思念。《饮马长城窟行》是汉代乐府古题。相传古长城边有水窟，可供饮马，曲名由此而来。

课外阅读

陌上桑

《汉乐府·相和歌辞》

日出东南隅，照我秦氏楼。秦氏有好女，自名为罗敷。罗敷喜蚕桑，采桑城南隅；青丝为笼系，桂枝为笼钩。头上倭堕髻，耳中明月珠；缃绮为下裙，紫绮为上襦。行者见罗敷，下担捋髭须；少年见罗敷，脱帽著帩头。耕者忘其犁，锄者忘其锄；来归相怨怒，但坐观罗敷。使君从南来，五马立踟蹰。使君遣吏往，问是谁家姝？"秦氏有好女，自名为罗敷。""罗敷年几何？""二十尚不足，十五颇有余。"使君谢罗敷："宁可共载不？"罗敷前致词："使君一何愚！使君自有妇，罗敷自有夫。""东方千余骑，夫婿居上头。何用识夫婿？白马从骊驹；青丝系马尾，黄金络马头；腰中鹿卢剑，可值千万余。十五府小吏，二十朝大夫，三十侍中郎，四十专城居。为人洁白皙，鬑鬑颇有须；盈盈公府步，冉冉府中趋。坐中数千人，皆言夫婿殊。"

冉冉孤生竹

《古诗十九首》之八

冉冉孤生竹，结根泰山阿。

与君为新婚，菟丝附女萝。

菟丝生有时，夫妇会有宜。

千里远结婚，悠悠隔山陂。

思君令人老，轩车来何迟！

伤彼蕙兰花，含英扬光辉。

过时而不采，将随秋草萎。

君亮执高节，贱妾亦何为！

迢迢牵牛星

《古诗十九首》之十

迢迢牵牛星，皎皎河汉女。

纤纤擢素手，札札弄机杼。

终日不成章，泣涕零如雨。

河汉清且浅，相去复几许。

盈盈一水间，脉脉不得语。

略说《史记》与《汉书》的异同

韩兆琦　俞樟华

司马迁的《史记》和班固的《汉书》，是我国文学史上的双子星座，前后辉映，放射出耀眼的光芒。长期以来,马班并称,《史》《汉》连举,研究马班异同成了一门学问。《汉书》继《史记》而作,对《史记》有继承、有发展,取得了新的成就。《史》《汉》两书可比较的地方很多,这里仅从编纂、思想、文学诸方面谈点认识。

一、体例异同

《汉书》是我国第一部纪传体断代史,体例全袭《史记》而略有变动,如取消"世家",并入"列传",又改"书"为"志",体例比《史记》更为整齐。全书分十二纪、八表、十志、七十列传,共 100 篇,80 余万言,记载了从高祖元年(前 206)至王莽地皇四年(23)229 年的历史。其中有 5 篇纪、6 篇表、3 篇志、40 篇传,共 54 篇是在《史记》的基础上写成的,但班固在向《史记》取材时,没有完全照搬,而是在继承中有补充、有调整、有发展,主要表现为以下几点:

第一,在《史记》的基础上,大量补充了一些新材料、新史实,极大地丰富了记事内容。如《汉书·食货志》虽多取法于《史记·平准书》,但《平准书》只叙述了汉初到汉武帝时的经济制度,而《食货志》则叙述了从神农直到王莽末年的历代经济制度,其中有关土地制度的记载,尤为《史记》所缺,它是研究我国古代经济十分重要的参考文献。《汉书》对边境少数民族和邻国历史的记载,也比《史记》详尽具体。班固把《史记·大宛列传》改写成《西域传》,叙述了西域几十个国家的历史,以及汉朝与西域政治来往、经济文化交流的历史。同时,对安息、大月氏、大夏、条支等中亚、西南亚国家的历史也做了记述,又对《史记》的匈奴、南越、东越、朝鲜等列传的内容做了补充,特别是增加了汉帝以后的大量史实。这些记载,为我们研究古代中国少数民族的历史以及东亚、东南亚等有关各国的历史提供了珍贵的资材。清人赵翼说:"盖迁喜叙事,至于经术之次,干济之策,多不收入,故其文简;固则于文字之有关于学问、有系于政务,必一一载之。"(《廿二史札记》卷二)赵翼认为,《汉书》所载录的历史人物的学术、政治文献比《史记》更多,这是符合实际情况的。司马迁写史时,也载了一些书疏文赋,如《李斯列传》载有李斯的《谏逐客书》《督责书》;《司马相如列传》载有司马相如的《子虚赋》《上林赋》《喻巴蜀檄》等,但总的来说,《史记》载文不多。而班固喜好载文,其中许多是很重要的。如在本纪中增补了不少重要的诏令,弥补了《史记》的缺陷,对了解汉代统治者的一些政策措施,很有帮助。在列传中又增载了有关政治、经济、军事的重要奏议,如《贾谊传》中录有《治安策》,《晁错传》中载有《教太子疏》《贤良策》等,这不仅在保存历史文献资料方面起到了积极作用,而且对于研究贾谊、晁错的思想,也有重要意义。对一些人物的事迹,《汉书》也有许多增补。如《萧何传》增加了"项羽负约,封沛公于巴蜀为汉王,汉五怒,欲攻羽,萧何力言不可"。使人更加了解萧何那种老成谋国、忍辱负重的性格。还有《楚元王传》增加了元王少时尝与穆生、申生受《诗》于浮邱伯之事;《王传》增加了王陵指责陈平、周勃讨好吕后,以及陈平自我解嘲的话。如此等等,所有这些都是《史记》没有记述的内容,《汉书》做了补充,是非常有益的。第二,班固对《史记》的一些篇目和内容做了调整。一是将《史记》中的附传人物如惠帝、王陵、蒯通、张骞、董仲舒等独立出来，做了专门的纪传。这有可取的一面，如董仲舒作为汉代大儒，在当时和后世都深有影响，《史记》只在《儒林列传》中简单提及，似嫌不够，班固为之立传，很有必要。但班固为蒯通立传，就没什么必要了。赵翼指出："《史记·淮阴侯传》全载蒯通语，正以见淮阴之心乎为汉，虽以通之说喻百端，终确然不变，而他日之诬以反而族之者之冤痛，不可言也。班书则《韩信传》尽删通语，而另为通作传，以此语叙入《通传》中，似乎详简得宜矣，不知蒯通本非必应立传之人，载其语于《淮阴传》，则淮阴之心迹见，而通之为辩士亦附见，史迁所以不更立蒯通传，正以明淮阴之心，兼省却无限笔墨。班椽则转因语而为通作传，反略其语于《韩信传》中，是舍所重而重所轻，且开后世史家一事一传之例，宜乎后世之史日益繁也。"（《陔余丛考》卷五）赵翼的批评是正确的，班固为蒯通立传，纯属处置失当。

第二，《汉书》比《史记》减少了几个传。除了减少滑稽、日者、龟策三个类传外，还减少一个仓公传。司马迁为医学家立传，表现了他对科技人物的重视，是一种平等的眼光。班固取消仓公传，也不为其他科技人物立传，说明他对这类人物的轻视，这是一种严重的缺点。

第三，班固对《史记》记载的内容做了一些移植删减。如，由于班固把《史记·项羽本纪》改为《项籍传》，所以有关楚汉相争的一些重大史事，像鸿门之会、彭城之败、陈平离间楚使、彭越韩信会兵垓下等，都记到了《汉书》第一篇《高祖纪》中。但在记鸿门之会时，却把"项羽、项伯东向坐""亚父南向坐""沛公北向坐"这几句话删掉了，因为这个座次有尊卑之分，以项羽为尊，沛公为卑，所以班固从这一点出发，不予记载，体现他的正统思想。又如在《吕后纪》中，班固把《吕后本纪》所载的吕后鸩杀赵王如意，残害戚夫人，以及吕后王诸吕等事移入《外戚传》，把吕后欲立齐王刘肥未成、幽杀赵王友、逼死赵王恢，以及诛诸吕、迎立文帝等事移入《高五王传》，把陈平、周勃附和吕后，立诸吕为王，以及后来平诸吕之乱之事详写于《张陈周王传》，这样一来，《史记·吕后本纪》要突出的王诸吕、诛诸吕这件大事被割得支离破碎，吕后残酷狠毒的性格也变得模糊不清，班固这种为了本纪的纲目化，而损害人物形象描写的做法，是不足取的。

第四，《汉书》开辟了一些新的领域，扩大了史学范围，也增补了《史记》的不足。这最突出的是表现在《汉书》的志上。《汉书》的十志是在《史记》八书的基础上扩充发展起来的。班固合并《史记》的《律书》与《历书》为《律历志》；《礼书》与《乐书》为《礼乐志》；又改《平准书》为《食货志》，《封禅书》为《郊祀志》，《天官书》为《天文志》，《河渠书》为《沟洫志》，另外，又新创立了《刑法志》《五行志》《地理志》《艺文志》。比如《地理志》是我国第一部以疆域政区为主体的地理专著。它"首先叙述汉以前的地理沿革，着重写了《禹贡》九州，《周官》九州；接着写西汉的地理，以郡国为条，用本文加注的形式，依次写各郡、国及其下属县、道、侯国的地理概况……并总计了西汉平帝时郡、国、县、道、侯国的总数，全国的幅员，土地面积，定垦田、不可垦地、可垦不可垦地，民户、人口总数等；再就是参考《史记·货殖列传》写各地风俗特产的内容，汇总了刘向'略言其地分'、朱赣'条其风俗'的成果，加以其本人的对历史与地理的了解和研究，写了各个地域的范围、历史、地理、民生、风俗和特产，以及中外交通和交流的情况。从而发展了史学研究的范围，敞开了人们广阔的史学视野，使人们得以了解和研究我国古代的地理、户口、土地、风俗、物产以及中外关系，这在我国史学史上有着重大的意义,发生着深远的影响。"(施丁《司马迁研究新论》第 235～236 页,河南人民出版社,1982 年版。)又如班固的《艺文志》始创史志目录一体,它不仅反映了西汉以前的古代典籍的流传情况、散失原因,以及在汉代的搜集整理的经过和现有典籍的基本情况,而且为研究学术发展史上各个学派的源流、盛衰及其短长得失提供了重要资料,是很有意义的。总之,《史记》八书开辟了政治制度史、财政经济史、水利史、天文史等领域,但还不够完整,《汉书》十志在继承《史记》传统的前提下,又开创了法律史、思想史、地理史、文化史等领域,使史志更加丰富完善,对以后正史中的书志及《通典》《文献通考》等书的编纂,都产生了深远的影响。

二、思想异同

班固不仅在体例编纂方面注意师法《史记》,而且在思想上也一定程度地继承了司马迁的求实精神,比较尊重客观历史事实,表现出了一些进步倾向。首先,司马迁对于爱国诗人屈原的"虽放流,眷顾楚国,系心怀王"的忠心为国之情,认为"推此志也,虽与日月争光可也"。(《史记·屈原列传》)对于智勇兼备,"先国家之急而后私仇"的蔺相如(《史记·廉颇蔺相如列传》)和"受命之日则忘其家,临军约束而忘其亲,援枹鼓之急则忘其身"(《史记·司马穰苴列传》)的爱国将领司马镶苴,都给以崇高的评价,这是司马迁爱国主义思想的充分表现。班固在《汉书》中也歌颂了汉代一批具有崇高思想和卓越贡献的爱国英雄,这方面最著名的篇目是《苏武传》。它热情地赞扬了苏武坚贞不屈的民族气节和高尚的品德,成功地塑造了一位不为威胁利诱所动的艰苦卓绝、视死如归的英雄形象。更可贵的是,这篇传不仅在思想内容方面好,而且在艺术技巧方面也很成功,几乎不亚于《史记》中的名篇。作者善于叙事,善于运用对比反衬的手法,通过典型的场面、生动的细节描写和性格化的语言来塑造人物形象。清代赵翼说:"叙次精采,千载下犹有生气,合之李陵传,慷慨悲凉,使迁为之,恐亦不能过也。"(《廿二史札记》卷二)这是合情合理的评价。《汉书》中歌颂爱国志士的篇章还有《卫青霍去病传》《赵充国传》《陈汤传》等。此外还赞扬了一批忠正廉直、对国家有贡献的官吏,如盖宽饶、龚遂、朱云、鲍宣、王章,而对那些持禄保位的阿谀之徒,如张禹、孔光、陈万年之流,则进行了辛辣的嘲讽与批判。

其次,班固进一步继承和发扬了司马迁的批判精神,对西汉王朝后期的政治黑暗,帝王的荒淫、昏庸、佞幸、外戚的横行霸道,都有所揭露批判。如《外戚传》中,记叙了一个巧言令色的小人董贤,就因为长得漂亮,被哀帝宠爱,于是就飞黄腾达,权倾朝廷;而正直的宰相王嘉被无辜处死,仅此一端也就可以见到当时的政治是多么腐败黑暗,哀帝其人是多么昏庸了。作者在这里显然是把批判的矛头指向了汉哀帝。这类揭露上层统治阶级内部黑暗的文章,还有如《外戚传》《酷吏传》。就是对西汉前期功勋卓著的汉武帝,班固也并没有盲目吹捧,而是在记述他功业的同时,也对他的穷兵黩武和任用酷吏表示了不满。讨匈奴、征南越、伐朝鲜、通西南夷,是武帝一生事业中的重要组成部分,《武帝纪》对这些却记载甚略,更无一辞之赞。这些都反映了班固虽受封建正统观念影响较深,但仍不失为一位有才华、有胆识的史学家和文学家。但是,和《史记》相比,《汉书》在思想内容方面的局限性还是很大的。这是由于司马迁是一位具有朴素唯物思想和进步历史观的伟大思想家,而班固却是一位受封建正统思想影响极深的儒者。因此,《汉书》虽然对统治集团的虚伪、残酷、腐朽与荒淫也有所揭露和批判,但远不如《史记》那样广泛、深刻、尖锐、彻底。它没有像《史记》那样热情歌颂农民起义的英雄人物,没有赞美游侠、刺客、商人、医生等下层人物的品质和才能。相反,他从封建的伦理道德出发,批评游侠"不入于道德",说他们"以匹夫之细,窃生杀之权,其罪已不容于诛矣"。《汉书》的封建正统观念很强,竭力为刘氏汉王朝的合理性做辩解。如司马迁认为汉代是从春秋、战国、秦、楚汉之争中发展而来的,班固却说"汉承尧运",批评司马迁把汉史"编百王之末,厕于秦、项之列"的做法,从而改变了司马迁的通史撰思想;司马迁写史是为了"究天人之际,通古今之变,成一家之言"。而班固写史,目的是"综其行事,旁贯五经,上下洽通",即用五经的道理将上下两百年的历史妥帖讲通,诚如白寿彝先生所说,《史记》才是"答复历史怎样发展"的,而《汉书》却是"答复如何维持目前局面"的,所以班固维护汉室的正统思想是非常明显的。另外,班固虽然对神学迷信有所怀疑,但书中记载、宣扬天人感应、君权神授、灾异迷信的东西太多,神学气很浓,仍是一大弊病。班固还在《汉书·司马迁传》中批评司马迁"是非颇谬于圣人,论大道则先黄老而后六经,序游侠则退处士而进奸雄,述货殖则崇势利而羞贫贱"。事实上,敢于不与圣人同是非,敢于提出自己的进步观点,能够热情赞扬下层人民的高尚品德,能够重视经济问题,能够重视商业在生产和流通中的作用,恰好是《史记》为历代正史所不可企及的长处。班固不察,反而予以批评,说明他的思想是比较保守的。

三、风格异同

在文学史上,司马迁和班固共称名家,但文章风格迥然不同。如把他俩比作诗人,杨万里说,司马迁是李太白,班固是杜少陵,一个是仙翁剑客,一个则是雅士骚人。如把他俩比作名将,凌约言说:"子长之才豪而不羁,李广之射骑也;孟坚之才,赡而有体,程不识之部伍也。"(《汉书评林》引)说到《史》《汉》二书,也是各具特色,互为千秋。朱熹说:"《史记》疏爽,《汉书》密塞。"(《史记阐要·班马优劣》)王贽说:"《史记》宏放,《汉书》详整,各有所长也。"(《震泽长语》卷下)邱逢年说:"《史记》变化,《汉书》整齐;《史记》宕逸,《汉书》沉厚。"(《史记阐要·班马优劣》)茅坤的评论更加生动,他说:"太史公与班椽之材,固各天授,然《史记》以风神胜,而《汉书》以矩镬胜。惟其以风神胜,故其遒逸疏宕如餐霞,如啮雪,往往自眉睫之所及,而指次心思之所不及,令人读之,解颐不已;惟其以矩镬胜,故其规划布置,如绳引,如斧剡,亦往往于其复乱庞杂之间,而有以极其首尾节奏之密,令人读之,鲜不濯筋而洞髓者。予尝譬之治兵者,太史公则韩、白之兵也,批亢捣虚,无留行,无列垒,鼓证所响,川沸谷平;乃若班椽则赵国之困先零,诸葛武侯之出岐山也,严什伍,饱喉粮,谨间谍,审向导,先为不可胜以待敌之可胜,故其动如山,其静如阴,攻围击刺,百不失一,两家之文,并千古绝调也。"(《茅鹿门集·刻汉书评林序》)如此看来,西施貂蝉,同为美人;飞燕太真,俱为国色,《史》《汉》二书分不出彼此高下了?其实不然,《史记》在许多方面,是远远胜过《汉书》的。就表达情意而言,程伊川说:"子长著作,微情妙旨,寄之文字蹊径之外,孟坚之文,情旨尽露文字蹊径之中。读子长文,必越浮言者始得其意,超文字者乃解其宗,班氏文章亦称博雅,但一览无余,情词俱尽,此班马之分也。"(《汉书评林》引)司马迁作为我国古代一位才华横溢的文学巨匠,他的文章风格要比班固更丰富多彩。《史记》在文学史上的地位比《汉书》更高,这是无可置疑的事实,但是也应该充分肯定,《汉书》的文学性也是很高的,它虽然逊于《史记》,可比起以后的各史,它仍然是领袖群伦的。《汉书》有它独到的长处。第一,班固写人叙事不以夸张场面见长,不像《史记》那样绘形绘声地渲染气

61

氛、描写情节,而是在一种娓娓而谈的过程中以简练准确的笔调勾画人物,使各式各样人物的心理神情也生动地闪现于读者眼前,如《苏武传》写苏武就是如此。第二,《汉书》的语言不像《史记》那么感情浓烈,气势雄放,但它简洁规范,韵味悠远,自有一种妙处。约言之宏博、典雅、深厚、严密,是《汉书》突出的特点,和《史记》一样,《汉书》无论在史学上还是在文学上,对后世的影响都是很大的。

(载于《古典文学知识》1995 年第 3 期)

试论《古诗十九首》的文学史意义

马跃敏

《古诗十九首》对生命意义的深切思考和率真表达是超越其前期任何作品的,孕育着文学自觉的因子。它标示着汉代文人五言诗的最高成就,表现的游子思妇各种复杂感情,在中国古代具有普遍性和典型意义。它首先突破了传统诗教的束缚,使诗歌成为个性化的抒情,在礼教和世俗之间的徘徊,也是当时士林风气的折射,而诗缘情是文学自觉的关键。其次是文人对文学的风格及审美特征有了自觉的追求,从内容和形式上产生了一系列突破和转向。从某种意义上讲,整个魏晋南北朝漫长的文学自觉之路,正是由此为契入和演进的。

一

以往对《古诗十九首》的研究大体上有两个传统。一是以《文选》李善注为代表的以释典释事为主的传统,他们强调对诗歌字、词、句、典的解释。另一个是以元人刘履《选诗补注》为代表的以释义为主的传统,他们强调诗歌命意的说明。后者多以比兴观念来解读诗歌,认为十九首表达的男女恋情和相思离别必关教化,必有寄托,以至于"臣不得于君""士不遇知己"成了家常套语。这些传统成果,为我们了解古诗作者、内容及艺术性提供了基础资料,而对《古诗十九首》在文学史线索上的纵向讨论却不够深入,实为美中不足。在长期的文学史评论中,往往肯定其艺术特色,而把其思想内容尤其是人生态度归于消极颓废,直到近来才对其个体生命意识和享乐人生态度给予较高的评价。《古诗十九首》是当时士人普遍的愁苦、焦虑与伤感的集中反映,作为典型的抒情诗,它在文学史上的深远影响也正是基于其对生命意识的高扬以及对此毫无矫饰、大胆率真的表达。这些作品揭示的人生哲理,作者对人生真谛的领悟,都使《古诗十九首》意蕴深邃并且诗意盎然。

若探讨《古诗十九首》生命价值观形成的社会历史原因便会发觉,东汉末年文学风格正处于由西汉形成的恢弘壮丽的浪漫格调向关注流连哀思个性抒情转折的十字路口,社会地位的转化与士人心态的变易是其表象,创作主题的突破才是其深层意义。从某种意义上讲,这种生命自觉昭示了儒学传统诗教的坍塌。当大一统的辉煌壮丽连同梁园氛围一同成为扬州旧梦,凶险的时代与解体的儒学诗教使文人的心灵与创作都蒙上了哀伤和不安。其中的失落和痛苦反映了文人地位从帝国形成前的独立走向依附时的忐忑和焦虑,当政权不能庇护这种依附时,个体的失落与痛苦无意中却孕育了诗性精神的高扬。由于现实的追求往往是失落的,及时行乐和人格萎缩便成乱世一景。其中虽不乏以天下为己任清刚贞亮的党人名士,也有全身远祸又追求精神生活的玄儒名流,但更多的则是追名逐利和不时营造另一精神家园的俗士。后者则是《古诗十九首》的作者队伍。在游学游宦为特征的世俗风气中,大批中下层文人把生活中的失意和精神抑郁用文学表现出来,生长出其永恒的意义——对人生价值的重新反思与取舍。"人生天地间,忽如远行客""人生寄一世,奄忽若飘尘""人生忽如寄,寿无金石固""人生非金石,岂能长寿考"……这些真实的悲慨形成了及时行乐及向往美好自由的情绪及精神寄托。而儒家诗教的破碎也是明显的,"何不策高足,先据要路津""无为守贫贱,憾轲长苦辛"……精神的困惑和拯救使玄学思想在乱世生长起来,他们对生命的放纵有了新的理论基点,"为乐当及时,何必待来兹""若昼长夜短,何不秉烛游"……文人诗歌突破了传统诗教"美人伦、厚教化"的言志空间,使之成为抒发个体生命经验的重要方式,真正把诗歌带到了缘情的道路上来,这使得《古诗十九首》在文学史上的位置有了某种转折标示的意义。

生命意识应是源于对生命有限性和生存价值的深远认知与哲学感悟,并自觉追求生命存在的意义与永恒,力求实现生命的理想境界。"我们必然要死亡,这一事实对人来说是不可更改的,人意识到这一事实,这种意识极为深刻地影响了人的生存"而对生命脆弱的悲哀及生命焦虑的消解无疑在深层影响着文学史的走向和品格。从建安文学的勤勉功业,到正始文人狂放于药及酒,直至陶渊明不以生死为念顺其自然的态度,甚而连同永明文学对声律美、宫体诗人对女性的审美观照,无不是文学对生命的求证,审美意识的自觉,先秦文学中此种因素是很难见到的。这些都是以对生命的焦虑为基础的,只不过是消解途径不一罢了。故而,文学史上生命意识及社会精神的突破,在《古诗十九首》前后有一个明显的转折。其深远影响便在于:文学史上的时空意义,以真为美的思潮以及文风多向突破便以生命意识觉醒为基点生长起来,使文学的自觉成为必然。

《古诗十九首》里享受生命的激情是真实可感的。不论是"先据要路津"的欲望还是放纵挥霍的生活,都是在于企图使精神超越肉体的局限,获得永恒的意义。"表面看来是如此颓废、悲观、消极的感叹中深藏着的恰恰是它的反面,是对人生、生命、命运、生活的强烈欲求和留恋。……表面看来似乎是无耻地在贪图享受、腐败、堕落,其实,恰恰相反,它在特定历史条件下深刻地表现了对人生、生活的极力追求",而这恰是文士永恒的心灵历程和艺术的审美特质,怀才不遇和忧患意识提升了文学价值和品格,也注定了文学史演变的方向。这种痛苦和哀伤,不但不会降低《古诗十九首》的价值,反而是生命意识的浪漫盛开,也是文学的核心价值。它所连接的是创作的个性化和文学的自觉。

二

反映人的困境是文学的根本动力源。在生命意识大规模地觉醒后,人生短暂的压迫让作家竭力寻求解脱。《古诗十九首》突出告诉人们生命的脆弱性,这对人类是个巨大的震撼。"在所有动人心弦的事情中,对死的恐惧是首当其冲的",个性化的创作对此表现出内心极度的敏感和悲伤。在享受现实的大背景下,建安文学的主旨在于生命不朽和建功立业,而在"三曹七子"身上,这个曾经的目标又让人认识到功业最终和人是分离的,而且诗化的功业和政治的功业是两回事。到阮籍诗中,阴暗的政治把功业理想吞没了,生命又坠入了更寒冷的绝望中。如果说诗化的功业理想从政治中退出来是曹植的一个努力,这一矛盾到陆机的诗中就彻底消失了,转化为自然和女性。诗歌作为一种语言存在,是人心灵的另一生存空间,是灵魂的另一安顿形式。而且自然作为和社会相对应的一种解脱方式是最直接的,在自然中,生命是纯净而自由的,六朝诗歌便在自然和女性这两种元素上生长起来。陶渊明诗中一大哲理便是人在向外追求时,不是得到,而是失去,导致的是人的焦虑和缺损。田园诗强调的是自然、是自足,与普遍人群的追求相反。因为自然不需在对象中找到自己的价值,避免了心为物役,"云无心以出岫,鸟倦飞而知还。"所以《古诗十九首》直接显示的就是人生的悲哀和不完整,从而揭开文学自觉关键的一个环节,经过整个魏晋南北朝三百多年的发展演变,使文学自觉成为现实。

汉朝人所谓的文学指的是学术,特别是儒学。而儒学的人生伦理是建立在对生命价值孜孜以求和精神上的积极向上前提之下的,它带有较强的理性约束力,而对人的生死并不看重,要讲求大济苍生和兼济天下。故而在《古诗十九首》之前的作品中,很少看到对生命短暂的悲伤抒怀。而《古诗十九首》如此集中而强烈地抒发生命困境与脆弱,进而发展成为文人诗歌中一个重要主题,也是对传统诗教的一个突破,把诗歌带到缘情的道路上来。文学的自觉是需要一种社会思潮为基础的,这种思潮当然不是极少数人,必须是得到广大士人阶层的普遍认同。无论从诗歌主体的性情而言,还是从诗歌表现内容和艺术风貌而论,《古诗十九首》已形成了一个价值取向的转变,使诗言志向诗言情过渡。梁元帝萧绎《金楼子·立言篇》对文笔分别论述得很具体,"吟咏风摇,流连哀思者,谓之文……至如文者,惟须绮縠纷披,宫徵靡曼,唇吻遒会,情灵摇荡。"此说强调的是文之抒发感情以情动人的特点,已经接近于我们今天所说的文学了。故称《古诗十九首》是中国文学自觉的标志之一当不为过。

文学的自觉还应包括对文学审美特征的自觉追求。《古诗十九首》之前儒学诗教讲的是"温柔敦厚""发乎情止乎礼义"的以善为美,缺乏对激烈感情的直接抒发,艺术表现浮泛说教化。而《古诗十九首》以真为美,以深切的真实感产生巨大的感染力,正如元人陈绎所言:"《古诗十九首》情真、景真、事真、意真、澄至清、发至情。"(《诗谱》)诗中对生命短暂的忧伤屡屡出现,而与之相参照的则是不凋的松柏,坚固的金石,悠悠的天地,这些事物的永恒与人生的短促形成鲜明的对比。正是由于对人生命的珍视,风骨、风韵、形象这些新的理念才会深入文学创作,社会也形成了重意象、重风骨、重气韵的审美思想。整个文学思潮的方向也是脱离儒家所强调的政治教化,寻找文学自身独立存在的意义。文学变成了个人的行为,抒发个人的生活体验和情感。《古诗十九首》之后,这种步伐和节奏才日益明显地呈现出来。一般来讲,魏晋六朝是一个人的自觉与文的自觉走向成熟的时代,其重要的标志就是文学中个性化、抒情化、审美化的特征。所有的这一切都应是由对生命意识及其价值的探寻为基本要素的。

在剧变的时代中,思想的碰撞异常复杂,可能以前还是遮遮掩掩的东西,随着束缚力的减弱,会爆发出更为明亮的火花。以简明取代繁琐,以人性取代神性,以个性取代共性,以真实取代虚妄的人生态度和文学风格恰恰是人的自觉与文的自觉进程中最为核心的条件。我们不能说《古诗十九首》有如此伟大的作用,但文学确实赋予了它开启第一道大门的使命,我们也应正确评价《古诗十九首》在文学史上这一标志性的转折意义。从此之后,文学最终指向了审美型的人生,使汉代以来功利型人生变化为非功利的审美人生,转化为重视个体的社会文化价值,个人的精神与情性也得到了充分开掘,为文的自觉打下了坚实的基础。因为文学的自觉绝不是一种孤立的现象，它是以人的个体意识觉醒为先导的。没有对人的生命价值的认识和肯定，没有尊重人的个性人格的观念的形成，就不可能有文学自觉时代的来临。因为艺术创造从来就是一种个体的精神活动，没有创作主体的相对自由，就谈不上文学的自觉。

三

无论是对永恒和有限关系的思考，还是以消极的方式去解决忧郁和欢乐的矛盾，《古诗十九首》都在揭示时间之流给人带来的角色转换。无论是敏锐的节序感表达，还是微妙的空间感交织，诗人都能够以写景叙事发端，极其自然地转入抒情，使诗篇情景交融、物我互化，构成空灵的境界，使人的觉醒和文的自觉自然呈现，毫无造作斧刻之痕。

我们应该充分认识《古诗十九首》旺盛的生命力，"作家在诗文中对人的生命、命运及价值的重新发现、思索和追求，诗文的日趋整饬华丽，预示着一个文学自觉时代的来临。"

以真为美的魏晋风度，其实质就是标榜个性的自由和生命的潇洒，也可说是对文学抒情功能的重新强调和发扬，它带来了诗的突破和艺术表现方法的多样。因为文学的本原应该是以超脱事务为表征，以满足内心为旨归，以审美愉悦为实质。如果没有生命意识的高扬便不会有魏晋风度的核心理论，更不会产生六朝士大夫的审美理想和艺术观念，也就不可能有唐代文学的全面繁荣。

（载于《理论学刊》2006 年 3 月）

第三编　魏晋南北朝文学

魏晋南北朝文学概述

从公元 196 年（汉献帝建安元年）至公元 589 年,近四百年是中国历史上的魏晋南北朝,这是一个公认的文学自觉的时代,上至帝王,下至文士,无不喜好舞文弄墨,文学创作走向繁荣。但在中国历史上,这又是一个政权更迭频繁,社会动乱的时代,从汉末大乱到三国鼎立,后西晋实现短暂的统一,但为时不过二三十年,接着又是连年混战和南北大分裂,直到隋重新统一。作家们既要适应战乱,又要适应改朝换代,一人前后属于两个朝代甚至三个朝代的情况很多见,敏感的作家们在战乱中最容易感受人生的短促、生命的脆弱、命运的难卜、祸福的无常,以及个人的无能为力,从而形成文学的悲剧性基调,以及作为悲剧性基调之补偿的放达,后者往往表现为及时行乐或沉迷声色。文学创作很自然地形成一些共同的主题,这就是生死主题、游仙主题和隐逸主题。

魏晋南北朝另一个值得注意的时代特点是门阀制度。

门阀制度又称士族（世族）门阀制度。士族或世族,是指高门大族。约在东汉后期,士大夫中就出现了一些世家大族,他们累世公卿,在入仕上,其子弟比一般人更容易获得政治上权利。汉末以后,他们成为一个独立性很强的社会力量。世族的力量在汉末曾一度受到打击与削弱,但到曹丕实行"九品中正制"后,由于中正官为士族所把持,从而又形成了"上品无寒门,下品无士族"的局面。至东晋时,由于门阀势力强盛,一些门阀士族控制了中央政权而形成了政权由士族与皇权共治的局面,所谓"王与马共天下",即是这种现象的反映（参田馀庆《东晋门阀政治》一书）。

门阀制度阻塞了寒士的仕进之路,一些才高的寒士自然心怀不平,士族和庶族的对立成为这个时期的一个重要特点,寒士的不平反映在文学创作中,也就成为这个时期文学的一个特色。

魏晋南北朝文学近四百年,其文学的发展大致经历了三个阶段,即建安正始文学,两晋文学及南北朝文学。

一、建安文学

建安是汉献帝的年号,文学史一般所说的建安文学,是建安前几年至魏明帝最后一年（239 年）。这段时间的文学,实为曹氏势力统治下的文学,创作主要是在建安年间。思想内容上主要包括两个方面：一是反映了当时动荡乱离的社会现实和民生的疾苦，如曹操的《薤露行》《蒿里行》，陈琳的《饮马长城窟行》；二是抒发个人的理想、抱负与情感、心志，如曹操的《短歌行》。此外，也有一些游子思妇、游仙的题材。建安文学总的来说体现了很强的现实主义精神和奋发向上的积极进取精神。

建安文学代表作家主要是曹氏父子（曹操、曹丕、曹植），建安七子（孔融、陈琳、王粲、徐干、阮瑀、应玚、刘桢）和蔡琰。

曹操是建安文学的主将和开创者，今存其乐府诗 20 余首，代表作《蒿里行》描写了军阀混战时期的惨景，《短歌行》更是脍炙人口的名篇。曹丕是曹操的次子，其诗歌委婉悱恻，多以爱情、伤感为题材，两首《燕歌行》是现存最早的七言诗。其所著《典论·论文》，是中国文学批评史上的重要著作。曹植是这一时期最负盛名的作家，流传下来的诗赋文章共有 100 多篇，如描绘人民痛苦生活的《泰山梁甫行》，描写爱情的《美女篇》《洛神赋》等，李白有"蓬莱文章建安骨"之句，可知建安文学对后世的深远影响。

建安七子包括孔融、陈琳、王粲、徐干、阮瑀、应玚、刘桢，代表了建安时期除曹氏父子而外的优秀作者。因建安七子曾同居魏都邺（今河北临漳县西）中，又号"邺中七子"。文学成就最高的是王粲，刘勰许为"七子之冠冕"（《文心雕龙·才略》）；方东树评之为"苍凉悲慨，才力豪健，陈思而下，一人而已"（《昭昧詹言》卷二），其诗作如《七哀诗》，描写了军阀混战所造成的悲惨景象，表现了诗人对人民的深切同情。《登楼赋》抒写怀乡之情与怀才不遇的沉痛，感情真挚感人，是古代抒情小赋的名篇。

蔡琰即蔡文姬，东汉大文学家蔡邕的女儿，有动人心魄的《胡笳十八拍》和《悲愤诗》传世。《胡笳十八拍》是蔡文姬离开匈奴回归中原时所写，反映了思念故乡而又不忍骨肉分离的极端矛盾的痛苦心情，音乐委婉悲伤，撕裂肝肠。《悲愤诗》是中国诗歌史上第一首自传体的五言长篇叙事诗，真实而生动地描绘了诗人在汉末大动乱中的悲惨遭遇，也写出了被掠人民的血和泪，是汉末社会动乱和人民苦难生活的实录，具有史诗的规模和悲剧的色彩。

二、正始文学

正始是魏理宗曹芳的年号，但习惯上所说的"正始文学"，还包括正始以后直到西晋立国（265）这一段时期的文学创作。这一时期曹魏集团和司马氏集团各自网罗党羽，扩大势力，争权夺利，斗争十分残酷。尤其在司马氏集团掌握政权以后大肆诛杀曹魏集团，造成中古史上"名士少有全者"的最黑暗恐怖的时期，充满阴谋和篡夺的险恶斗争。恐怖政治的压力，加上老庄思想的影响，正始诗歌的内容与风格呈现出与建安诗歌迥然不同的面貌。代表是"竹林七贤"，即阮籍、嵇康、山涛、向秀、刘伶、阮咸、王戎。这七人常在当时的山阳县（今河南辉县、修武一带）竹林之下，喝酒、纵歌、肆意酣畅。文学成就以阮籍、嵇康最高。阮籍的《咏怀》诗 82 首，多以比兴、寄托、象征等手法，隐晦曲折地揭露最高统治集团的罪恶，讽刺虚伪的礼法之士，表现了诗人在政治恐怖下的苦闷情绪。嵇康代表作《与山巨源绝交书》《难自然好学论》，诗长于四言，风度清峻，《幽愤诗》《赠秀才入军》较有名。所撰《声无哀乐论》，认为同一音乐可以引起不同的感情，断言音乐本身无哀乐可言，而其目的则在于否定当时统治者推行的礼乐教化思想。善鼓琴，以弹《广陵散》著名。

三、两晋文学

西晋51年，历武、惠、怀、愍四帝，而文学的繁荣则在武帝太康至惠帝元康时期，其中以太康文学为代表，这时期涌现了众多的作家，其中以"三张（张载、张协、张亢兄弟）二陆（陆机、陆云兄弟）两潘（潘岳、潘尼叔侄）一左（左思）"最著名。由于时代的原因，这些人不可能唱出建安诗歌的慷慨之音，也不会写出阮籍那种寄托遥深的作品，他们的努力表现在两个方面，一是拟古，二是追求形式、技巧的进步，并表现出繁缛的诗风，以陆机、潘岳为代表。陆机作品数量丰富，才力富赡，形式华美，辞藻繁丽，今存诗107首、文127篇，诗多为模拟乐府，古诗之作，内容与形式极少创新，其中少量作品抒发了真情实感。如《门有车马客行》，写在吴亡之后对故乡的怀念之情和亡国的感慨；《猛虎行》写出人生的艰难，自己功业不成，进退维谷的苦闷。

陆机另有《文赋》一篇，是文艺理论专论，对文学创作的过程做了细致深入的论析，在文学批评史上影响颇大。

潘岳与陆机齐名，"陆海潘江"之说，钟嵘《诗品》称："潘诗烂若舒锦，无处不佳；陆文如披纱简金，往往见宝。余常言：陆才如海，潘才如江。"潘岳与陆机文风都追求绮丽繁冗。所不同的是潘岳用语较浅近，但比陆机的精美华丽相比略显平庸。在创作内容上，潘岳工于言情，今存诗仅十八首，《悼亡诗》就有三首，都是伤悼亡妻，笔墨之间流露着深切的怀妻之情。其赋今存二十余篇，在各类文体中数量最多，如《西征赋》《闲居赋》《怀旧赋》《寡妇赋》，仍以写哀情而见长。故《晋书·本传》称他"善为哀诔之文"。

左思是太康年间成就最高的作家。今存者仅赋两篇、诗14首。《三都赋》与《咏史》诗是其代表作。《晋书·左思传》载，他曾以10年时间写出《三都赋》，"豪贵之家，竞相传写，洛阳为之纸贵"。《咏史》诗八首，见于《文选》，虽非一时之所作，但大都错综史实，融会古今，名为咏史，实为咏怀，主旨是表达自己建功立业的宏伟抱负，猛烈抨击不合理的门阀制度，表现了对门阀制度的极端蔑视和反抗。辞采壮丽，情调高亢，继承了建安风骨。

东晋文学起自晋室南渡（317年），终于刘裕篡晋（420年）。自魏晋以来，兴起的玄学至西晋时盛极一时。降及东晋，玄风仍盛而不衰，加之佛学流行，玄佛合流，影响到文体，使得玄言诗占据文坛长达百年之久，玄言诗其特点是玄理入诗，以诗为老庄哲学的说教和注解，严重脱离社会生活，本身的艺术价值并不高，但它对后世的影响却相当深远，如谢灵运的山水诗、白居易诸人的说理诗，宋明理学家之诗，都或多或少受其熏染。玄言诗以孙绰、许询为代表。

在玄言诗盛行的风气里，能够"变创其体"并取得一定成就的是郭璞的"仙游诗"，今存十四首，内容主要是表示对世俗生活的蔑视和对隐逸生活的歌颂，借歌咏神仙抒发了"忧生之嗟"，所以钟嵘《诗品》说它"乃是坎壈咏怀，非列仙之趣"。但是，其作品中的确有一种逃避现实的消极思想。

晋末陶渊明的出现，为东晋文坛带来了新的气息。当时政治黑暗，陶渊明一心归隐，脱离尘网，寄情于田园生活，作品以讽咏大自然景物著称，开创"田园派"的诗歌创作道路。诗歌个性分明，情感真挚，平淡质朴，不大用典，简洁含蓄，"质而实绮，癯而实腴"，富有意境和哲理，主观写意，杂有儒、道各家思想。

四、南北朝文学

自刘宋起讫陈末，为南北朝时期。朝代更迭频繁，南北政治对峙为这一时期社会政治的主要特点。而南朝文学可称者，一是刘宋时期由玄言向山水题材的演变，这一转变中，谢灵运贡献最大。谢的诗文大都是一半写景、一半谈玄，仍有玄言诗的印迹。但却极大地丰富和开拓了诗的境界，使山水的描写从玄言诗中独立了出来，从而扭转了东晋以来的玄言诗风，确立了山水诗的地位。从此山水诗成为中国诗歌发展史上的一个流派。谢灵运还善于用富艳精工的语言记叙游赏经历、描绘自然景物，多有形象鲜明、意境优美的佳句，对唐代的诗歌发展有一定的影响。

鲍照，是这一时期又一有突出贡献的诗人，他的创作以乐府诗为主，高唱对门阀制度的抗议与不满。

萧齐时帝王积极倡导参与诗歌创作，诗风出现浮艳轻靡的倾向。沈约、周颙、王融、谢朓等人在诗歌声律、用事、对偶等方面进行探讨，共同创立了"永明体"，成为中国古典诗歌向近体律诗发展的过渡。谢朓等山水诗人在形式上变革谢灵运之"大谢体"，为山水诗的发展做出了新的贡献。梁陈两代发展了齐诗中的浮艳倾向，演变为宫体诗风，内容多是宫廷生活及男女私情，形式上注重辞藻、对偶、声律，代表人物为简文帝萧纲等。

南朝民歌可分为长江下游的吴歌和长江中游的西曲两类，前者缠绵柔婉，后者开朗明快。《西洲曲》是其中最长的抒情诗篇。

当南方以文采风流而著称时，北方的文坛则显得较为荒凉，值得称道者，一是北方之民歌，质朴自然，刚劲有力；二是散文著作，如《颜氏家训》《洛阳伽蓝记》《水经注》等。南北方不同的文学风貌，在对峙中交流，在交流中渐渐融合，终而至唐形成了一种文质并焕的文学新局面。

伴随着文学的自觉，魏晋南北朝的散文创作出现了《与山巨源绝交书》《陈情表》等为代表的情真意切的杰作，还出现句式整齐的骈赋，《登楼赋》《哀江南赋》等代表作品都成了千古名篇。小说创作虽"粗陈梗概"，但亦略具面目，出现了志怪小说，干宝的《搜神记》为代表，志人小说以刘义庆的《世说新语》为代表。当然，这一阶段文学自觉的最大标志是文学理论和文学批评的创作，魏曹丕《典论·论文》、西晋陆机《文赋》、梁刘勰《文心雕龙》、梁钟嵘《诗品》等论著以及梁萧统《文选》、陈徐陵《玉台新咏》等等形成了文学理论和文学批评的高峰。其中，刘勰的《文心雕龙》可谓是旷古绝今之作。

69

曹操·蒿里行

曹操(155~220),字孟德,小字阿瞒,沛国谯县人。东汉丞相,后为魏王,去世后谥号为武王,精兵法,善诗歌,其诗多反映汉末人民悲惨生活,抒发自己的政治抱负,开启并繁荣了建安文学。

蒿里行[1]

关东有义士[2],兴兵讨群凶[3]。

初期会盟津[4],乃心在咸阳[5]。

军合力不齐[6],踌躇而雁行[7]。

势利使人争,嗣还自相戕[8]。

淮南弟称号[9],刻玺于北方[10]。

铠甲生虮虱[11],万姓以死亡[12]。

白骨露于野,千里无鸡鸣。

生民百遗一[13],念之断人肠。

【注释】

[1]蒿里行:汉乐府旧题,属《相和歌·相和曲》,本为当时人们送葬所唱的挽歌,曹操借以写时事。蒿里,指死人所处之地。

[2]关东:函谷关(今河南灵宝)以东。义士:指起兵讨伐董卓的诸州郡将领。

[3]讨群凶:指讨伐董卓及其党羽。

[4]初期:本来期望。盟津:即孟津(今河南孟县南)。相传周武王伐纣时曾在此大会八百诸侯,此处借指本来期望关东诸将也能像武王伐纣会合的八百诸侯那样同心协力。

[5]乃心:其心,指上文"义士"之心。咸阳:秦时的都城,此借指长安,当时献帝被挟持到长安。

[6]力不齐:指讨伐董卓的诸州郡将领各有打算,力量不集中。

[7]踌躇:犹豫不前。雁行(háng):飞雁的行列,形容诸军列阵后观望不前的样子。此句倒装,正常语序当为"雁行而踌躇"。

[8]嗣：后来。还：同"旋"，不久。自相戕(qiāng)：自相残杀。当时盟军中的袁绍、公孙瓒等发生了内部的攻杀。

[9]"淮南"句：指袁绍的异母弟袁术于建安二年(197)在淮南寿春(今安徽寿县)自立为帝。

[10]"刻玺"句：指初平二年(191)袁绍谋废献帝，想立幽州牧刘虞为皇帝，并刻制印玺。玺，印，秦以后专指皇帝用的印章。

[11]"铠甲"句：由于长年战争，战士们不脱战服，铠甲上都生了虱子。铠甲，古代的护身战服，金属制成的叫铠，皮革制成的叫甲。虮，虱卵。此句以下描写战乱给百姓带来的深重灾难，给社会造成的巨大破坏。

[12]万姓：百姓。以：因此。

[13]生民：百姓。遗：剩下。

【学习提示】

《蒿里行》是借旧题写时事，内容记述了汉末军阀混战的现实，真实、深刻地揭示了人民的苦难，堪称"汉末实录"的"诗史"。

曹丕·燕歌行

曹丕(187～226)，曹魏开国皇帝，沛国谯人，文武双全，善骑射，好击剑，博览古今经传，通晓诸子百家，诗赋文章皆有成就，尤善五言诗。著有《典论》，其中的《论文》是中国文学史上第一篇文学专论。

燕歌行

秋风萧瑟天气凉，
草木摇落露为霜[1]，
群燕辞归雁南翔。
念君客游思断肠，
慊慊思归恋故乡，
君何淹留寄他方[2]？
贱妾茕茕守空房[3]，
忧来思君不敢忘，
不觉泪下沾衣裳。
援琴鸣弦发清商[4]，
短歌微吟不能长。
明月皎皎照我床，

星汉西流夜未央[5]。

牵牛织女遥相望，

尔独何辜限河梁。

【注释】

[1]"草木"句：引自《楚辞·九辩》："萧瑟兮，草木摇落露为霜。"摇落，凋残、零落。

[2]慊慊(qiàn qiàn)：空虚之感。淹留：久留。上句是设想对方必然思归，本句是因其不归而生疑问。

[3]茕茕(qióng qióng)：孤独无依的样子。出自《楚辞·九章·思美人》："独茕茕而南行兮，思彭咸之故也"。

[4]清商：乐名。清商音节短促细微，所以下句说"短歌微吟不能长"。

[5]夜未央：夜已深而未尽的时候。古人用观察星象的方法测定时间，这诗所描写的景色是初秋的夜间，牛郎星、织女星在银河两旁，初秋傍晚时正见于天顶，这时银河应该西南指，现在说"星汉西流"，就是银河转向西，表示夜已很深了。

【学习提示】

这是今存最早的一首完整的七言诗。它叙述了一位女子对丈夫的思念。笔致委婉，语言清丽，感情缠绵。这首诗突出的特点是写景与抒情的巧妙交融。王夫之称此诗"倾情，倾度，倾声，古今无两"。

曹植·野田黄雀行

曹植(192～232)，字子键，沛国谯人，幼时聪慧，受父宠，但任性而行，太子之争中落败，曹丕即位后，成为受限制和打击的对象。曹植是诗歌史上第一个大力写作五言诗的人，完成了乐府民歌到文人诗的转变，推动了文人五言诗的发展。代表作《白马篇》《洛神赋》等。

野田黄雀行

高树多悲风，海水扬其波[1]。

利剑不在掌，结友何须多[2]？

不见篱间雀，见鹞自投罗[3]。

罗家得雀喜[4]，少年见雀悲。

拔剑捎罗网[5]，黄雀得飞飞。

飞飞摩苍天[6]，来下谢少年。

【注释】

　　[1]"高树、海水"二句：喻环境之险恶。

　　[2]利剑：喻权力。

　　[3]鹞(yào)：鹰类。罗：网，这句说，雀见鹞后失魂落魄，自投罗网。

　　[4]罗家：设罗捕雀的人。

　　[5]捎(shāo)：除。一作"削"。

　　[6]摩：迫近。

【学习提示】

　　建安二十四年(219)，曹操借故杀了曹植亲信杨修，次年曹丕继位，又杀了曹植之友丁氏兄弟。曹植身处动辄得咎的逆境，无力救助友人，深感愤怨，内心十分痛苦，只能写诗寄意。他苦于手中无权柄，故而在诗中塑造了一位"拔剑捎罗网"、拯救无辜者的少年侠士，借以表达自己的心曲。此诗开端，诗人以"高树多悲风，海水扬其波"的意象渲染出浓郁的悲剧气氛，隐喻当时政治形势的险恶；而少年拔剑捎网的形象则寄寓着诗人冲决罗网、一试身手的热切愿望。

王粲·登楼赋

　　王粲(177～217)，字仲宣，山阳高平(今山东邹城西南)人。少有才名，汉献帝初平元年，董卓挟帝迁长安，粲随父西迁，在长安深为当时著名学者蔡邕赏识，后依刘表，客居荆州十余年，又归曹操，得曹氏父子信赖，赐爵关内侯。由于"遭乱流寓，自伤情多"(谢灵运语)，粲所作诗赋情调悲凉，语言清丽。刘勰誉之"七子之冠冕"。

登楼赋

　　登兹楼以四望兮[1]，聊暇日以销忧[2]。览斯宇之所处兮[3]，实显敞而寡仇[4]。挟清漳之通浦兮[5]，倚曲沮之长洲[6]。背坟衍之广陆兮[7]，临皋隰之沃流[8]。北弥陶牧[9]，西接昭丘[10]。华实蔽野[11]，黍稷盈畴[12]。虽信美而非吾土兮[13]，曾何足以少留[14]！

　　遭纷浊而迁逝兮[15]，漫逾纪以迄今[16]。情眷眷而怀归兮[17]，孰忧思之可任[18]？凭轩槛以遥望兮，向北风而开襟[19]。平原远而极目兮，蔽荆山之高岑[20]。路逶迤而修迥兮[21]，川既漾而济深[22]。悲旧乡之壅隔兮[23]，涕横坠而弗禁[24]。昔尼父之在陈兮，有归欤之叹音[25]。钟仪幽而楚奏兮[26]，庄舄显而越吟[27]。人情同于怀土兮[28]，岂穷达而异心[29]！

　　惟日月之逾迈兮[30]，俟河清其未极[31]。冀王道之一平兮[32]，假高衢而骋力[33]。惧匏瓜之徒悬兮[34]，畏井渫之莫食[35]。步栖迟以徙倚兮[36]，白日忽其将匿[37]。风萧瑟而并兴兮[38]，天惨惨而无色[39]。兽狂顾以求群兮[40]，鸟相鸣而举翼[41]。原野阒其无人兮[42]，征夫行而未息[43]。心凄怆以感发兮[44]，意忉怛而憯恻[45]。循阶除而下降兮[46]，气交愤于胸臆[47]。夜参半而不寐兮[48]，怅盘桓以反侧[49]。

【注释】

[1] 兹：此。麦城楼故城在今湖北当阳东南，漳、沮二水汇合处。

[2] 聊：姑且，暂且。暇日：假借此日。暇：通"假"，借。销忧：解除忧虑。

[3] 斯宇之所处：指这座楼所处的环境。

[4] 实显敞而寡仇：此楼的宽阔敞亮很少能有与它相比的。寡，少。仇，匹敌。

[5] 挟清漳之通浦：漳水和沮水在这里会合。挟，带。清漳，指漳水，发源于湖北南漳，流经当阳，与沮水汇合，经江陵注入长江。通浦，两条河流相通之处。

[6] 倚曲沮之长洲：弯曲的沮水中间是一块长形陆地。倚，靠。曲沮，弯曲的沮水。沮水发源于湖北保康，流经南漳。当阳，与漳水汇合。长洲，水中长形陆地。

[7] 背坟衍之广陆：楼北是地势较高的广袤原野。背：背靠，指北面。坟：高。衍：平。广陆：广袤的原野。

[8] 临皋(gāo)隰(xí)之沃流：楼南是地势低洼的低湿之地。临：面临，指南面。皋隰：水边低洼之地。沃流：可以灌溉的水流。

[9] 北弥陶牧：北接陶朱公所在的江陵。弥：接。陶：春秋时越国的范蠡帮助越王勾践灭吴后弃官来到陶，自称陶朱公。牧：郊外。湖北江陵西有陶朱公墓，故称陶牧。

[10] 昭丘：楚昭王的坟墓，在当阳郊外。

[11] 华实蔽野：(放眼望去)花和果实覆盖着原野。华，同"花"。

[12] 黍(shǔ)稷(jì)盈畴：农作物遍布田野。黍稷，泛指农作物。

[13] 信美：确实美。吾土：这里指作者的故乡。

[14] 曾何足以少留：竟不能暂居一段。曾，竟。

[15] 遭纷浊而迁逝：生逢乱世到处迁徙流亡。纷浊，纷乱混浊，比喻乱世。

[16] 漫逾纪以迄今：这种流亡生活至今已超过了十二年。逾：超过。纪：十二年。迄今：至今。

[17] 眷眷(juàn juàn)：形容念念不忘。

[18] 孰忧思之可任：这种忧思谁能经受得住呢？任，承受。

[19] 凭：倚，靠。开襟：敞开胸襟。

[20] 蔽荆山之高岑(cén)：高耸的荆山挡住了视线。荆山，在湖北南漳。高岑：小而高的山。

[21] 路逶迤(wěi yí)而修迥：道路曲折漫长。修，长。迥，远。

[22] 川既漾而济深：河水荡漾而深，很难渡过。这两句是说路远水长归路艰难。

[23] 悲旧乡之壅(yōng)隔兮：想到与故乡阻塞隔绝就悲伤不已。壅，阻塞。

74

[24]涕横坠而弗禁:禁不住泪流满面。涕,眼泪。弗禁,止不住。

[25]昔尼父之在陈,有归欤之叹音:据《论语·公冶长》记载,孔子周游列国的时候,在陈、蔡绝粮时感叹:"归欤,归欤!"尼父,指孔子。

[26]钟仪幽而楚奏:指钟仪被囚,仍不忘弹奏家乡的乐曲。《左传·成公九年》载,楚人钟仪被郑国作为俘虏献给晋国,晋侯让他弹琴,晋侯称赞说:"乐操土风,不忘旧也。"

[27]庄舄(xì)显而越吟:指庄舄身居要职,仍说家乡方言。《史记·张仪列传》载,庄舄在楚国作官时病了,楚王说,他原来是越国的穷人,现在楚国做了大官,还能思念越国吗?便派人去看,他正在用家乡话自言自语。

[28]人情同于怀土:人都有怀念故乡的心情。

[29]岂穷达而异心:哪能因为不得志和显达就不同了呢?

[30]惟日月之逾迈:日月如梭,时光飞逝。惟,发语词,无实义。

[31]俟(sì)河清其未极:黄河水还没有到澄清的那一天。俟,等待。河,黄河。未极,未至。

[32]冀王道之一平:希望国家统一安定。冀,希望。

[33]假高衢(qú)而骋力:自己可以施展才能和抱负。假,凭借。高衢:大道。

[34]惧匏(páo)瓜之徒悬:担心自己像匏瓜那样被白白地挂在那里。《论语·阳货》:"吾岂匏瓜也哉?焉能系而不食?"比喻不为世所用。

[35]畏井渫(xiè)之莫食:害怕井淘好了,却没有人来打水吃。渫,淘井。《周易·井卦》:"井渫不食,为我心恻。"比喻一个洁身自持而不为人所重用的人。

[36]步栖(qī)迟以徙倚:在楼上漫步徘徊。栖迟、徙倚都有徘徊、漫步义。

[37]白日忽其将匿(nì):太阳将要沉没。匿,隐藏。

[38]风萧瑟而并兴:林涛阵阵,八面来风。萧瑟,树木被风吹拂的声音。并兴,指风从不同的地方同时吹起。

[39]天惨惨而无色:天空暗淡无光。

[40]兽狂顾以求群:野兽惊恐地张望寻找伙伴。狂顾:惊恐地回头望。

[41]鸟相鸣而举翼:鸟张开翅膀互相地鸣叫。

[42]原野阒(qù)其无人:原野静寂无人。阒,静寂。

[43]征夫行而未息:离家远行的人还在匆匆赶路。

[44]心凄怆以感发:指自己为周围景物所感触,不禁觉得凄凉悲怆。

[45]意忉(dāo)怛(dá)而憯(cǎn)恻:指心情悲痛,无限伤感。这两句为互文。憯,同"惨"。

[46]循阶除而下降:沿着阶梯下楼。循,沿着。除,台阶。

[47]气交愤于胸臆:胸中闷气郁结,愤懑难平。

[48]夜参半而不寐:直到半夜还难以入睡。

[49]怅盘桓以反侧:惆怅难耐,辗转反侧。盘桓,这里指内心的不平静。

【学习提示】

　　王粲一生以文才而闻名天下,在七子中文学成就最高。与曹植并称为"曹王"。刘勰在《文心雕龙》中称他为"七子之冠冕",著有诗、赋、论等60篇。王粲16岁时,为躲避长安的董卓之乱,南下荆州,投奔刘表。刘表原想把自己的女儿嫁给王粲,因王粲"形陋",改变了主意。王粲没有受到刘表的重用,怀抱利器,竟久淹客地。在他避难荆州第十三年(建安十年,公元204年)的某个秋日,登上当阳县东南的麦城城楼,骋目四望,自然万感横集,愁思泉涌,于是写下了这篇传诵不衰的名赋。通过登楼四望,抒发了作者浓重的思念故土之情,倾吐了怀才不遇、宏图难展的苦闷,表现了渴望施展政治抱负的迫切心情。

左思·咏史(其二)

左思(250～305),字太冲,齐国临淄人,家世儒学,出身寒微,后举家迁居洛阳,曾任秘书郎,"二十四友"之一。有《左太冲集》。

咏史(其二)

郁郁涧底松,离离山上苗。
以彼径寸茎,荫此百尺条[1]。
世胄蹑高位,英俊沉下僚[2]。
地势使之然,由来非一朝[3]。
金张藉旧业,七叶珥汉貂[4]。
冯公岂不伟,白首不见招[5]。

【注释】

　　[1]彼:指山上苗。径寸茎:直径一寸的茎干。荫:遮蔽,遮掩。此:指涧底松。百尺条:百尺高的树木,百尺言其高大,条:条干。

　　[2]世胄:世家子弟,胄,后裔。蹑:登。英俊:有才能的人。沉:埋没。下僚:地位卑下的小官。

　　[3]地势:地理形势。这里表面上指松苗所处的地理位置不同,实际上指世胄英俊所处的地位权势不同。

　　[4]金张:指汉代金日磾和张汤家,自汉武帝时起,到汉平帝止,七代为内侍。《汉书·金日磾传赞》:"七世内侍,何其盛也。"又《汉书·张汤传》:"安世(张汤子)子孙相继,自宣元以来为侍中、中常侍……者几十余人。功臣之世惟有金氏、张氏亲近贵宠,比于外戚。"藉:依靠。旧业:先人的遗业。七叶:七世,指汉武帝到汉平帝(武、昭、宣、元、成、哀、平七帝)。珥汉貂:汉代凡侍中、常侍等官冠旁都插貂尾为饰(侍中插左、常侍插右)。戴逵

《释疑论》:"张汤酷吏,七世珥貂。"珥:插。

[5] 冯公:指冯唐,汉文帝时,老年仍居郎署小官。《文选》李善注引荀悦《汉纪》:"冯唐白首,屈于郎署。"伟:指才能突出。招:指被皇帝召见、重用的意思。

【学习提示】

《咏史》第二首,它针对魏晋以来"上品无寒门,下品无士族"的腐败局面,以"世胄蹑高位,英俊沉下僚。"的强烈对比,反映出寒门与士族的矛盾,暴露出门阀制度的腐朽与黑暗,又引用史实说明有才之士横遭压抑乃古有之。这首诗开端巧用比兴,然后用自然现象引入社会现实,最后援引史实进行说明,使史实与现实紧密结合,咏史实为咏怀。

陶渊明·诗二首

陶渊明(363~427),字元亮,晚年名潜,号五柳先生,私谥"靖节",浔阳柴桑人,曾祖是东晋开国元勋陶侃,曾"猛志逸四海",任江州祭酒、建威参军、彭泽令等职,但最终辞官归隐,躬耕自资,被称为"千古隐逸之宗"。中国第一位田园诗人,代表作《饮酒》《归园田居》等。

归园田居（其四）

久去山泽游,浪莽林野娱[1]。试携子侄辈[2],披榛步荒墟[3]。
徘徊丘垄间,依依昔人居[4]。井灶有遗处,桑竹残朽株[5]。
借问采薪者[6],此人皆焉如[7]。薪者向我言,死没无复余。
一世异朝市[8],此语真不虚。人生似幻化,终当归空无[9]。

【注释】

[1] 浪莽:放纵不拘之意。

[2] 试:姑且。

[3] 披:分开,拨开。榛(zhēn):树丛。荒墟:荒废的村落。

[4] 丘垄:这里指坟墓。依依:隐约可辨的样子。

[5] 残朽株:指残存的枯木朽株。

[6] 借问:请问。

[7] 焉:何,哪里。如:往。

[8] 一世异朝市:意思是说,经过三十年的变迁,朝市已面目全非,变化很大。一世:三十年。朝市:朝廷和集市,指公众聚集的地方。

[9] 幻化:指人生变化无常。《列子。周穆王》:"因形移易者,谓之化,谓之幻。知幻

化之不异生死也,始可与学幻矣。"空无:灭绝。郗超《奉法要》:"一切万有归于无,谓之为空。"

晋义熙二年,亦即渊明辞去彭泽令后的次年,诗人写下了《归园田居》五首著名诗篇。它反映了作者的思想变化,描写了诗人归隐后生活和感受,抒发了作者辞官归隐后的愉快心情和乡居乐趣,从而表现了他对田园生活的热爱,表现出劳动者的喜悦。同时又隐含了对官场黑暗腐败生活的厌恶之感。

读山海经

孟夏草木长,绕屋树扶疏[1]。

众鸟欣有托,吾亦爱吾庐。

既耕亦已种,时还读我书。

穷巷隔深辙[2],颇回故人车[3]。

欢言酌春酒,摘我园中蔬。

微雨从东来,好风与之俱。

泛览周王传,流观山海图[4]。

俯仰终宇宙,不乐复何如[5]?

【注释】

[1] 扶疏:枝叶茂盛的样子。

[2] 深辙:轧有很深车辙的大路。

[3] 颇回故人车:经常让熟人的车调头回去。

[4] 泛览:浏览。周王传:即《穆天子传》,记载周穆王西游的书。流观:浏览。山海图:带插图的《山海经》。

[5] 俯仰:在低头抬头之间。终宇宙:遍及世界。

【学习提示】

《读山海经》是陶渊明隐居时所写13首组诗的第一首。初夏之际,草木茂盛,鸟托身丛林而自有其乐,诗人寓居在绿树环绕的草庐,也自寻其趣,耕作之余悠闲地读起书来。作者并不是为了读书而读书,而只是把读书作为隐居的一种乐趣,一种精神寄托,体现了诗人高远旷达的生命境界。

大学语文

鲍照·代出自蓟北门行

鲍照（约 412～466），字明远，东海人。南朝宋文学家，与颜延之、谢灵运合称"元嘉三大家"。久居建康（今南京）。家世贫贱，临海王刘子顼镇荆州时，任前军参军。刘子顼作乱，鲍照为乱兵所杀。他长于乐府诗，其七言诗对唐代诗歌的发展起了很重要的作用。有《鲍参军集》。

代出自蓟北门行

羽檄起边亭，烽火入咸阳[1]。

征师屯广武，分兵救朔方[2]。

严秋筋竿劲，虏阵精且强[3]。

天子按剑怒，使者遥相望[4]。

雁行缘石径，鱼贯度飞梁[5]。

箫鼓流汉思，旌甲被胡霜[6]。

疾风冲塞起，沙砾自飘扬。

马毛缩如猬，角弓不可张[7]。

时危见臣节，世乱识忠良。

投躯报明主，身死为国殇。

【注释】

[1] 羽檄（xí）：古代的紧急军事公文。边亭：边境上的瞭望哨。

[2] 征师：征发的部队，一作"征骑"。屯：驻兵防守。广武：地名，今山西代县西。朔方：汉郡名，在今内蒙古自治区河套西北部及后套地区。

[3] 严秋：肃杀的秋天。这句的意思是弓弦与箭杆都因深秋的干燥变得强劲有力。虏阵：指敌方的阵容，虏，古代对北方入侵民族的恶称。

[4] 天子按剑怒：指天子闻警后大怒。"使者"句：意思是军情紧急，使者奔走于路，络绎不绝，遥相望见。

[5] 缘：沿着。鱼贯：游鱼先后接续。飞梁：凌空飞架的桥梁。

[6] 箫鼓：两种乐器，此指军乐。流汉思：流露出对家国的思念。旌（jīng）甲：旗帜、盔甲。

[7] 缩：蜷缩。猬：刺猬。角弓：以牛角做的硬弓。

【学习提示】

《代出自蓟北门行》是乐府旧题，属杂曲歌辞。这首边塞诗通过边庭紧急战事和边境恶劣环境的渲染,突出表现了壮士从军卫国、英勇赴难的壮志和激情。诗开头就表现了边亭告警的紧急情况,"羽檄""烽火"用互文现义法,强化了军情的危急。后两句为一触即发的生死搏斗埋下了伏笔;接下来四句进而表现了胡焰嚣张,天子震怒的严重局势,暗示一场激烈的战斗即将展开。"雁行缘石径,鱼贯度飞梁。箫鼓流汉思,旌甲被胡霜。"两联工整对句极写汉军准备投入战斗的壮阔场面。然后把边塞风光与战地生活紧紧衔联,很自然地为英勇顽强的壮士安排好一个典型环境。最后四句是全诗的精华,诗人用《九歌·国殇》礼赞勇武刚强、死于国事的"鬼雄"的辞语,颂扬为国捐躯的壮士,寄托了他对英烈无比崇敬之情。

南朝诗歌中,这类边塞诗非常罕见,钱振伦注,钱仲联补注《鲍参军集注》中引王壬秋评:"作边塞诗,用十二分力量,是唐人所祖,结与弃席四句同调。"

谢朓·晚登三山还望京邑

谢朓 (464～499),字玄晖,陈郡阳夏(今河南太康县)人。出身高门士族,与"大谢"谢灵运同族,世称"小谢"。初任竟陵王萧子良功曹、文学,为"竟陵八友"之一。后官宣城太守,终尚书吏部郎,永元元年(499)因事下狱,死狱中,时年36岁。与沈约等共创"永明体"。今存诗二百余首,多描写自然景物,间亦直抒怀抱,诗风清新秀丽,圆美流转,又平仄协调,对偶工整,开启唐代律绝之先河。

晚登三山还望京邑[1]

灞涘望长安,河阳视京县[2]。
白日丽飞甍,参差皆可见[3]。
余霞散成绮,澄江静如练。
喧鸟覆春洲,杂英满芳甸。
去矣方滞淫,怀哉罢欢宴。
佳期怅何许,泪下如流霰。
有情知望乡,谁能鬒不变[4]?

【注释】

[1] 三山:山名,在今南京市西南。京邑:指南齐都城建康,即今南京市。

[2] 灞(bà)涘(sì)望长安:借用汉末王粲《七哀诗》"南登霸陵岸,回首望长安"诗意。灞,水名,源出陕西蓝田,流经长安城东。

[3] 飞甍(méng):上翘如飞翼的屋脊。

[4] 鬒(zhěn):黑发。

【学习提示】

这是一首五言古诗，抒写诗人登上三山时遥望京城和大江美景引起的思乡之情。诗开头借用王粲《七哀诗》"南登霸陵岸，回首望长安"的意思，抒发的不仅是眷恋长安的乡情，更有向往明王贤伯、重建清平之治的愿望。谢朓此时出为宣城太守，之前，建康一年之内换了三个皇帝，处在政治动荡不安的局面之中。作者借典故含蓄地抒写了诗人对京邑眷恋不舍的心情，以及对时势的隐忧。以下六句写景，六句写情。京城的黄昏在作者笔下色彩绚烂，明丽美好，毫无苍凉暗淡之感，想到此去之后还乡遥遥无期，感情便再起一层波澜。"有情知望乡，谁能鬒不变"则又由自己的离乡之苦，推及一般人的思乡之情：人生有情，终知望乡。长此以往，谁也不能担保黑发不会变白。结尾虽写远忧，实与开头呼应。

谢朓在景物剪裁方面的功力，以及诗风的清丽和情韵的自然，标志着山水诗在艺术上的成熟，对唐人有很大的影响。

西洲曲[1]

南朝民歌

忆梅下西洲[2]，折梅寄江北。
单衫杏子红，双鬓鸦雏色[3]。
西洲在何处？两桨桥头渡。
日暮伯劳飞[4]，风吹乌臼树。
树下即门前，门中露翠钿[5]。
开门郎不至，出门采红莲。
采莲南塘秋，莲花过人头。
低头弄莲子，莲子清如水。
置莲怀袖中，莲心彻底红[6]。
忆郎郎不至，仰首望飞鸿[7]。
鸿飞满西洲，望郎上青楼。
楼高望不见，尽日栏杆头。
栏杆十二曲，垂手明如玉。
卷帘天自高，海水摇空绿[8]。
海水梦悠悠，君愁我亦愁。
南风知我意，吹梦到西洲。

【注释】

[1] 西洲：地名，未详所在。它是本篇中男女共同纪念的地方。

[2] 下：落，落梅时节是本诗中男女共同纪念的时节。

[3] 鸦雏色：形容头发乌黑发亮。鸦雏，小鸦。

[4] 伯劳：鸣禽，仲夏始鸣。

[5] 翠钿：用翠玉做成或镶嵌的首饰。

[6] 莲心：和"怜心"双关，就是相爱之心。

[7] 望飞鸿：有望书信的意思，古人有鸿雁传书的传说。

[8] 卷帘天自高，海水摇空绿：此二句似倒装，意思是秋夜的一片蓝天像大海，风吹帘动，隔帘见天便觉似海水荡漾。一说这里把江称为海，"海水"即指江水。

【学习提示】

《西洲曲》南朝民歌中最成熟最精致的代表作之一。但却以"难解"著称，有研究者将其称之为南朝文学研究的"哥德巴赫猜想"。比如关于此诗的叙述视角，多数人从女子的视角来理解，也有人从男子的视角入手，认为"忆梅下西洲"中的"梅"指代男主角所寄情的心上人。我们在解读的时候也可以尝试多种新的视角，从而使诗歌的意蕴更加丰富。

桓公入洛

《世说新语·轻诋》

桓公入洛，过淮、泗，践北境，与诸僚属登平乘楼[1]，眺瞩中原，慨然曰："遂使神州陆沉[2]，百年丘墟，王夷甫诸人不得不任其责[3]！"袁虎率而对曰："运自有废兴，岂必诸人之过？"桓公懔然作色[4]，顾谓四坐曰："诸君颇闻刘景升不[5]？有大牛重千斤，啖刍豆十倍于常牛，负重致远，曾不若一羸牸。魏武入荆州，烹以飨士卒[6]，于时莫不称快。"意以况袁。四坐既骇，袁亦失色。

【注释】

[1] 平乘楼，指大船的船楼。

[2] 陆沉：比喻国家动乱，国土沦陷。

[3] 王夷甫：王衍，字夷甫，位至三公，喜好清谈，据《晋书·王衍传》说，他"不以经国为念，而思自全之计"。后来被后赵主石勒俘虏，还劝石勒称帝，终于被杀。

[4] 懔然：令人生畏的样子。

[5] 刘景升：刘表，字景升，任荆州牧，在曹操和袁绍的斗争中，想保持中立。后来曹操率军攻打他，未至，他就病死了。

[6] 飨：用酒肉招待人。

【学习提示】

《世说新语》是南朝宋时期(420—581)产生的一部主要记述魏晋人物言谈轶事的笔记

小说。由南朝刘宋宗室临川王刘义庆组织一批文人编写的,梁代刘峻作注。全书原八卷,刘峻注本分为十卷,今传本皆作三卷,分为德行、言语、政事、文学、方正、雅量等三十六门,一千多则,记述自汉末到刘宋时名士贵族的遗闻轶事,主要为有关人物评论、清谈玄言和机智应对的故事。

《桓公入洛》文字质朴,运用隐喻、对话,塑造形象生动的人物,"神州陆沉"已成为典故。晋穆帝永和十二年,桓温北伐入洛阳,后因故引师而还,这篇即写桓温入洛前的一场争论,反映了当时士大夫阶层对中原沦落的不同看法。桓温对袁宏的说法非常不满,便用汉末刘表养千斤牛无用而被曹操杀死以饷军士的故事揭示了清谈名士的无用。

燕歌行·其二

曹 丕

别日何易会日难，山川悠远路漫漫。

郁陶思君未敢言，寄声浮云往不还。

涕零雨面毁容颜，谁能怀忧独不叹？

展诗清歌聊自宽，乐往哀来摧肺肝。

耿耿伏枕不能眠，披衣出户步东西，仰看星月观云间。

飞鸽晨鸣声可怜，留连顾怀不能存。

燕歌行

谢灵运

孟冬初寒节气成，悲风入闺霜依庭。

秋蝉噪柳燕辞楹，念君行役怨边城。

君何崎岖久徂征，岂无膏沐感鹳鸣。

对君不乐泪沾缨，辟窗开幌弄秦筝。

调弦促柱多哀声，遥夜明月鉴帷屏。

谁知河汉浅且清，展转思服悲明星。

饮酒·其一

陶渊明

栖栖失群鸟，日暮犹独飞。

徘徊无定止，夜夜声转悲。

厉响思清远，去来何依依；

因值孤生松，敛翮遥来归。

劲风无荣木，此荫独不衰；

托身已得所，千载不相违。

陶渊明辞官原因新探

王 青

陶渊明的辞官原因，据萧统《陶渊明传》云："岁终，会郡遣督邮至，县吏请曰：'应束带见之.'渊明叹曰：'我岂能为五斗米折腰向乡里小儿.'即日解绶去职。"《宋书·隐逸·陶潜传》与《晋书·隐逸·陶潜传》所载略同。此事为大家所熟知,乃是文学史上的一件美谈。应该说,不肯折腰"拜迎长官"的清高以及对乡里小儿的鄙视,很符合晋朝上层社会以门第自高的风气。稍有疑问的是,此事发生在义熙元年(405),距陶渊明二十九岁出仕已近十三年。在任彭泽令之前,陶渊明还担任过江州祭酒、桓玄幕僚、刘裕镇军参军、刘敬宣建威参军等职,对官场应酬应该早已习惯;而且诸如镇军参军、建威参军这样的军府僚佐,晋见上司的礼节要求更为严格,不要说束带见之,跪拜叩首都是常事。顶头上司如刘裕、敬宣,也不是什么门第高贵之人。刘裕年轻时"名微位薄,盛流皆不与相知"(《宋书·武帝纪上》),刘敬宣也是将门出身的下层士族,两人都是一介武夫,与乡里小儿相去不远,不齿于成为他俩之僚佐,却耻于束带见督邮,何也? 更为可疑的是,对于陶渊明来说,不肯折腰拜迎长官原本是一件很值得夸耀的事,但在他本人所作的《归去来兮辞》之序中,却对辞官原因有不同的说法,其云:

> 彭泽去家百里,公田之利,足以为酒,故便求之。及少日,眷然有归与之情。何则? 质性自然,非矫厉所得,饥冻虽切,违己交病。尝从人事,皆口腹自役。于是怅然慷慨,深愧平生之志。犹望一稔,当敛裳宵逝。寻程氏妹丧于武昌,情在骏奔,自免去职。

本来准备干一年,为什么忽然一天也等不及,星夜辞官呢? 在这段记述中,绝口不提是因为督邮将至,而是说立即辞官的直接原因是要奔程氏妹之丧。这个理由非常牵强。汉晋常例,是为父母守丧而辞官,从未有为妹妹奔丧而辞官的。实际上,陶渊明也并没有去武昌奔丧,而是直接回九江老家了。而在他当时写的《归去来兮辞》中,也并没有丧妹之痛的流露,而是充满了如释重负的愉悦。所以,我觉得陶渊明辞官,肯定有难以告人之隐衷在。

除了督邮将至、性格不适合为官、奔程氏妹之丧三因之外,前人对渊明辞官还有如下一些猜测。第一是说渊明辞官是悯晋祚之将移,故辞官以图置身治乱之外,全其后节。王襌《自建昌州还经行庐山下记》说,义熙三年,"刘裕实杀殷仲文,将移晋祚。陶氏世为晋臣,义不事二姓,故托为之辞以去,若将以微罪行耳。"(《王忠文公集》卷六)陶澍对此说深表赞成,他在注中说:"初假督邮为名,至属文,又迁其说于妹丧自晦耳。其实闵晋祚之将终,深知时不可为,思以岩栖谷隐,置身理乱之外,庶得全其后节。"(《陶靖节集》陶澍注语)此说不值一驳。刘裕篡位在元熙二年(420),距陶渊明辞官之年(义熙元年,405)有 15 年之遥。此时刘裕篡逆之迹未彰,陶渊明逆知后事岂能如此昭昭然也? 第二是说,渊明曾仕桓玄,玄篡晋失败,余党率受牵连,渊明或亦因之蒙耻受谤;加上"质性自然","违己交病",适值妹丧,便托辞远遁。此说也不可信从。桓玄之乱甫一平定,陶渊明旋即进入刘裕和刘敬宣幕府,二人均为桓玄死敌。这说明,刘裕、敬宣全不介意渊明曾入桓玄幕府。据龚斌自己考证,桓玄篡逆之时,陶渊明正居家守母丧,完全没有参与谋逆之事,谤从何起? 更何况,陶渊明在母死后所作的《晋故征西大将军长史孟府君传》(此文很可能作于平玄之后)中,对外祖孟嘉与桓温的关系丝毫不加避讳,相反却有夸耀之意,根本看不出曾因与桓家有关系而蒙耻受谤的痕迹。如果是因为与桓玄事有牵连而辞官,应该是深思熟虑,早有准备,但渊明辞官明显是临时决定,走得很仓促,"敛裳宵逝",完全不像是深受谤言之苦而辞官。所以此说也很难站得住脚。

为了理解陶渊明为何辞官,我们首先要了解一下督邮这个官职的职掌。据《通典》卷三十三《职官》十五:督邮为郡佐之一,"汉有之,掌监属县……功曹之极位。汉尹翁归为河东督邮。时太守田延年分河东二十八县为两部,闳孺部汾北,翁归部汾南,举法皆得其罪。属县长吏虽中伤,莫有怨者。又孙宝为京兆尹,以立秋日,署故吏侯文为东部督邮。敕之曰:'今日始鹰隼始击,当顺天气取奸恶,以成严霜之诛。'"由此我们知道,督郡属监察官,职掌监察属县长官,依法控告,鹰隼击杀,冷酷无情。陶渊明那位很著名的曾祖陶侃就曾经担任过这一官职。

其次,我们要了解一下陶渊明出仕的目的。各种材料都表明,陶渊明担任彭泽县令是出于经济上的考虑。萧统《陶渊明传》云:"(陶渊明)后为镇军、建威参军,谓亲朋曰:'聊欲弦歌,以为三径之资,可乎?'执事者闻之,以为彭泽令。"《归去来兮辞》序说:"余家贫,耕植不足以自给。幼稚盈室,瓶无储粟,生生所资,未见其术。亲故多劝余为长吏,脱然有怀,求之靡途,会有四方之事,诸侯以惠爱为德,家叔以余贫苦,遂见用于小邑。"通过担任地方长官以致富在南朝似已成为惯例。《南齐书》卷三十二《张岱传》说皇帝因其弟张恕有功,要以恕为晋陵郡太守,张岱的答复是"若以家贫赐禄,臣所不辞,以功推事,臣门之耻"。此事一则说明南朝高门耻于实务,二来说明担任地方守、令乃是照顾贫穷者的一个门径。《冥祥记》的作者王琰也曾因为家境贫困而走王僧虔的路子,希望能得到一个地方长官的位置。《全上古三代秦汉三国六朝文全齐文》载有王僧虔《为王琰乞郡启》:"太子舍人王琰(阙十五字)牒:在职三载,家贫,仰希江、郢所统小郡,谨牒。"陶渊明担任彭泽令并不容易,同样是请托了其叔父(很可能是担任太常的陶夔)之后,才得到这个职位。很显然,这绝不是因为郡县守令俸禄高,而是因为地方长官获得外快的途径多,而且我们可以看出,在南朝这些外快收入很可能已经合法化了。

第三,我们来看一看陶渊明担任彭泽令前后的经济状况。陶渊明出仕之前十分贫穷,"少而贫病,居无仆妾;井臼不任,藜菽不给;母老子幼,就养勤匮"(颜延年《陶征士诔》),"幼稚盈室,瓶无储粟"(《归去来兮辞》序)。这种状况在他出仕十年之后并未根本性地好转。他在《癸卯岁十二月中作与从弟敬远》中还说"劲气侵襟袖,箪瓢谢屡设,萧瑟空宇中,了无一可悦"。此时是元兴二年(403),陶渊明出仕已近十年。为什么呢?因为陶渊渊明以前担任的都是州郡或者军府的僚佐,无论是江州祭酒还是镇军参军、建威参军,都不是肥缺,类似于现在的工薪阶层,正常收入只是官俸或偶尔所得的赏赐。但在担任彭泽令八十余天以后,他的境况有了很大的变化,已经是"僮仆欢迎……有酒盈樽";而且有车有舟:"或命巾车,或棹孤舟"(《归去来兮辞》);有房有地:"方宅十余亩,草屋八九间,榆柳荫后檐,桃李罗堂前。"(《归园田居》其一),过上了小康生活。短短的八十余天时间,就发生了这样大的变化,光靠官俸收入显然是不够的,肯定还有一些灰色收入,而这些收入在陶渊明任官期间尚未合法化,这也就是陶渊明在督邮来检查工作时辞官归田的真正原因。因为如果督邮查出什么不法之事的话,那就要真的成为严霜之诛的对象,受乡里小儿之辱了。知道了以上的情况,我们也可知道义熙末年官府征其为著作佐郎,陶渊明为何不就。因为著作佐郎同样是工薪阶层,无助于彻底脱贫。

职掌监察又以严厉闻名的官吏上任或者下州县,地方官吏闻风而逃的事例,在汉晋之时比比皆是。如李膺为青州刺史时,"名有威政,属城闻风,皆自引去。"(《后汉书》卷六十六《陈蕃列传》)"守令畏威明,多望风弃官。"(《后汉书》卷六十七《党锢·李膺列传》))范滂任清诏使至冀州时,"及至州境,守令自知臧污,望风解印绶去。"(《后汉书》卷六十七《党锢·范滂列传》)晋朝时,王濬任河东从事,"守令有不廉洁者,皆望风自引而去。"(《晋书》卷四十二《王濬列传》)"刘毅转司隶校尉,纠正豪右,京师肃然。司部守令望风投印绶者甚众。"(《晋书》卷四十五《刘毅列传》)所以,我很怀疑,陶渊明辞官可能是因为有藏污之行,所以才在督邮来县之前,望风挂印而去。我承认,这种推测不厚道,有厚诬古人之嫌,但如果我们对人性不抱太高的期望,就会遗憾地发现,这种推测可能是最接近生活的真相。

(载于《博览群书》2002年第9期)

第三编　魏晋南北朝文学

第四编　隋唐文学

隋唐文学概述

中国隋唐五代文学史是一段伟大的文学乐章,源远流长的中国古代文学,到这里,文苑诗坛百花齐放,出现了自战国以来所未有的新局面。尤其是诗歌,唐代不到三百年的时间中,遗留下来的诗歌就将近五万首,比自西周到南北朝一千六七百年中遗留下的诗篇数目多出两三倍以上。独具风格的著名诗人有五六十个,也大大超过战国到南北朝著名诗人的总和。

隋朝前后只统治三十多年,作家大半是南北朝旧人,承六朝文学余绪,加上隋炀帝大力提倡梁陈宫体,因此浮靡的六朝文风始终居主导地位。但隋文帝意识到改变文风之必要,采取了一定的措施,卢思道、杨素、薛道衡等都写出一些较好作品,代表了隋代文风开始向唐代过渡的特点。

唐代文学经历了初唐、盛唐、中唐、晚唐四个时期。

初唐代表作家有"初唐四杰"、陈子昂、张若虚、沈佺期等人,沈佺期和宋之问代表了宫廷文人,他们完成了律诗的定型,确立了律诗的体制。"初唐四杰"王勃、杨炯、卢照邻、骆宾王是初唐文坛上新旧过渡时期的人物,他们的诗歌,从宫廷走向人生,题材较为广泛,风格也较清俊。卢、骆的七言歌行趋向辞赋化,气势稍壮;王、杨的五言律绝开始规范化,音调铿锵。陈子昂诗重"兴寄"和"风骨",《感遇》38首描写炎凉社会,抨击黑暗的现实,《登幽州台歌》雄浑的意境、慷慨悲凉的情思为盛唐诗歌发展奠定了基础。张若虚的《春江花月夜》"孤篇横绝全唐",以人生最动人的良辰美景,构成了诱人探寻的奇妙的艺术境界。

盛唐之诗以两大流派最为出名。以王维、孟浩然为代表的山水田园诗,诗风清新淡雅,飘逸绝伦。王维偏重山水诗,诗文之中以山水风景为主,后世称之"诗佛",苏轼评价:"品摩诘之诗,诗中有画;味摩诘之画,画中有诗。"孟浩然则侧重田园诗,词句之间一片恬淡舒适,宁静祥和。二人被后世合称"王孟"。同时,以高适、岑参为代表的一批边塞诗人,以豪迈奔放的笔触,以边塞军旅生活为主要内容,或描写奇异的塞外风光,或反映戍边的艰辛,题材广阔,意象雄浑。李白和杜甫是唐诗峰顶的双子星座,李白以一泻千里的浪漫主义流传千古,他的诗既反映了时代的繁荣景象,也揭露了统治阶级的荒淫和腐败,表现出蔑视权贵,反抗传统束缚,追求自由和理想的积极精神。杜甫则以现实主义成为"诗圣"。他生活在唐朝由盛转衰的历史时期,其诗多涉笔社会动荡、政治黑暗、人民疾苦,诗风沉郁顿挫,忧国忧民。

中唐诗歌忧时拯世,写实成为主流,白居易、元稹等人重写实,尚通俗。他们发起新乐府运动,强调诗歌的惩恶扬善、补察时政的功能,语言方面则力求通俗易解,形成元白诗派;韩愈、孟郊和李贺等人主张"不平则鸣",重炼字、尚奇崛,力求避熟就生,标新立异,形成韩孟诗派。长庆以后,中兴成梦,诗歌题材多狭窄。晚唐李商隐、杜牧的出现,创造了唐诗最后的辉煌。

唐初文从四杰开始骈文中的散文倾向已越来越明显,陈子昂所写的政论文朴实平易,成为散文复兴的先导。中唐韩愈、柳宗元将改革文风与复兴儒学相辅相成,提倡古文,希望恢复古代的儒学道统,强调以文明道,掀起了"古文运动",扭转了长期统治文坛的形式主义潮流,继承了早期散文的优良传统并有所创新和发展,从而开创了散文写作的新局面,拨正了古代散文的发展方向。宋代及宋以后的散文,其主流就是在唐代古文运动所奠定的基础上继续发展的。

唐代的文言短篇小说,内容多传述奇闻异事,后人称为唐代传奇,或称唐传奇。唐传奇内容丰富,题材广泛,艺术上也更成熟。唐传奇"始有意为小说",标志着中国古代小说创作进入了一个新的创作阶段。其中数量最多、成就最高的是描写婚姻爱情题材的作品,如《柳毅传》《莺莺传》《李娃传》《霍小玉传》等。这类作品表现了对婚姻爱情生活自由的向往和追求,抨击了封建礼教、婚姻制度和门第等级观念。其次有讽刺批评社会的一些现象的作品,如《枕中记》《南柯太守传》等,体现了一定的现实批判精神。还有政治历史题材的作品,如《高力士外传》《长恨歌传》。

王维·诗二首

王维(700～761),字摩诘,祖籍山西祁县,盛唐山水田园派诗人、画家,今存诗 400 余首,其中最能代表其创作特色的是描绘山水田园自然风景及歌咏隐居生活的诗篇,他继承和发展了谢灵运开创的山水诗的传统,对陶渊明田园诗的清新自然也有所吸取,使山水田园诗的成就达到了一个高峰,因而在中国诗歌史上占有重要的地位。与孟浩然并称"王孟",有《王右丞集》。

辋川闲居赠裴秀才迪[1]

寒山转苍翠[2],秋水日潺湲[3]。
倚杖柴门外,临风听暮蝉。
渡头余落日[4],墟里上孤烟[5]。
复值接舆醉[6],狂歌五柳前。

【注释】

[1] 辋川:水名,在今陕西省蓝田县南终南山下。山麓有宋之问的宅邸,后归王维。王维在那里住了三十多年,直至晚年。裴迪:诗人,王维的好友,与王维唱和较多。

[2] 转苍翠:一作"积苍翠",转,转为,变为。

[3] 潺湲(chán yuán):水流声。这里指水流缓慢的样子,当作为"缓慢地流淌"解。

[4] 余:又作"馀"。

[5] 墟里:村落。孤烟:直升的炊烟。

[6] 接舆:春秋时楚国人,好养性,假装疯狂,不出去做官。在这里以接舆比裴迪。

【学习提示】

诗的一联和三联写山水原野的深秋晚景,寒山、秋水、夕阳、炊烟,有声有色,动静结合。二联和四联写诗人与裴迪的闲居之乐,倚杖柴门,临风听蝉,醉酒狂歌,以接舆比裴迪,以陶潜比自己,形成物我一体情景交融的艺术意境,抒发了闲居之乐和对友人的真切情谊。

渭川田家[1]

斜阳照墟落,穷巷牛羊归[2]。
野老念牧童,倚杖候荆扉。
雉雊麦苗秀[3],蚕眠桑叶稀。

田夫荷锄至^[4]，相见语依依。
即此羡闲逸，怅然吟式微^[5]。

【注释】

[1] 渭川：一作"渭水"。渭水源于甘肃鸟鼠山，经陕西，流入黄河。田家：农家。

[2] 穷巷：深巷。

[3] 雉雊(zhì gòu)：野鸡鸣叫。《诗经·小雅·小弁》："雉之朝雊，尚求其雌。"

[4] 荷(hè)：肩负的意思。至：一作"立"。

[5] 式微：《诗经》篇名，其中有"式微，式微，胡不归"之句，表归隐之意。

【学习提示】

诗的核心是一个"归"字，牛羊归村，小孩放牧归来，蚕儿结茧，野鸡也在呼唤自己的配偶，黄昏时节，似乎一切生命都在"归"，诗人目睹这一切，联想到自己的处境和身世，十分感慨。自公元737年（开元二十五年）宰相张九龄被排挤出朝廷之后，王维深感政治上失去依傍，进退两难。在这种心绪下诗人来到原野，看到皆有所归，唯独自己尚彷徨中，既羡慕又惆怅，所以诗人感慨说："即此羡闲逸，怅然吟式微。"

高适·燕歌行

高适 (702？～765)，字达夫，景县（今河北景县）人，唐代著名的边塞诗人，少孤贫，爱交游，有游侠之风，以建功立业自期。边塞诗外，也有反映时事和民生疾苦的诗，直抒胸臆，雄浑悲壮。有《高常侍集》。

燕歌行^[1]

开元二十六年，客有从御史大夫张公出塞而还者，作《燕歌行》以示适，感征戍之事，因而和焉。

汉家烟尘在东北，汉将辞家破残贼，男儿本自重横行，天子非常赐颜色^[2]。摐金伐鼓下榆关^[3]，旌旆逶迤碣石间^[4]，校尉羽书飞瀚海，单于猎火照狼山^[5]。山川萧条极边土，胡骑凭陵杂风雨^[6]，战士军前半死生，美人帐下犹歌舞！大漠穷秋塞草腓^[7]，孤城落日斗兵稀，身当恩遇恒轻敌，力尽关山未解围。铁衣远戍辛勤久，玉箸应啼别离后，少妇城南欲断肠，征人蓟北空回首。边庭飘摇那可度，绝域苍茫更何有？杀气三时作阵云，寒声一夜传刁斗。相看白刃血纷纷，死节从来岂顾勋？君不见沙场征战苦，至今犹忆李将军^[8]。

【注释】

[1] 燕歌行：乐府旧题。原序中张公，指幽州节度使张守珪，曾拜辅国大将军、右羽林

大将军，兼御史大夫。一般以为本诗所讽刺的是开元二十六年，张守珪部将赵堪等矫命，逼平卢军使击契丹余部，先胜后败，守珪隐败状而妄奏功。这种看法并不很准确。

[2] 非常赐颜色：超过平常的厚赐礼遇。

[3] 摐(chuāng)：撞击。

[4] 旌旆：旌是竿头饰羽的旗，旆是末端状如燕尾的旗。这里是泛指各种旗帜。

[5] 猎火：打猎时点燃的火光。古代游牧民族出征前，常举行大规模校猎，作为军事性的演习。狼山：又称狼居胥山，在今内蒙古自治区克什克腾旗西北。一说狼山又名郎山，在今河北易县境内。此处"瀚海""狼山"等地名，未必是实指。

[6] 凭陵：仗势侵凌。

[7] 腓(一作衰)：指枯萎。隋虞世基《陇头吟》："穷求塞草腓，塞外胡尘飞。"

[8] 李将军：指汉朝李广，他能捍御强敌，爱抚士卒，匈奴称他为汉之飞将军。

【学习提示】

《燕歌行》是高适的代表作。虽用乐府旧题，却是因时事而作，通过一次行军出征的描写，展现了开元年间唐军将士的戍边生活。高度赞扬了士兵奋不顾身，杀敌立功的精神，也表现了他们长期戍边的思乡之情。

张九龄·望月怀远

张九龄(678～740)，字子寿，一名博物，谥文献，世称"张曲江"或"文献公"。是位有胆识、有远见的著名政治家、文学家、诗人、名相，为"开元之治"做出了积极贡献。他的五言古诗，诗风清淡，以素练质朴的语言，寄托深远的人生慨望，有《曲江集》。

望月怀远[1]

海上生明月，天涯共此时[2]。
情人怨遥夜，竟夕起相思[3]。
灭烛怜光满，披衣觉露滋[4]。
不堪盈手赠，还寝梦佳期[5]。

【注释】

[1] 怀远：怀念远方的亲人。

[2] 首二句：辽阔无边的大海上升起一轮明月，使人想起了远在天涯海角的亲友，此时此刻也该是望着同一轮明月。谢庄《月赋》："隔千里兮共明月。"

[3] 情人：多情的人，指作者自己；一说指亲人。遥夜：长夜。怨遥夜：因离别而幽怨失眠，以至抱怨夜长。竟夕：终宵，即一整夜。

[4]怜:爱。怜光满:爱惜满屋的月光。

[5]此句意指,月华虽好但是不能相赠,不如回入梦乡觅取佳期。陆机《拟明月何皎皎》:"照之有余辉,揽之不盈手。"盈手:双手捧满之意。

【学习提示】

唐玄宗开元二十一年(733),张九龄在朝中任宰相。遭奸相李林甫诽谤排挤后,于开元二十四年(736)罢相。《望月怀远》这首诗应写于开元二十四年张九龄遭贬荆州长史以后。

这是一首月夜怀念远方亲人的诗,诗人望见明月,立刻想到远在天边的亲人,难免终夜相思,彻夜不眠。身居室内,灭烛望月,清光满屋,更觉可爱;披衣出户,露水沾润,月华如练,益加陶醉。如此境地,忽然想到月光虽美却不能采撷以赠远方亲人,倒不如回到室内,寻个美梦,或可期得欢娱的约会。《唐诗刊选脉会通评林》云:"通篇全以骨力胜,即'灭烛''光满'四字,正是月之神。用一'怜'字,便含下结意,可思不可言。"

李白·诗辞三首

李白(701~762),字太白,号青莲居士,唐代伟大的浪漫主义诗人,被后人誉为"诗仙"。出生于中亚碎叶,五岁移居绵州昌隆县,天宝元年应诏入长安,唐玄宗对李白的才华很赏识,礼遇隆重,但建功立业的理想始终无着落,后被赐金放还。安史之乱,入永王李璘幕,受牵连下狱,流放夜郎途中遇赦,762年卒于当涂。存诗 1 000 余首。

菩萨蛮

平林漠漠烟如织,寒山一带伤心碧。暝色入高楼,有人楼上愁。

玉阶空伫立,宿鸟归飞急,何处是归程,长亭更短亭。

【学习提示】

这首词叙思妇盼归之情,含而不露,情辞俱婉,上片写景,视界由远及近,"暝色入高楼"的"入"字极有动感,写暮色逐渐逼近。下片写情,由己及人,宿鸟日暮归林,自己等待的人呢? 失望之余又起思念,哀怨之中仍是关切。

梁甫吟[1]

长啸《梁甫吟》[2],何时见阳春? 君不见,朝歌屠叟辞棘津[3],八十西来钓渭滨。宁羞白发照清水,逢时壮气思经纶[4]。广张三千六百钓[5],风期暗与文王亲。大贤虎变愚不测[6],当年颇似寻常人。君不见,高阳酒徒起草中[7],长揖山东隆准公。入门不拜骋雄辩,两女辍洗来趋风。东下齐城七十二,指挥楚汉如旋蓬[8]。狂客落魄尚如此[9],何况壮士当群雄! 我欲攀龙见明主,雷公砰訇震天鼓。帝旁投壶多玉女,三时大笑开电光,倏烁晦冥起风雨[10]。阊阖九门不可通,以额叩关阍者怒。白日不照吾精诚[11],杞国无事忧天倾。猰貐磨牙竞人肉,驺虞不折生草茎[12]。手接飞猱搏雕虎,侧足焦原未言苦[13]。智者可卷愚者豪,世人见我轻鸿毛。力排南山三壮士,齐相杀之费二桃[14]。吴楚弄兵无剧孟,亚夫咍尔为徒劳[15]。《梁甫吟》,声正悲。张公两龙剑[16],神物合有时。风云感会起屠钓[17],大人峣屼当安之[18]。

【注释】

[1]《梁甫吟》:亦作《梁父吟》,乐府相和歌辞,楚调曲有诸葛亮《梁父吟》。《三国志·蜀志·诸葛亮传》云:"亮好为《梁父吟》,自比管、乐,时人未之许。"然李勉《琴说》曰:"《梁甫吟》,曾子撰。"蔡邕《琴颂》:"梁甫悲吟,周公越裳。"梁甫:又名梁父,山名,在泰山下。

[2] 长啸:吟唱。

[3] 朝歌屠叟:指吕尚(即吕望、姜太公)。《韩诗外传》卷七:"吕望行年五十,卖食棘津,年七十屠于朝歌,九十乃为天子师,则遇文王也。"

[4] 经纶:《易经·屯卦》:"君子以经纶。"喻治理国家。

[5] 三千六百钓:指吕尚在渭河边垂钓十年,共三千六百日。风期:风度和谋略。

[6] 大贤:指吕尚。虎变:《易经·革卦》九五:"大人虎变。"喻大人物行为变化莫测,骤然得志,非常人所能料。

[7] 高阳酒徒:西汉人郦食其尝自称高阳酒徒。隆准:高鼻子。隆准公:指刘邦。《史记·高祖本纪》:"高祖为人,隆准而龙颜"。趋风:疾行如风前来迎接。

[8] 旋蓬:在空中飘旋的蓬草。

[9] 狂客:指郦食其。

[10] 帝旁投壶多玉女:《神异经·东荒经》载:东王公常与一玉女玩投壶的游戏,每次投一千二百支,不中则天为之笑。天笑时,流火闪耀,即为闪电。三时:早、午、晚。倏烁:电光闪耀。

[11] 阊阖:神话中的天门。阍者:看守天门的人。《离骚》:"吾令帝阍开关兮,倚阊阖而望予。"这两句指唐玄宗昏庸无道,宠信奸佞,使有才能的人报国无门。

[12] 猰貐:古代神话中一种吃人的野兽。这里比喻阴险凶恶的人物。竞人肉:争吃人肉。驺虞:古代神话中一种仁兽,白质黑纹,不伤人畜,不践踏生草。这里李白以驺虞自比,表示不与奸人同流合污。

[13] 接:搏斗。飞猱、雕虎:比喻凶险之人。焦原:传说春秋时莒国有一块约五十步方圆的大石,名叫焦原,下有百丈深渊,只有无畏的人才敢站上去。

[14]《晏子春秋》内篇卷二《谏》下载:齐景公手下有公孙接、田开疆、古冶子三勇士,皆力能搏虎,却不知礼义。相国晏婴便向齐景公建议除掉他们。他建议景公用两只桃子赏给有功之人。于是三勇士争功,然后又各自羞愧自杀。诸葛亮《梁父吟》:"步出齐城门,遥望荡阴里。里中有三坟,累累正相似。问是谁家坟?田疆古冶子。力能排南山,文能绝

94

地纪。一朝被谗言,二桃杀三士。谁能为此谋?国相齐晏子。"李白用此典意在讽刺当时权相李林甫陷害韦坚、李邕、裴敦复等大臣。

[15] 汉景帝时,吴楚等七国诸侯王起兵反汉。景帝派大将周亚夫领兵讨伐。周到河南见到剧孟(著名侠士),高兴地说:吴楚叛汉,却不用剧孟,注定要失败。哈尔:讥笑。

[16] 张公:指西晋张华。据《晋书·张华传》载,西晋时丰城(今江西省丰城)县令雷焕掘地得双剑,即古代名剑干将和莫邪。雷焕把干将送给张华,自己留下莫邪。后来张华被杀,干将失落。雷焕死后,他的儿子雷华有一天佩带着莫邪经过延平律(今福建南平市东),突然,剑从腰间跳进水中,与早已在水中的干将会合,化作两条蛟龙。这两句用典,意谓总有一天自己会得到明君赏识。

[17] 风云感会:即风云际会。古人认为云从龙,风从虎,常以风云际会形容君臣相得,成就大业。

[18] 岷屼:不安。此指暂遇坎坷。

【学习提示】

《梁甫吟》是古代用作葬歌的一支民间曲调,音调悲切凄苦。这首诗可能是天宝三载(744)李白离开长安后的作品。作者通过吕尚、郦食其等的故事和一些神话传说,表达遭受挫折的愤懑以及期盼明君知己的愿望。通篇用典,但表现手法却不时变换。吕望和郦食其两个故事是正面描写,起"以古为鉴"的作用,接着借助于种种神话故事,寄寓自己的痛苦遭遇,第三段则把几个不相连属的典故交织在一起,因而诗的意境显得奇幻多姿。语言节奏不断变化起伏,诗人强烈而又复杂的思想感情表现得淋漓尽致。

把酒问月
——故人贾淳令予问之

青天有月来几时?我今停杯一问之。
人攀明月不可得,月行却与人相随。
皎如飞镜临丹阙,绿烟灭尽清辉发。
但见宵从海上来,宁知晓向云间没。
白兔捣药秋复春,嫦娥孤栖与谁邻?
今人不见古时月,今月曾经照古人。
古人今人若流水,共看明月皆如此。
唯愿当歌对酒时,月光长照金樽里。

【学习提示】

古代诗人里,李白是最喜欢月的。晚唐郑谷在《读李白集》说:"何事文星与酒星,一时分付李先生。高吟大醉三千首,留给人间伴月明。"《把酒问月》便是其中具有代表性的名篇,诗人纵横捭阖,由酒及月,由月及诗,空间与时间相互错落,现实与神话彼此穿插,在景物描写中不时地喷发出强烈的思想感情。尤其是将人与月反复对照,并以优美的语言塑造出一个崇高、永恒、姣好而又充满神秘色彩的月亮形象。

杜甫·诗三首

杜甫(712～770),字子美,汉族,唐朝河南巩县(今河南郑州巩义市)人,自号少陵野老,唐代伟大的现实主义诗人,与李白合称"李杜"。其作品对中国文学和日本文学产生了深远的影响,留诗约 1500 首,被称为"诗圣"。杜甫出生在一个世代"奉儒守官"的家庭,自幼好学,"七龄思即壮,开口咏凤凰",早期作品主要表现其理想抱负,但随着朝廷和社会日趋腐败,杜甫开始关注民生疾苦和政治动乱,揭露统治者的丑恶行径,从此踏上了忧国忧民的生活和创作道路,有《北征》《三吏》《三别》等名作,他的诗亦被称为"诗史"。

赠花卿[1]

锦城丝管日纷纷[2],半入江风半入云。
此曲只应天上有[3],人间能得几回闻[4]?

【注释】

[1] 花卿:成都尹崔光远的部将花敬定,曾平定段子璋之乱。卿,当时对地位、年辈较低的人一种客气的称呼。

[2] 锦城:即锦官城,此指成都。丝管:弦乐器和管乐器,这里泛指音乐。纷纷:繁多而杂乱,形容乐曲的轻柔悠扬。

[3] 天上:双关语,虚指天宫,实指皇宫。

[4] 几回闻:本意是听到几回。文中的意思是说人间很少听到。

【学习提示】

从字面上看,这俨然是一首十分出色的乐曲赞美诗,全诗四句,前两句对乐曲作具体形象的描绘,是实写;后两句以天上的仙乐相夸,是遐想。因实而虚,虚实相生,将乐曲的美妙赞誉到了极度。但诗的主旨耐人寻味。中国封建社会里,礼仪制度极为严格,即使音乐,亦有异常分明的等级界限。据《旧唐书》载,唐朝建立后,高祖李渊即命太常少卿祖孝孙考订大唐雅乐,"皇帝临轩,奏太和;王公出入,奏舒和;皇太子轩悬出入,奏承和……"此诗约作于唐肃宗上元二年(761 年)。花敬定曾因平叛立过功,居功自傲,骄恣不法,放纵士卒大掠东蜀;又目无朝廷,僭用天子音乐,有人说杜甫赠此诗是予以委婉的讽刺。所以明杨慎说:"花卿在蜀,颇僭用天子礼乐,子美作此讥之,而意在言外,最得诗人之旨。"(《升庵诗话》)清人沈德潜亦说:"诗贵牵意,有言在此而意在彼者,杜少陵刺花敬定之僭窃,则

想新曲于天上。"(《说诗晬语》)

蜀　相

丞相祠堂何处寻[1]？锦官城外柏森森[2]。

映阶碧草自春色，隔叶黄鹂空好音。

三顾频烦天下计，两朝开济老臣心[3]。

出师未捷身先死，长使英雄泪满襟。

【注释】

[1] 丞相祠堂：即诸葛武侯祠，在现在成都，晋李雄初建。

[2] 锦官城：现四川省成都市。成都的别名。森森：树木茂盛繁密的样子。

[3] 两朝开济：指诸葛亮辅助刘备开创帝业，后又辅佐刘禅。两朝：刘备、刘禅父子两朝。开济：开，开创。济，扶助。

【学习提示】

杜甫虽然怀有"致君尧舜"的政治理想，但他仕途坎坷，抱负无法施展。唐肃宗乾元二年(759)十二月，杜甫结束了为时四年的颠沛流离的生活，到了成都，在朋友的资助下，定居在浣花溪畔。第二年春天，他探访了诸葛武侯祠，这时，安史之乱还没有平息。目睹国势艰危，生灵涂炭，而自身又请缨无路，报国无门，因此对挽救时局的诸葛亮无限仰慕，写下这首《蜀相》。

赠卫八处士[1]

人生不相见，动如参与商[2]。今夕复何夕，共此灯烛光！

少壮能几时？鬓发各已苍！访旧半为鬼，惊呼热中肠。

焉知二十载，重上君子堂。昔别君未婚，儿女忽成行。

怡然敬父执[3]，问我来何方？问答未及已，驱儿罗酒浆。

夜雨剪春韭，新炊间黄粱[4]。主称会面难，一举累十觞。

十觞亦不醉，感子故意长。明日隔山岳，世事两茫茫！

【注释】

[1] 卫八处士，名字和生平事迹已不可考。处士，指隐居不仕的人；八，是处士的排行。

[2] 参(shēn)与商：二星名。典故出自《左传·昭公元年》："昔高辛氏有二子，伯曰阏伯，季曰实沈。居于旷林，不相能也。日寻干戈，以相征讨。后帝不臧，迁阏伯于商丘，主

辰，商人是因，故辰为商星。迁实沉於大夏，主参，唐人是因，以服事夏商。"商星居于东方卯位(上午五点到七点)，参星居于西方酉位(下午五点到七点)，一出一没，永不相见，故以为比。动如，是说动不动就像。

　　[3]"父执"词出《礼记·曲礼》："见父之执。"意即父亲的执友。执是接的借字，接友，即常相接近之友。

　　[4]"夜雨"句：与郭林宗冒雨剪韭招待好友范逵的故事有关。林宗自种畦圃，友人范逵夜至，自冒雨剪韭，做汤饼以供之。《琼林》：冒雨剪韭，郭林宗款友情殷；踏雪寻梅，孟浩然自娱兴雅。"间"：读去声，掺和的意思。黄粱，即黄米。新炊，是刚煮的新鲜饭。

【学习提示】

　　肃宗乾元元年(758)，杜甫被贬华州司功参军，冬赴洛阳，二年春从洛回华州，途中遇老友卫八处士，抚今追昔，遂赋此诗。一别二十年，忽然相见，乍惊乍喜，烛下相看，"鬓发各已苍"，往日旧友，半死为鬼，可悲可叹。老友倾其所有款待，十觞不醉。诗人如话家常，娓娓道来，平易真切质朴，却感人至深。故清人吴冯栻说："情真，事真，景真。"

白居易·诗三首

　　白居易(772～846)，字乐天，号香山居士，又号醉吟先生，祖籍山西太原，杜甫之后又一伟大的现实主义诗人，他的诗歌题材广泛，形式多样，语言平易通俗，与元稹共同倡导新乐府运动，目的使诗歌起到"补察时政""泄导人情"的作用。官至翰林学士、左赞善大夫，有《白氏长庆集》传世。

买　花

帝城春欲暮[1]，喧喧车马度。

共道牡丹时，相随买花去。

贵贱无常价，酬直看花数[2]：

灼灼百朵红，戋戋五束素[3]。

上张幄幕庇，旁织笆篱护。

水洒复泥封，移来色如故。

家家习为俗，人人迷不悟。

有一田舍翁，偶来买花处。

低头独长叹，此叹无人喻。

一丛深色花[4]，十户中人赋[5]！

【注释】

　　[1] 帝城：皇帝居住的城市，指长安。

　　[2] 酬直：指买花付钱。直：通"值"。

　　[3] 戋戋（jiān jiān）：细小、微少的样子；一说"委积貌"，形容二十五匹帛堆积起来的庞大体积。五束素：五捆白绢，形容白花的姿态；一说指花的价钱。

　　[4] 深色花：指红牡丹。

　　[5] 中人：即中户，中等人家。唐代按户口征收赋税，分为上中下三等。

【学习提示】

　　这首诗是白居易《秦中吟》十首之一，作者"闻见之间，有足悲者，因直歌其事"。通过对"京城贵游"买牡丹的描写，揭示了他们奢侈糜烂的生活。又以一个低头独长叹的田舍翁作鲜明的对比，尖锐地反映了剥削者与被剥削者的矛盾。

花非花

花非花雾非雾。
夜半来天明去。
来如春梦几多时？
去似朝云无觅处。

【注释】

　　朝云：此借用楚襄王梦巫山神女之典故。宋玉《高唐赋》序：妾在巫山之阳，高丘之姐，旦为朝云，暮为行雨，朝朝暮暮，阳台之下。

【学习提示】

　　白居易诗不仅以语言浅近著称，其意境亦多显露。但《花非花》却颇有些"朦胧"味儿，这首诗其实是为妓女而作的，"花非花"二句比喻她的行踪似真似幻，似虚似实。唐宋时代旅客招妓女伴宿，都是夜半才来，黎明即去。杨慎《词品》卷一云：白乐天之辞，予独爱其《花非花》一首，盖其自度之曲，因情生文者也。"花非花，雾非雾"，虽《高唐》《洛神》，奇丽不及也。张子野衍之为《御街行》，亦有出蓝之色。

长恨歌

　　汉皇[1]重色思倾国[2]，御宇[3]多年求不得。杨家有女初长成，养在深闺人未识[4]。天生丽质[5]难自弃，一朝选在君王侧。回眸一笑百媚生，六宫粉黛[6]无颜色。春寒赐浴华清池[7]，温泉水滑洗凝脂[8]。侍儿[9]扶起娇无力，始是新承恩泽[10]时。云鬓花颜金步摇[11]，芙蓉帐[12]暖度春宵[13]。春宵苦短日高起，从此君王不早朝。承欢侍宴无闲暇，春从春游夜专夜。后宫佳丽三千人[14]，三千宠爱在一身。金屋[15]妆成娇侍夜，玉楼宴罢醉和春。姊妹弟兄皆列土[16]，可怜[17]光彩生门户。遂令天下父母心，不重生男重生女[18]。

骊宫[19]高处入青云，仙乐风飘处处闻。缓歌慢舞凝丝竹[20]，尽日君王看不足。渔阳鼙鼓[21]动地来，惊破霓裳羽衣曲[22]。九重城阙烟尘生[23]，千乘万骑西南行[24]。翠华摇摇行复止，西出都门百余里[25]。六军[26]不发无奈何，宛转蛾眉[27]马前死。花钿委地[28]无人收，翠翘金雀玉搔头[29]。君王掩面救不得，回看血泪相和流。黄埃散漫风萧索，云栈萦纡登剑阁[30]。峨眉山[31]下少人行，旌旗无光日色薄。蜀江水碧蜀山青，圣主朝朝暮暮情。行宫[32]见月伤心色，夜雨闻铃[33]肠断声。天旋地转回龙驭[34]，到此踌躇不能去。马嵬坡下泥土中，不见玉颜空死处[35]。君臣相顾尽沾衣，东望都门信马[36]归。归来池苑皆依旧，太液[37]芙蓉未央柳。芙蓉如面柳如眉，对此如何不泪垂？春风桃李花开日，秋雨梧桐叶落时。西宫南苑[38]多秋草，落叶满阶红不扫。梨园弟子[39]白发新，椒房阿监青娥老[40]。夕殿萤飞思悄然，孤灯挑尽[41]未成眠。迟迟[42]钟鼓初长夜，耿耿星河欲曙天[43]。鸳鸯瓦冷霜华重[44]，翡翠衾寒谁与共[45]？悠悠生死别经年，魂魄不曾来入梦。临邛道士鸿都客[46]，能以精诚致魂魄[47]。为感君王辗转思，遂教方士[48]殷勤觅。排空驭气[49]奔如电，升天入地求之遍。上穷碧落下黄泉[50]，两处茫茫皆不见。忽闻海上有仙山[51]，山在虚无缥缈间。楼阁玲珑五云起[52]，其中绰约[53]多仙子。中有一人字太真，雪肤花貌参差[54]是。金阙西厢叩玉扃[55]，转教小玉报双成[56]。闻道汉家天子使，九华帐[57]里梦魂惊。揽衣推枕起徘徊，珠箔银屏迤逦开[58]。云鬓半偏新睡觉[59]，花冠不整下堂来。风吹仙袂[60]飘飖举，犹似霓裳羽衣舞。玉容寂寞泪阑干[61]，梨花一枝春带雨。含情凝睇[62]谢君王，一别音容两渺茫。昭阳殿[63]里恩爱绝，蓬莱宫[64]中日月长。回头下望人寰[65]处，不见长安见尘雾。惟将旧物[66]表深情，钿合金钗寄将去[67]。钗留一股合一扇，钗擘黄金合分钿[68]。但令心似金钿坚，天上人间会相见。临别殷勤重寄词[69]，词中有誓两心知[70]。七月七日长生殿[71]，夜半无人私语时。在天愿作比翼鸟[72]，在地愿为连理枝[73]。天长地久有时尽，此恨绵绵无绝期[74]。

【注释】

[1] 汉皇：原指汉武帝。此处借指唐玄宗李隆基。唐人文学创作常以汉称唐。

[2] 重色：爱好女色。倾国：绝色女子。汉代李延年对汉武帝唱了一首歌："北方有佳人，遗世而独立。一顾倾人城，再顾倾人国。宁不知倾国与倾城，佳人难再得。"后来，"倾国倾城"就成为美女的代称。

[3] 御宇：驾御宇内，即统治天下。汉贾谊《过秦论》："振长策而御宇内。"

[4] 杨家有女：蜀州司户杨玄琰，有女杨玉环，自幼由叔父杨玄珪抚养，十七岁（开元二十三年(735)）被册封为玄宗之子寿王李瑁之妃。二十七岁被玄宗册封为贵妃。白居易此谓"养在深闺人未识"，是作者有意为帝王避讳的说法。

[5]丽质:美丽的姿质。

[6]六宫粉黛:指宫中所有嫔妃。古代皇帝设六宫,正寝(日常处理政务之地)一,燕寝(休息之地)五,合称六宫。粉黛,粉黛本为女性化妆用品,粉以抹脸,黛以描眉。此代指六宫中的女性。无颜色:意谓相形之下,都失去了美好的姿容。

[7]华清池:即华清池温泉,在今西安市临潼区南的骊山下。唐贞观十八年(644)建汤泉宫,咸亨二年(671)改名温泉宫,天宝六载(747)扩建后改名华清宫。唐玄宗每年冬、春季都到此居住。

[8]凝脂:形容皮肤白嫩滋润,犹如凝固的脂肪。《诗经·卫风·硕人》语"肌如凝脂"。

[9]侍儿:宫女。

[10]新承恩泽:刚得到皇帝的宠幸。

[11]云鬓:《木兰诗》:"当窗理云鬓,对镜贴花黄。"形容女子鬓发盛美如云。金步摇:一种金首饰,用金银丝盘成花之形状,上面缀着垂珠之类,插于发鬓,走路时摇曳生姿。

[12]芙蓉帐:泛指华丽的帐子,形容帐之精美。萧纲《戏作谢惠连体十三韵》:珠绳翡翠帷,绮幕芙蓉帐。

[13]春宵:新婚之夜。

[14]佳丽三千:《后汉书·皇后纪》:"自武元之后,世增淫费,乃至掖庭三千。"言后宫女子之多。据《旧唐书·宦官传》等记载,开元、天宝年间,长安大内、大明、兴庆三宫,皇子十宅院,皇孙百孙院,东都大内、上阳两宫,大率宫女四万人。

[15]金屋:《汉武故事》记载,武帝幼时,他姑妈将他抱在膝上,问他要不要她的女儿阿娇作妻子。他笑着回答说:"若得阿娇,当以金屋藏之。"

[16]列土:分封土地。据《旧唐书·后妃传》等记载,杨贵妃有姊三人,玄宗并封国夫人之号。长曰大姨,封韩国夫人。三姨,封虢国夫人。八姨,封秦国夫人。妃父玄琰,累赠太尉、齐国公。母封凉国夫人。叔玄珪,为光禄卿。再从兄铦,为鸿胪卿。锜,为侍御史,尚武惠妃女太华公主。从祖兄国忠,为右丞相。姊妹,姐妹。

[17]可怜:可爱,值得羡慕。

[18]不重生男重生女:陈鸿《长恨歌传》云,当时民谣有"生女勿悲酸,生男勿喜欢","男不封侯女作妃,看女却为门上楣"等。

[19]骊宫:骊山华清宫。骊山在今陕西临潼。

[20]凝丝竹:指弦乐器和管乐器伴奏出舒缓的旋律。

[21]渔阳:郡名,辖今北京市平谷县和天津市的蓟县等地,当时属于平卢、范阳、河东三镇节度使安禄山的辖区。天宝十四年(755)冬,安禄山在范阳起兵叛乱。鼙鼓:古代骑兵用的小鼓,此借指战争。

[22]霓裳羽衣曲:舞曲名,据说为唐开元年间西凉节度使杨敬述所献,经唐玄宗润色并制作歌词,改用此名。乐曲着意表现虚无缥缈的仙境和仙女形象。

[23]九重城阙:九重门的京城,此指长安。阙,意为古代宫殿门前两边的楼,泛指宫殿或帝王的住所。《楚辞·九辩》:君之门以九重。烟尘生:指发生战事。

[24]千乘万骑西南行:天宝十五载(756)六月,安禄山破潼关,逼近长安。玄宗带领杨贵妃等出延秋门向西南方向逃走。当时随行护卫并不多,"千乘万骑"是夸大之词。乘:一人一骑为一乘。

[25]"翠华"两句:李隆基西奔至距长安百余里的马嵬驿(今陕西兴平),扈从禁卫军发难,不再前行,请诛杨国忠、杨玉环兄妹以平民怨。玄宗为保自身,只得照办。翠华:用翠鸟羽毛装饰的旗帜,皇帝仪仗队用。司马相如《上林赋》:建翠华之旗,树灵鼍之鼓。百余里:指到了距长安一百多里的马嵬驿。

[26]六军:指天子军队。《周礼·夏官·司马》:王六军。据新旧《唐书·玄宗纪》、《资治通鉴》等记载,天宝十五年(756)六月,哥舒翰至潼关,为其帐下火拔归仁执之降安禄山,潼关不守,京师大骇。玄宗谋幸蜀,乃下诏亲征,仗下后,士庶恐骇。乙未日凌晨,玄宗自延秋门出逃,扈从唯宰相杨国忠、韦见素,内侍高力士及太子、亲王、妃主,皇孙已下多从之不及。丙辰日,次马嵬驿(在兴平县北,今属陕西),诸军不进。龙武大将军陈玄礼奏:逆胡指阙,以诛国忠为名,然中外群情,不无嫌怨。今国步艰阻,乘舆震荡,陛下宜徇群情,为社稷大计,国忠之徒,可置之于法。会吐蕃使遮国忠告诉于驿门,众呼曰:杨国忠连蕃人谋逆!兵士围驿四合,及诛杨国忠、魏方进一族,兵犹未解。玄宗令高力士诘之,回奏曰:诸将既诛国忠,以贵妃在宫,人情恐惧。玄宗即命力士赐贵妃自尽。

[27]宛转:形容美人临死前哀怨缠绵的样子。蛾眉:古代美女的代称,此指杨贵妃。《诗经·卫风·硕人》:螓首蛾眉。

[28]花钿:用金翠珠宝等制成的花朵形首饰。委地:丢弃在地上。

[29]翠翘:首饰,形如翡翠鸟尾。金雀:金雀钗,钗形似凤(古称朱雀)。玉搔头:玉簪。《西京杂记》卷二:"武帝过李夫人,就取玉簪搔头。"自此后宫人搔头皆用玉。

[30]云栈:高入云霄的栈道。萦纡:萦回盘绕。剑阁:又称剑门关,在今四川剑阁县北,是由秦入蜀的要道。此地群山如剑,峭壁中断处,两山对峙如门。诸葛亮相蜀时,凿石架凌空栈道以通行。

[31]峨眉山:在今四川峨眉山市。玄宗奔蜀途中,并未经过峨眉山,这里泛指蜀中高山。

[32]行宫:皇帝离京出行在外的临时住所。

[33]夜雨闻铃:《明皇杂录·补遗》:"明皇既幸蜀,西南行。初入斜谷,霖雨涉旬,于栈道雨中闻铃音与山相应。上既悼念贵妃,采其声为《雨霖铃曲》以寄恨焉。"这里暗指此事。后《雨霖铃》成为宋词词牌名。

[34]天旋地转:指时局好转。肃宗至德二年(757),郭子仪军收复长安。回龙驭:皇帝的车驾归来。

[35]不见玉颜空死处:据《旧唐书·后妃传》载,玄宗自蜀还,令中使祭奠杨贵妃,密

令改葬于他所。初瘗时,以紫褥裹之,肌肤已坏,而香囊仍在,内官以献,上皇视之凄惋,乃令图其形于别殿,朝夕视焉。

[36] 信马:意思是无心鞭马,任马前进。

[37] 太液:汉宫中有太液池。未央:汉有未央宫。此皆借指唐长安皇宫。

[38] 西宫南苑:皇宫之内称为大内。西宫即西内太极宫,南内为兴庆宫。玄宗返京后,初居南内。上元元年(760),权宦李辅国假借肃宗名义,胁迫玄宗迁往西内,并流贬玄宗亲信高力士、陈玄礼等人。

[39] 梨园弟子:指玄宗当年训练的乐工舞女。梨园:据《新唐书·礼乐志》,唐玄宗时宫中教习音乐的机构,曾选“坐部伎”三百人教练歌舞,随时应诏表演,号称“皇帝梨园弟子”。

[40] 椒房:后妃居住之所,因以花椒和泥抹墙,故称。阿监:宫中的侍从女官。青娥:年轻的宫女。据《新唐书·百官志》,内官宫正有阿监、副监,视七品。

[41] 孤灯挑尽:古时用油灯照明,为使灯火明亮,过了一会儿就要把浸在油中的灯草往前挑一点。挑尽,说明夜已深。按,唐时宫廷夜间燃烛而不点油灯,此处旨在形容玄宗晚年生活环境的凄苦。

[42] 迟迟:迟缓。报更钟鼓声起止原有定时,这里用以形容玄宗长夜难眠时的心情。

[43] 耿耿:微明的样子。欲曙天:长夜将晓之时。

[44] 鸳鸯瓦:屋顶上俯仰相对合在一起的瓦。《三国志·魏书·方技传》载:文帝梦殿屋两瓦堕地,化为双鸳鸯。房瓦一俯一仰相合,称阴阳瓦,亦称鸳鸯瓦。霜华:霜花。

[45] 翡翠衾:布面绣有翡翠鸟的被子。《楚辞·招魂》:翡翠珠被,烂齐光些。言其珍贵。谁与共:与谁共。

[46] 临邛道士鸿都客:意谓有个从临邛来长安的道士。临邛:今四川邛崃县。鸿都:东汉都城洛阳的宫门名,这里借指长安。《后汉书·灵帝纪》:光和元年二月,始置鸿都门学士。

[47] 致魂魄:招来杨贵妃的亡魂。

[48] 方士:有法术的人。这里指道士。殷勤:尽力。

[49] 排空驭气:即腾云驾雾。

[50] 穷:穷尽,找遍。碧落:即天空。黄泉:指地下。

[51] 海上仙山:《史记·封禅书》:“自威、宣、燕昭使人人海求蓬莱、方丈、瀛洲,此三神山者,其传在渤海中。”

[52] 玲珑:华美精巧。五云:五彩云霞。

[53] 绰约:体态轻盈柔美。《庄子·逍遥游》:“藐姑射之山,有神人居焉,肌肤若冰雪,绰约如处子。”

[54] 参差:仿佛,差不多。

[55] 金阙:《太平御览》卷六六,引《大洞玉经》:“上清宫门中有两阙,左金阙,右玉

阙。"西厢:《尔雅·释宫》:"室有东西厢曰庙,西厢在右。"玉扃(jiōng):玉门,即玉阙之变文。

[56] 转教小玉报双成:意谓仙府庭院重重,须经辗转通报。小玉:吴王夫差女。双成:传说中西王母的侍女,这里皆借指杨贵妃在仙山的侍女。

[57] 九华帐:绣饰华美的帐子。九华:重重花饰的图案,言帐之精美。《宋书·后妃传》:自汉氏昭阳之轮奂,魏室九华之照耀。

[58] 珠箔:珠帘。银屏:饰银的屏风。逦迤:接连不断的。

[59] 新睡觉:刚睡醒。觉,醒。

[60] 袂:衣袖。

[61] 玉容寂寞:此指神色黯淡凄楚。阑干:纵横交错的样子,这里形容泪痕满面。

[62] 凝睇:凝视。

[63] 昭阳殿:汉成帝宠妃赵飞燕的寝宫。此借指杨贵妃住过的宫殿。

[64] 蓬莱宫:传说中的海上仙山。这里指贵妃在仙山的居所。

[65] 人寰:人间。

[66] 旧物:指生前与玄宗定情的信物。

[67] 寄将去:托道士带回。

[68] "钗留"二句:把金钗、钿盒分成两半,自留一半。擘:分开。合分钿:将钿盒上的图案分成两部分。

[69] 重寄词:贵妃在告别时又托他捎话。

[70] 两心知:只有玄宗、贵妃二人心里明白。

[71] 长生殿:在骊山华清宫内,天宝元年(742)造。"七月"以下至文末为作者虚拟之词。陈寅恪在《元白诗笺证稿·长恨歌》中云:"长生殿七夕私誓之为后来增饰之物语,并非当时真确之事实"。"玄宗临幸温汤必在冬季、春初寒冷之时节。今详检两唐书玄宗记无一次于夏日炎暑时幸骊山。"而所谓长生殿者,亦非华清宫之长生殿,而是长安皇宫寝殿之习称。

[72] 比翼鸟:传说中的鸟名,据说只有一目一翼,雌雄并在一起才能飞。

[73] 连理枝:两株树木树干相抱。古人常用此二物比喻情侣相爱、永不分离。

[74] 恨:遗憾。绵绵:连绵不断。

【学习提示】

唐宪宗元和元年(806),白居易任盩厔(今西安市周至县)县尉。一日,与友人陈鸿、王质夫到马嵬驿附近的仙游寺游览,谈及李隆基与杨贵妃事。王质夫认为,像这样突出的事情,如无大手笔加工润色,就会随着时间的推移而消没。他鼓励白居易:"乐天深于诗,多于情者也,试为歌之,何如?"于是,白居易写下了这首长诗。陈鸿同时写了一篇传奇《长恨歌传》。

诗人借历史人物和传说,加以想象和虚构,创造了一个婉转动人的故事,感染了千百年来的读者。诗歌最突出的特点是叙事与抒情完美的统一。诗篇一开头,作者对男女主人公是有所谴责的,但叙事过程中作者一再使用想象和虚构手法,浓烈的抒情贯穿于叙事的全过程,使得全诗风情摇曳,生动流转,极富艺术感染力。

关于主题思想,历来是争论的焦点,大抵分三种:其一为爱情主题,是颂扬李杨的爱情诗作;其二政治主题说,谴责唐明皇荒淫导致安史之乱以垂诫后世君主;其三双重主题说,认为它是揭露与歌颂统一,讽喻和同情交织。

刘禹锡·西塞山怀古

刘禹锡(772~842),字梦得,汉族,唐朝彭城人,祖籍洛阳,政治上主张革新,曾任太子宾客,世称刘宾客,与柳宗元并称"刘柳"。其有一种哲人的睿智和诗人的挚情,诗作风情俊爽,极富艺术张力和雄壮的气势。

西塞山怀古[1]

王濬楼船下益州[2],金陵王气黯然收[3]。
千寻铁锁沉江底[4],一片降幡出石头[5]。
人世几回伤往事[6],山形依旧枕寒流[7]。
今逢四海为家日[8],故垒萧萧芦荻秋[9]。

【注释】

[1] 西塞山:位于今湖北省黄石市,又名道士洑,山体突出到长江中,因而形成长江弯道,站在山顶犹如身临江中。

[2] 王濬:晋益州刺史,一作"西晋"。益州:晋时郡治在今成都。晋武帝谋伐吴,派王濬造大船,出巴蜀,船上以木为城,起楼,每船可容两千余人。

[3] 金陵:今南京,当时是吴国的都城。王气:帝王之气。黯然:一作"漠然"。

[4] 千寻铁锁沉江底:东吴末帝孙皓命人在江中轧铁锥,又用大铁索横于江面,拦截晋船,终失败。寻:长度单位。

[5] 一片降幡(fān)出石头:王濬率船队从武昌顺流而下,直到金陵,攻破石头城,吴主孙皓到营门投降。

[6] 人世几回伤往事:一作"荒苑至今生茂草"。

[7] 枕寒流:一作"枕江流"。

[8] 四海为家:即四海归于一家,指全国统一。今逢:一作"从今"。

[9] 故垒:旧时的壁垒。萧萧:秋风的声音。

　　这是一首怀古诗,《诗境浅说》中俞陛云评此诗:"余谓刘诗与崔颢《黄鹤楼》诗,异曲同工。崔诗从黄鹤仙人着想,前四句皆言仙人乘鹤事,一气贯注;刘诗从西塞山铁锁横江着想,前四句皆言王濬平吴事,亦一气贯注,非但切定本题,且七律诗能前四句专咏一事,而劲气直达者,在盛唐时,沈佺期《龙池篇》、李太白《鹦鹉篇》外,罕有能手。"诗的前四句,写西晋东下灭吴的历史事实,表现国家统一是历史之必然,阐发了事物兴废决定于人的思想。后四句写西塞山,点出它之所以闻名,是因为曾是军事要塞。而今山形依旧,可是人事全非,拓开了诗的主题。最后写今日四海为家,江山统一,像六朝那样的分裂,已经一去不复返了。

李商隐·锦瑟

李商隐(813~858),字义山,号玉溪生,怀州河内人(今河南沁阳)。是晚唐最出色的诗人之一,早期,李商隐因文才而深得牛党要员令狐楚的赏识,后因李党的王茂元爱其才而将女儿嫁给他,他因此而遭到牛党的排斥。此后,李商隐便在牛李两党争斗的夹缝中求生存,最后抑郁寡欢而死。其诗文辞清丽,好用典,有些诗较晦涩。现存约600首,爱情诗和无题诗最出色。

锦　瑟

锦瑟无端五十弦[1],一弦一柱思华年。
庄生晓梦迷蝴蝶[2],望帝春心托杜鹃[3]。
沧海月明珠有泪[4],蓝田日暖玉生烟[5]。
此情可待成追忆,只是当时已惘然。

【注释】

　　[1]无端:没来由,无缘无故。

　　[2]庄生晓梦迷蝴蝶:《庄子·齐物论》:"庄周梦为蝴蝶,栩栩然蝴蝶也;自喻适志与!不知周也。俄然觉,则蘧蘧然周也。不知周之梦为蝴蝶与?蝴蝶之梦为周与。"商隐此引庄周梦蝶故事,以言人生如梦,往事如烟之意。

　　[3]传说蜀国的杜宇帝因水灾让位于自己的臣子,而自己则归隐山林,死后化为杜鹃日夜悲鸣直至啼出血来。

　　[4]"沧海"句:据《博物志》:"南海外有鲛人,水居如鱼,不废绩织,其眼泣则能出珠。"

　　[5]蓝田:山名,在今陕西,产美玉。《困学纪闻》卷十八,司空表圣云:"戴容州谓诗家之景,如蓝田日暖,良玉生烟,可望而不可置于眉睫之前也。李义山玉生烟之句盖本于此。"

【学习提示】

李商隐之诗大都不易解,而诸诗之中以《锦瑟》为首。历代诗论家对该诗的解说莫衷一是,有人认为是描写瑟这种乐器;何焯在《义山诗集》中说"此悼亡之诗也";有人主恋情说,从锦瑟二字着眼或说此为一女子之名;清汪师韩在《诗学纂闻》中认为李商隐是借锦瑟以自伤。众说纷纭,各有道理。首联以"锦瑟"兴起,"思华年"统摄全篇,"华年"即美好的青春。颔联和颈联以庄生梦蝶、杜鹃啼血、沧海珠泪、良田生烟等典故,运用联想和想象,采取比兴手法,传达其浓烈而幽约深曲的情思。尾联"此情"与首联"华年"呼应,今朝追忆,那往日的怅恨,又能如何? 诗人悲苦之情,至此已无可消解。

李贺·致酒行

李贺(790~816),河南福昌人。字长吉,世称李长吉、鬼才、诗鬼等,与李白、李商隐三人并称唐代"三李"。祖籍陇西。李贺20岁到京城长安参加科举考试,以冒犯父名被取消考试资格,做了三年奉礼郎,便因病辞官,回归昌谷,终生郁郁不得志,27岁去世。他的诗作想象极为丰富,经常应用神话传说来托古寓今,所以后人称之为"鬼才"。

致酒行[1]

零落栖迟一杯酒,主人奉觞客长寿[2]。
主父西游困不归,家人折断门前柳[3]。
吾闻马周昔作新丰客,天荒地老无人识[4]。
空将笺上两行书,直犯龙颜请恩泽。
我有迷魂招不得,雄鸡一声天下白[5]。
少年心事当拿云,谁念幽寒坐呜呃[6]。

【注释】

[1] 致酒:劝酒。行:乐府诗的一种体裁。

[2] 零落栖迟:这是说诗人潦倒闲居,漂泊落魄,寄人篱下。奉觞:捧觞,举杯敬酒。客长寿:敬酒时的祝词,祝身体健康之意。

[3] 主父:据《汉书》记载,汉武帝的时候,"主父偃西入关见卫将军,卫将军数言上,上不省。资用乏,留久,诸侯宾客多厌之。"后来,主父偃的上书终于被采纳,当上了郎中。

[4] 马周:《旧唐书》记载,"马周西游长安,宿于新丰,逆旅主人唯供诸商贩而不顾待。周遂命酒一斗八升,悠然独酌。主人深异之。至京师,舍于中郎将常何家。贞观五年(631),太宗令百僚上书言得失,何以武吏不涉经学,周乃为陈便宜二十余事,令奏之,皆合旨。太宗怪其能,问何,对曰:'此非臣所能,家客马周具草也。'太宗即日招之,未至间,遣使催促者数四。及谒见,与语甚悦,令值门下省。六年授监察御史。"

[5] 迷魂：这里指执迷不悟。宋玉曾作《招魂》，以招屈原之魂。

[6] "少年"句：这两句是说，少年人应有高远的理想，可是谁能想到我却如此凄凉寂寞呢？拿云：高举入云。呜呃：悲叹。

【学习提示】

李贺的诗向来都是以"怀才不遇"为主题，也带有一种哀愤的特色，但这首困居异乡、有所感遇的《致酒行》，音情高亢，表现明快，别具一格。《李长吉集》引黄淳耀的话评价说："绝无雕刻，真率之至者也。"黎简评价说："长吉少有此沉顿之作。"

前四句写做客的情形和潦倒自伤的心情。中间四句，诗人由自伤转为自负和自勉，引汉代名士主父偃和唐代名士马周自比，说明他自己有经世之才，早晚会得到皇帝赏识。后四句，诗人又由自负和自勉转为自伤，感慨自己冷落寂寞的处境。写出了诗人客居长安，求官而不得的困难处境和潦倒感伤的心情。

杜牧·早雁

杜牧（803～约852），京兆万年（今陕西西安）人，是唐宰相杜佑之孙，26岁中进士，官至中书舍人。有诗赋文等多方面的文学成就，其诗以七言绝句著称，内容以咏史抒怀为主。

早　雁

金河秋半虏弦开[1]，云外惊飞四散哀[2]。
仙掌月明孤影过[3]，长门灯暗数声来[4]。
须知胡骑纷纷在[5]，岂逐春风一一回？
莫厌潇湘少人处[6]，水多菰米岸莓苔。

【注释】

[1] 金河：在今内蒙古呼和浩特市南。秋半：八月。虏弦开：指回鹘南侵。

[2] 云外：一作"云际"。

[3] 仙掌：指长安建章宫内铜铸仙人举掌托起承露盘。

[4] 长门：汉宫名，汉武帝时陈皇后失宠时幽居长门宫。

[5] 须知胡骑纷纷在：一作"虽随胡马翩翩去"。胡：指回鹘，也称回纥。

[6] 莫厌：一作"好是"。

【学习提示】

公元842年（唐武宗会昌二年）旧历八月，北方回鹘族乌介可汗率兵南侵，引起边民纷纷逃亡。杜牧时任黄州(今湖北黄冈)刺史,闻此而忧之,因写下此诗。诗歌托物寓慨,通篇采用比兴象征手法,表面上似乎句句写雁,实际上,它句句写时事,句句写人。风格婉曲细腻,清丽含蓄。

韩愈·祭十二郎文

韩愈(768～824),字退之,世称韩昌黎,河阳(今河南省孟州市)人,籍郡望昌黎郡(今河北省昌黎县)。唐宋八大家之一,与柳宗元同为"古文运动"倡导者,提出"文以载道"和"文道结合"的主张,反对六朝以来骈偶之风。有《昌黎先生集》。

祭十二郎文

年月日[1],季父愈闻汝丧之七日[2],乃能衔哀致诚[3],使建中远具时羞之奠[4],告汝十二郎之灵:

呜呼!吾少孤[5],及长,不省所怙[6],惟兄嫂是依。中年,兄殁南方[7],吾与汝俱幼,从嫂归葬河阳[8],既又与汝就食江南[9],零丁孤苦,未尝一日相离也。吾上有三兄[10],皆不幸早世。承先人后者[11],在孙惟汝,在子惟吾,两世一身[12],形单影只。嫂尝抚汝指吾而言曰:"韩氏两世,惟此而已!"汝时尤小,当不复记忆;吾时虽能记忆,亦未知其言之悲也。

吾年十九,始来京城。其后四年,而归视汝[13]。又四年,吾往河阳省坟墓[14],遇汝从嫂丧来葬[15]。又二年,吾佐董丞相于汴州[16],汝来省吾,止一岁[17],请归取其孥[18]。明年,丞相薨[19],吾去汴州,汝不果来。是年,吾佐戎徐州[20],使取汝者始行,吾又罢去,汝又不果来。吾念汝从于东[21],东亦客也,不可以久;图久远者,莫如西归,将成家而致汝。呜呼!孰谓汝遽去吾而殁乎!吾与汝俱少年,以为虽暂相别,终当久相与处,故舍汝而旅食京师,以求斗斛之禄[22];诚知其如此,虽万乘之公相[23],吾不以一日辍汝而就也!

去年,孟东野往,吾书与汝曰:"吾年未四十,而视茫茫,而发苍苍,而齿牙动摇。念诸父与诸兄,皆康强而早世,如吾之衰者,其能久存乎?吾不可去,汝不肯来;恐旦暮死,而汝抱无涯之戚也。"孰谓少者殁而长者存,强者夭而病者全乎?

呜呼!其信然邪?其梦邪?其传之非其真邪?信也,吾兄之盛德而夭其嗣乎?汝之纯明而不克蒙其泽乎[24]?少者强者而夭殁,长者衰者而存全乎?未可以为信也。梦也,传之非其真也?东野之书,耿兰之报[25],何为而在吾侧也?呜呼!其信然矣!吾兄之盛德而夭其嗣矣!汝之纯明宜业其家者[26],不克蒙其泽矣!所谓天者诚难测,而神者诚难明矣!所谓理者不可推,而寿者不可知矣!虽然,吾自今年来,苍苍者或化而为白矣,动摇者或脱而落矣[27],毛血日益衰[28],志气日益微[29],几何不从汝而死也!死而有知,其几何离?其无知,悲不几时,而不悲者无穷期矣!

汝之子始十岁[30],吾之子始五岁,少而强者不可保,如此孩提者[31],又可冀其成立邪?呜呼哀哉!呜呼哀哉!

汝去年书云："比得软脚病[32]，往往而剧。"吾曰："是疾也，江南之人，常常有之。"未始以为忧也。呜呼！其竟以此而殒其生乎？抑别有疾而至斯极乎？汝之书，六月十七日也。东野云：汝殁以六月二日；耿兰之报无月日。盖东野之使者，不知问家人以月日；如耿兰之报，不知当言月日；东野与吾书，乃问使者，使者妄称以应之乎。其然乎？其不然乎？

今吾使建中祭汝，吊汝之孤与汝之乳母[33]。彼有食，可守以待终丧[34]，则待终丧而取以来[35]；如不能守以终丧，则遂取以来；其余奴婢，并令守汝丧。吾力能改葬，终葬汝于先人之兆[36]，然后惟其所愿。

呜呼！汝病吾不知时，汝殁吾不知日，生不能相养以共居，殁不得抚汝以尽哀，敛不凭其棺[37]，窆不临其穴[38]。吾行负神明而使汝夭，不孝不慈，而不能与汝相养以生，相守以死；一在天之涯，一在地之角，生而影不与吾形相依，死而魂不与吾梦相接，吾实为之，其又何尤！彼苍者天，曷其有极！自今已往，吾其无意于人世矣！当求数顷之田于伊、颍之上[39]，以待余年，教吾子与汝子，幸其成[40]；长吾女与汝女[41]，待其嫁，如此而已！

呜呼，言有穷而情不可终，汝其知也邪？其不知也邪？呜呼哀哉！尚飨[42]！

【注释】

[1] "年月日"：此为拟稿时原样。《文苑英华》作于"贞元十九年五月廿六日"；但祭文中说十二郎在"六月十七日"曾写信给韩愈，"五"字当误。

[2] 季父：父辈中排行最小的叔父。

[3] 衔哀：心中含着悲哀。致诚：表达赤诚的心意。

[4] 建中：人名，当为韩愈家中仆人。时羞：应时的鲜美佳肴，羞，同"馐"。

[5] 孤：幼年丧父称"孤"。《新唐书·韩愈传》："愈生三死而孤，随伯兄会贬官岭表。"

[6] 怙（hù）：据《诗·小雅·蓼莪》："无父何怙，无母何恃。"后世因用"怙"代父，"恃"代母。失父曰失怙，失母曰失恃。

[7] "中年，兄殁南方"：代宗大历十二年（777年），韩会由起居舍人贬为韶州（今广东韶关）刺史，次年死于任所，年四十三。时韩愈十一岁，随兄在韶州。

[8] 河阳：今河南孟县西，是韩氏祖宗坟墓所在地。

[9] 就食江南：唐德宗建中二年（781年），北方藩镇李希烈反叛，中原局势动荡。韩愈随嫂迁家避居宣州（今安徽宣城）。因韩氏在宣州置有田宅别业。韩愈《复志赋》："值中原之有事兮，将就食于江之南。"《祭郑夫人文》："既克返葬，遭时艰难。百口偕行，避地江濆。"均指此。

[10] 吾上有三兄：三兄指韩会、韩介，还有一位死时尚幼，未及命名。一说，吾，我们，即韩愈和十二郎。三兄指自己的两个哥哥和十二郎的哥哥韩百川（韩介的长子）。

[11] 先人：指已去世的父亲韩仲卿。

[12] 两世一身：子辈和孙辈均只剩一个男丁。

[13] 视：古时探亲，上对下曰视，下对上曰省。贞元二年（786年），韩愈十九岁，由宣

州至长安应进士举,至贞元八年春始及第,其间曾回宣州一次。但据韩愈《答崔立之书》与《欧阳生哀辞》均称二十岁至京都举进士,与本篇所记相差一年。

[14] 省(xǐng):探望,此引申为凭吊。

[15] 遇汝从嫂丧来葬:韩愈嫂子郑氏卒于唐贞元九年(793年),韩愈有《祭郑夫人文》。贞元十一年,韩愈往河阳祖坟扫墓,与奉其母郑氏灵柩来河阳安葬的十二郎相遇。

[16] 董丞相:指董晋。贞元十二年(796年),董晋以检校尚书左仆射,同中书门下平章事任宣武军节度使,汴、宋、亳、颍等州观察使。时韩愈在董晋幕中任节度推官。汴州:治所在今河南开封市。

[17] 止:住。

[18] 取其孥(nú):把家眷接来。孥,妻和子的统称。

[19] 薨(hōng):古时诸侯或二品以上大官死曰薨。贞元十五年(799年)二月,董晋死于汴州任所,韩愈随葬西行。去后第四天,汴州即发生兵变。

[20] 佐戎徐州:贞元十五年(799)秋,韩愈入徐、泗、濠节度使张建封幕,任节度推官。节度使府在徐州。佐戎,辅助军务。

[21] 东:指故乡河阳之东的汴州和徐州。

[22] 斗斛(hú):唐时十斗为一斛。斗斛之禄,指微薄的俸禄。韩愈离开徐州后,于贞元十七年(801年)来长安选官,调四门博士,贞元十九年,迁监察御史。

[23] 万乘(shèng):指高官厚禄。古代兵车一乘,有马四匹。封国大小以兵赋计算,凡地方千里的大国,称为万乘之国。

[24] 纯明:纯正贤明。不克:不能。蒙:承受。

[25] 耿兰:生平不详,当时宣州韩氏别业的管家人。十二郎死后,孟郊在溧阳写信告诉韩愈,时耿兰也有丧报。

[26] 业:用作动词,继承之意。

[27] 动摇者或脱而落矣:时年韩愈有《落齿》诗云:"去年落一牙,今年落一齿。俄然落六七,落势殊未已。"

[28] 毛血:指体质。

[29] 志气:指精神。

[30] 汝之子:十二郎有二子,长韩湘,次韩滂。韩滂出嗣十二郎的哥哥韩百川为子,见韩愈《韩滂墓志铭》。始十岁:当指长子韩湘。十岁,一本作"一岁",则当指韩滂,滂生于贞元十八年(802年)。

[31] 孩提:本指二三岁的幼儿。此为年纪尚小之意。

[32] 比(bì):近来。软脚病:即脚气病。

[33] 吊:此指慰问。孤:指十二郎的儿子。

[34] 终丧:守满三年丧期。《孟子·滕文公上》:"三年之丧,……自天子达于庶人,三代共之。"

［35］取以来：指把十二郎的儿子和乳母接来。

［36］兆：葬域，墓地。

［37］敛：同"殓"。为死者更衣称小殓，尸体入棺材称大殓。

［38］窆(biǎn)：下棺入土。

［39］伊、颍(yǐng)：伊水和颍水，均在今河南省境。此指故乡。

［40］幸其成：韩昶后中穆宗长庆四年进士。韩湘后中长庆三年进士。

［41］长(zhǎng)：用作动词，养育之意。

［42］尚飨：古代祭文结语用辞，意为希望死者享用祭品。尚，庶几，表示希望。

【学习提示】

全文以向死者诉说的口吻写成，极写内心的辛酸悲痛，具有浓厚的抒情色彩。苏轼曰："读韩退之《祭十二郎文》而不堕泪者，其人必不友。"《古文观止》："情之至者，自然流为至文。读此等文，须想其一面哭，一面写，字字是血，字字是泪。"

柳宗元·罴说

柳宗元(773～819)，字子厚，河东人(今山西永济人)，唐宋八大家之一。21岁即进士及第，曾任集贤殿书院正字、监察御史里行等职，是王叔文革新派的重要人物，改革失败被贬为永州司马。有《柳河东集》。

罴 说

鹿畏貙[1]，貙畏虎，虎畏罴[2]。罴之状，被发人立[3]，绝有力而甚害人焉[4]。

楚之南有猎者，能吹竹为百兽之音[5]。寂寂持弓、矢、罌、火而即之山[6]。为鹿鸣以感其类[7]，伺其至，发火而射之。貙闻其鹿也，趋而至[8]，其人恐，因为虎而骇之。貙走而虎至，愈恐，则又为罴，虎亦亡去。罴闻而求其类，至则人也，捽搏挽裂而食之[9]。

今夫不善内而恃外者，未有不为罴之食也。

【注释】

［1］貙(chū)：一种像狐狸而形体较大的野兽。

［2］罴(pí)：哺乳动物，体大，肩部隆起，能爬树、游水。掌和肉可食，皮可做褥子，胆入药。亦称"棕熊""马熊""人熊"。

［3］被发：披散毛发，被(pī)，同"披"。

［4］绝：非常。

［5］为：模仿。

［6］罌、火：装在瓦罐中的灯火。罌：一种小口大肚的罐子。火：燃烧。

［7］感：召唤。

［8］趋：快步行走。

［9］捽(zuó)：揪住。

【学习提示】

柳宗元的杂文善于巧借形似之物，抨击政敌和现实。《黑说》讽刺了那些无真本领、虚张声势欺世惑众而终必败灭者。

沈既济·枕中记

沈既济（生卒年不详），吴兴德清人。曾召拜左拾遗、史馆修撰官终礼部员外郎。博通群籍，尤工史笔，撰《建中实录》10卷，为时所称；又撰有《选举志》10卷，二书今皆不传。传奇作品有《枕中记》和《任氏传》。

枕中记

开元七年，道士有吕翁者，得神仙术，行邯郸道中，息邸舍，摄帽弛带，隐囊而坐[1]。

俄见旅中少年，乃卢生也。衣短褐，乘青驹，将适于田，亦止于邸中，与翁共席而坐，言笑殊畅。久之，卢生顾其衣装敝亵[2]，乃长叹息曰："大丈夫生世不谐，困如是也！"翁曰："观子形体，无苦无恙，谈谐方适[3]，而叹其困者，何也？"生曰："吾此苟生耳，何适之谓？"翁曰："此不谓适，而何谓适？"答曰："士之生世，当建功树名，出将入相，列鼎而食[4]，选声而听，使族益昌而家益肥，然后可以言适乎。吾尝志于学，富于游艺[5]，自惟当年青紫可拾[6]。今已适壮，犹勤畎亩[7]，非困而何？"言讫，而目昏思寐。时主人方蒸黍。翁乃探囊中枕以授之，曰："子枕吾枕，当令子荣适如志[8]。"

其枕青甆，而窍其两端，生俯首就之，见其窍渐大，明朗。乃举身而入，遂至其家。数月，娶清河崔氏女，女容甚丽，生资愈厚。生大悦，由是衣装服驭[9]，日益鲜盛。明年，举进士，登第；释褐[10]秘校，应制，转渭南尉；俄迁监察御史；转起居舍人，知制诰。三载，出典[11]同州，迁陕牧，生性好土功[12]，自陕西凿河八十里，以济不通，邦人利之，刻石纪德，移节卞州，领河南道采访使，征为京兆尹。是岁，神武皇帝方事戎狄，恢宏土宇。会吐蕃悉抹逻及烛龙莽布支攻陷瓜沙，而节度使王君㚟新被杀，河湟震动。帝思将帅之才，遂除生御史中丞、河西节度使。大破戎虏，斩首七千级，开地九百里，筑三大城以遮要害，边人立石于居延山以颂之。归朝册勋，恩礼极盛，转吏部侍郎，迁户部尚书兼御史大夫，时望清重，群情翕习。大为时宰所忌，以飞语中之，贬为端州刺史。三年，征为常侍，未几，同中书门下平章事。与肖中令嵩、裴侍中光庭同执大政十余年，嘉谟密令，一日三接，献替启沃[13]，号为贤相。同列害之，复诬与边将交结，所图不轨。下制狱。府吏引从至其门而急收之。生惶骇不测，谓妻子曰："吾家山东，有良田五顷，足以御寒馁，何苦求禄？而今及此,思衣短褐、乘青驹,行邯郸道中,不可得也!"引刃自刎。其妻救之,获免。其罹者皆死,独生为中官保之,减罪死,投驩州。数年,帝知冤,复追为中书令,封燕国公,恩旨殊异。生五子:曰俭、曰传、曰位、曰倜、曰倚,皆有才器。俭进士登第,为考功员,传为侍御史,位为太常丞,倜为万年尉,倚最贤,年二十八,为左襄,其姻媾皆天下望族。有孙十余人。

两窜荒徼,再登台铉,出入中外,徊翔台阁,五十余年,崇盛赫奕。性颇奢荡,甚好佚乐,后庭声色,皆第一绮丽,前后赐良田、甲第、佳人、名马,不可胜数。

后年渐衰迈,屡乞骸骨,不许。病,中人候问,相踵于道,名医上药,无不至焉。将殁,上疏曰:"臣本山东诸生,以田圃为娱。偶逢圣运,得列官叙。过蒙殊奖,特秩鸿私,出拥节旌[14],入升台辅[14],周旋内外,绵历岁时。有忝天恩,无裨圣化。负乘贻寇[15],履薄增忧[16],日惧一日,不知老至。今年逾八十,位极三事[17],钟漏并歇[18],筋骸俱耄,弥留沈顿,待时益尽,顾无成效,上答休明[19],空负深恩,永辞圣代。无任感念之至。谨奉表陈谢。"诏曰:"卿以俊德,作朕元辅,出拥藩翰,入赞雍熙。升平二纪,实卿所赖,比婴疾疹,日谓痊平。岂斯沈痼,良用悯恻。今令骠骑大将军高力士就第候省,其勉加针石,为予自爱,犹冀无妄,期于有瘳。"是夕,薨。

卢生欠伸而悟,见其身方偃于邸舍,吕翁坐其傍,主人蒸黍未熟,触类如故。生蹶然而兴,曰:"岂其梦寐也?"翁谓生曰:"人生之适,亦如是矣。"生怃然良久,谢曰:"夫宠辱之道,穷达之运,得丧之理,死生之情,尽知之矣。此先生所以窒吾欲也。敢不受教!"稽首再拜而去。

【注释】

[1] 隐:凭倚。

[2] 敝(bì)亵(xiè):破旧肮脏。

[3] 谈谐:说笑。方适:适度。

[4] 列鼎而食:形容豪门贵族的奢侈生活。

[5] 游艺:谓游憩于六艺之中,后泛指学艺的修养。六艺谓礼、乐、射、驭、书、数也。

[6] 青紫:指古代高官印绶、服饰的颜色,比喻高官显爵。

[7] 畎(quǎn):田间小沟。

[8] 荣适:荣耀安乐。

[9] 服驭:指服饰车马器用之类。

[10] 释褐:脱去平民衣服。喻始任官职。

[11] 出典:出而执掌某种官职。

[12] 土功:治水、筑城、建造宫殿等工程。

[13] 献替:进献可行者,废去不可行者。谓对君主进谏,劝善规过。亦泛指议论国事兴革。启沃:竭诚开导、辅佐君王。

[14] 出拥节旌,入升台辅:出门拥有隆重的仪式,进朝当上了宰相的高职。

[15] 负乘贻寇：负乘致寇，"乘者，君子之器也。负者，小人之事也。施之於人，即在车骑之上而负於物也，故寇盗知其非已所有，於是竞欲夺之。"意思是卑贱者背着人家的财物，又坐上大马车显耀，就会招致强盗来抢。后以"负乘致寇"谓居非其位，才不称职，就会招致祸患。

[16] 履薄增忧：行走于薄冰上。喻身处险境，戒慎恐惧之至。

[17] 三事：三公。

[18] 钟漏并歇：比喻年老衰残。

[19] 休明：用以赞美明君或盛世。

【学习提示】

李肇《国史补》称《枕中记》是"庄生寓言之类"，讽刺了唐代士子歆羡功名富贵心理及统治阶级内部矛盾，卢生在梦中做了丞相，权势煊赫，享尽荣华富贵，但一惊而醒，转身坐起，黄粱一梦而已，人生即一场幻梦，即便是功名富贵，驰骋一场，也依然是一场幻梦。《枕中记》在某种意义下开《金瓶梅》《红楼梦》之先河，宣扬了人生如梦的思想。

行路难·其一

李 白

金樽清酒斗十千,玉盘珍羞直万钱。停杯投箸不能食,拔剑四顾心茫然。欲渡黄河冰塞川,将登太行雪满山。闲来垂钓碧溪上,忽复乘舟梦日边。行路难!行路难!多歧路,今安在?长风破浪会有时,直挂云帆济沧海。

远别离

李 白

远别离,古有皇英之二女,乃在洞庭之南,潇湘之浦。海水直下万里深,谁人不言此离苦。日惨惨兮云冥冥,猩猩啼烟兮鬼啸雨。我纵言之将何补,皇穹窃恐不照余之忠诚。云凭凭兮欲吼怒,尧舜当之亦禅禹。君失臣兮龙为鱼,权归臣兮鼠变虎。或言尧幽囚,舜野死,九疑联绵皆相似,重瞳孤坟竟何是。帝子泣兮绿云间,随风波兮去无还。恸哭兮远望,见苍梧之深山。苍梧山崩湘水绝,竹上之泪乃可灭。

庐山谣寄卢侍御虚舟

李 白

我本楚狂人,凤歌笑孔丘。手持绿玉杖,朝别黄鹤楼。五岳寻仙不辞远,一生好入名山游。庐山秀出南斗傍,屏风九叠云锦张。影落明湖青黛光,金阙前开二峰长,银河倒挂三石梁。香炉瀑布遥相望,迥崖沓嶂凌苍苍。翠影红霞映朝日,鸟飞不到吴天长。登高壮观天地间,大江茫茫去不还。黄云万里动风色,白波九道流雪山。好为庐山谣,兴因庐山发。闲窥石镜清我心,谢公行处苍苔没。早服还丹无世情,琴心三叠道初成。遥见仙人彩云里,手把芙蓉朝玉京。先期汗漫九垓上,愿接卢敖游太清。

登金陵凤凰台

李 白

凤凰台上凤凰游,凤去台空江自流。吴宫花草埋幽径,晋代衣冠成古丘。
三山半落青天外,二水中分白鹭洲。总为浮云能蔽日,长安不见使人愁。

长干行

李 白

妾发初覆额,折花门前剧。郎骑竹马来,绕床弄青梅。

同居长干里,两小无嫌猜,十四为君妇,羞颜未尝开。
低头向暗壁,千唤不一回。十五始展眉,愿同尘与灰。
常存抱柱信,岂上望夫台。十六君远行,瞿塘滟滪堆。
五月不可触,猿声天上哀。门前迟行迹,一一生绿苔。
苔深不能扫,落叶秋风早。八月蝴蝶黄,双飞西园草。
感此伤妾心,坐愁红颜老。早晚下三巴,预将书报家。
相迎不道远,直至长风沙。

哀江头
杜 甫

少陵野老吞声哭,春日潜行曲江曲。江头宫殿锁千门,细柳新蒲为谁绿。忆昔霓旌下南苑,苑中景物生颜色。昭阳殿里第一人,同辇随君侍君侧。辇前才人带弓箭,白马嚼啮黄金勒。翻身向天仰射云,一箭正坠双飞翼。明眸皓齿今何在,血污游魂归不得。清渭东流剑阁深,去住彼此无消息。人生有情泪沾臆,江水江花岂终极。黄昏胡骑尘满城,欲往城南望城北。

登岳阳楼
杜 甫

昔闻洞庭水,今上岳阳楼。吴楚东南坼,乾坤日夜浮。
亲朋无一字,老病有孤舟。戎马关山北,凭轩涕泗流。

终南山
王 维

太乙近天都,连山到海隅。白云回望合,青霭入看无。
分野中峰变,阴晴众壑殊。欲投人处宿,隔水问樵夫。

山 石
韩 愈

山石荦确行径微,黄昏到寺蝙蝠飞。升堂坐阶新雨足,芭蕉叶大栀子肥。
僧言古壁佛画好,以火来照所见稀。铺床拂席置羹饭,疏粝亦足饱我饥。
夜深静卧百虫绝,清月出岭光入扉。天明独去无道路,出入高下穷烟霏。
山红涧碧纷烂漫,时见松枥皆十围。当流赤足踏涧石,水声激激风吹衣。
人生如此自可乐,岂必局束为人靰。嗟哉吾党二三子,安得至老不更归。

渔　翁

柳宗元

渔翁夜傍西岩宿,晓汲清湘燃楚竹。

烟销日出不见人,欸乃一声山水绿。

回看天际下中流,岩上无心云相逐。

雁门太守行

李　贺

黑云压城城欲摧,甲光向日金鳞开。角色满天秋色里,塞上胭脂凝夜紫。

半卷红旗临易水,霜重鼓寒声不起。辗君黄金台上意,提携玉龙为君死。

乌衣巷

刘禹锡

朱雀桥边野草花,乌衣巷口夕阳斜。旧时王谢堂前燕,飞入寻常百姓家。

题李凝幽居

贾　岛

闲居少邻并,草径入荒园。鸟宿池边树,僧敲月下门。

过桥分野色,移石动云根。暂去还来此,幽期不负言。

无　题

李商隐

昨夜星辰昨夜风,画楼西畔桂堂东。身无彩凤双飞翼,心有灵犀一点通。

隔座送钩春酒暖,分曹射覆蜡灯红。嗟余听鼓应官去,走马兰台类断蓬。

霜　月

李商隐

初闻征雁已无蝉,百尺楼高水接天。青女素娥俱耐冷,月中霜里斗婵娟。

九　说

韩　愈

(一)龙说

龙嘘气成云,云固弗灵于龙也。然龙乘是气,茫洋穷乎玄间,薄日月,伏光景,感震电,神变化，水下土，汩陵谷，云亦灵怪矣哉。

云，龙之所能使为灵也。若龙之灵，则非云之所能使为灵也。然龙弗得云，无以神其灵矣。失其所凭依，信不可欤。异哉！其所凭依，乃其所自为也。

易曰："云从龙。"既曰："龙，云从之矣。"

（二）医说

善医者，不视人之瘠肥，察其脉之病否而已矣；善计天下者，不视天下之安危，察其纪纲之理乱而已矣。天下者，人也；安危者，肥瘠也；纪纲者，脉也。脉不病，虽瘠不害；脉病而肥者，死矣。通于此说者，其知所以为天下乎！夏、殷、周之衰也，诸侯作而战伐日行矣。传数十王而天下不倾者，纪纲存焉耳。秦之王天下也，无分势于诸侯，聚兵而焚之，传二世而天下倾者，纪纲亡焉耳。是故四支虽无故，不足恃也，脉而已矣；四海虽无事，不足矜也，纪纲而已矣。忧其所可恃，惧其所可矜，善医善计者，谓之天扶与之。《易》曰："视履考祥。"善医善计者为之。

读司马法
皮日休

古之取天下也以民心，今之取天下也以民命。

唐、虞尚仁，天下之民从而帝之，不曰取天下以民心者乎？汉、魏尚权，驱赤子於利刃之下，争寸土於百战之内，由士为诸侯，由诸侯为天子，非兵不能威，非战不能服。不曰取天下以民命者乎？

由是编之为术。术愈精而杀人愈多，法益切而害物益甚。呜呼！其亦不仁矣！

蚩蚩之类，不敢惜死者，上惧乎刑，次贪乎赏。民之于君，犹子也，何异乎父欲杀其子，先绐以威，后啖以利哉？

孟子曰："'我善为陈，我善为战'，大罪也。"使后之君于民有是者，虽不得土，吾以为犹土也。

第五编　两宋辽金文学

　　宋代是继唐代之后文学发展的又一高峰,诗词散文话本姹紫嫣红,千姿百态,而词最为发达,是"一代之文学"。市民文学的兴盛,亦有划时代的意义。

　　词又称曲子词,曲子指燕乐曲调,词是指与曲调相谐和的唱辞。词最早产生于隋代,起源于民间,唐代管弦笙歌流行,出现了歌楼妓馆,涌现出许多乐工歌伎,他们传播燕乐,歌唱曲词,促进了词的广泛流行,渐渐地这种体式也吸引了文人的注意,李白曾作《菩萨蛮》《忆秦娥》。中唐时期,出现了更多的词作家如张志和、韦应物、戴叔伦、白居易等。晚唐五代,依声填词形成风气,西蜀与南唐二地,经济文化最为发达,成为词人汇集的两大基地。西蜀词人的词大多收集在《花间集》里,以韦庄、温庭筠的成就最高;而南唐词人中则以李璟、李煜、冯延巳最为出色。

　　词至宋,如江出三峡,一泻千里,今存唐五代词仅八十家、不足两千首,而宋词却多达一千四百三十余家、近两万一千首。北宋初期的词,仍受唐五代词影响,上承南唐遗绪,以晏殊、欧阳修为代表,内容多反映贵族士大夫闲适自得的生活及流连光景,词风典雅雍容,形式上仍以小令为主。柳永词标志着北宋词的转折,他大力发展慢词,从而完成由小令向长调的转变,表现手法上善于铺叙刻画,情景交融,语言通俗。真正突破"词为艳科""诗庄词媚"藩篱的是苏轼。苏轼提出了词须"自是一家"的创作主张,开拓词境,无事不可写,无意不可入,扩大了词的表现功能,使词从音乐的附属品转变为一种独立的抒情诗体,从根本上改变了词史的发展方向,苏轼也拉开了豪放词派的序幕。北宋后期词作家有秦观、黄庭坚、周邦彦等。其中周邦彦在词法技巧人工安排方面独树一帜,成为骚雅词派先导。

　　南宋初期,主要作家有张孝祥、张元干等,而成就最高的当数李清照。这些词人由北入南,受社会巨变震动,词多写乡关之思、亡国之痛,或抗敌御侮之情,词风慷慨悲凉。南宋中期,爱国词派、豪放词派大放异彩,辛弃疾、陆游、陈亮等人将词创作推至高潮,真正使词与诗并驾齐驱。南宋后期,以吴文英、王沂孙为代表的骚雅派成为主流。他们讲究词法,雕琢字句,推敲声律,具有很高的艺术性。辛派的刘克庄、刘辰翁、文天祥等人也相当活跃,他们的词中颇有些新的政治内容,能发前人所未发。

　　诗至唐已极致,但宋诗人"穷则变""变则通",在唐诗的基础上,另辟新境,树立了诗歌的另一种风格情韵。钱钟书说:"唐诗多以丰神情韵擅长,宋诗多以筋骨思理见胜。"宋严羽概括宋诗的特点:"以文字为诗,以才学为诗,以议论为诗。"

北宋初期主要有白体、昆体、晚唐体三派。诗人的个人成就以白体的王禹偁成就最大。他是宋代提倡向李白、杜甫、白居易学习的第一个诗人,写下不少关心民间疾苦的诗篇。就流派而言,以雕章丽句、多用典故的昆体影响为最大。北宋中期,宋诗逐渐繁荣,欧阳修、梅尧臣、苏舜钦等人发起诗文革新运动,主张大量创作以反映国计民生为传统的古体诗,重视诗歌实际功用,以议论、才学、散文入诗的宋诗特点在这时期逐渐形成。王安石、苏轼等进一步加强了诗歌的现实性,宋诗创作形成第一个高峰期。王安石就传统题材翻出新意,充分发挥了宋诗长于议论的特点,苏轼超迈豪纵,触处生春,富于创新精神。活跃于北宋末期诗坛的主要是苏门四学士、黄庭坚、张耒、晁补之、秦观和陈师道。南宋初期,黄庭坚为代表的江西诗派形成,江西诗派主张师法杜甫、韩愈、孟郊、张籍,尚工力,重琢磨,自成一家,但要求诗文字字有来历,又追求奇崛,喜作拗律。南宋中期,以陆游、杨万里、范成大、尤袤四人最为著名,被称为"中兴四大诗人"。他们从江西诗派的束缚下解脱出来,建立起各自的风格。南宋后期,再也没有出现比较重要的诗人。先后活跃在诗坛的有"永嘉四灵"和"江湖诗派"。直至文天祥的出现,宋诗才最后迸出了一道引人注目的亮光。

宋散文形式与风格都丰富多彩,出现了王安石、欧阳修、曾巩、"三苏"、范仲淹等散文大家。

通俗文艺在宋代有了迅速的发展,形成了以话本和诸宫调、杂剧等为代表的通俗叙事文学。话本,即说话人演讲故事所用的底本,包括小说、讲史、说经等。多出自于民间艺人之手,流传于市井,思想感情与市井民众相通,内容与语言讲究趣味性。

辽金文学,可称者有大诗人元好问和董解元的《西厢记诸宫调》。

元好问是宋金对峙时期北方文学的主要代表,又是金元之际在文学上承前启后的桥梁,被尊为"北方文雄""一代文宗"。其诗、文、词、曲,各体皆工,诗作成就最高,"丧乱诗"尤为有名;其词为金代一朝之冠,可与两宋名家媲美;其文继承唐宋大家传统,清新雄健。董解元的《西厢记诸宫调》以唐代元稹《莺莺传》传奇为基础,在主题思想、人物形象、艺术结构、语言特点方面都有了新的突破,直接影响了王实甫《西厢记》杂剧的产生。

柳永·词二首

柳永（984？～1053？），崇安（今福建武夷山）人，宋仁宗朝进士，官至屯田员外郎，故世称柳屯田。柳永大力创作慢词，发展了铺叙手法，促进了词的通俗化、口语化，在词史上产生了较大的影响。其词多描绘城市风光和歌妓生活，尤长于抒写羁旅行役之情。词作流传极广，"凡有井水饮处，皆能歌柳词"。有《乐章集》。

蝶恋花

伫倚危楼风细细，望极春愁，黯黯生天际[1]。草色烟光残照里，无言谁会凭阑意。

拟把疏狂图一醉，对酒当歌，强乐还无味。衣带渐宽终不悔[2]，为伊消得人憔悴。

【注释】

[1] 黯黯：心情沮丧忧愁。生天际：从遥远无边的天际升起。伫，久立。

[2] 衣带渐宽：指人逐渐消瘦。语出《古诗十九首》："相去日已远，衣带日已缓。"

【学习提示】

这首词上片以迷离的景物渲染出凄楚悲凉的气氛，下片以健笔写柔情，自誓甘愿为思念伊人而日渐消瘦憔悴。全词巧妙地把漂泊异乡的落魄感受，同怀念意中人的缠绵情思融为一体，抒情写景，感情真挚。

八声甘州

对潇潇暮雨洒江天，一番洗清秋。渐霜风凄紧[1]，关河冷落，残照当楼。是处红衰翠减，苒苒物华休。惟有长江水，无语东流。

不忍登高临远，望故乡渺邈，归思难收。叹年来踪迹，何事苦淹留。想佳人妆楼颙望[2]，误几回、天际识归舟。争知我，倚栏杆处，正恁凝愁！

【注释】

[1] 霜风：指秋风。凄紧：凄凉紧迫。

[2] 颙望：抬头凝望。

【学习提示】

此词抒写羁旅悲秋，相思愁恨，上片写景，把大自然的浓郁秋气与内心的悲哀感慨融合在一起,情景交融。苏轼评价"不减唐人高处"。下片抒情,不忍领起,层层揭示"不忍"的原因,婉转深曲。

晏殊·浣溪沙

晏殊(991～1055),字同叔,抚州临川人(今属江西抚州),与其第七子晏几道被称为"大晏"和"小晏"。十四岁以神童入试,赐同进士出身,历任要职,最高至集贤殿大学士、同中书门下平章事兼枢密使。其词擅长小令,多表现诗酒生活和悠闲情致,语言婉丽。现仅存《珠玉词》及清人所辑《晏元献遗文》。

浣溪沙

一曲新词酒一杯。去年天气旧亭台。夕阳西下几时回。

无可奈何花落去,似曾相识燕归来。小园香径独徘徊。

【学习提示】

此词虽含伤春惜时之意,却实为感慨抒怀之情。词中寓含着对宇宙、人生的深思。"无可奈何"一句最得好评。明杨慎:"无可奈何"二语工丽,天然奇偶。(《词品》)明沈际飞:"无可奈何花落去",律诗俊语也,然自是天成一段词,着诗不得。(《草堂诗余正集》)清张宗橚:细玩"无可奈何"一联,意致缠绵,语调谐婉,的是倚声家语,若作七律,未免软弱矣。(《词林纪事》)

欧阳修·踏莎行

欧阳修(1007～1072),字永叔,号醉翁、六一居士,吉州永丰(今江西省吉安市永丰县)人。官至翰林学士、枢密副使、参知政事,谥号文忠,世称欧阳文忠公。他领导了北宋诗文革新运动,继承并发展了韩愈的古文理论,开创了一代文风。有《欧阳文忠公集》《六一词》等。

踏莎行

候馆梅残,溪桥柳细,草薰风暖摇征辔。离愁渐远渐无穷,迢迢不断如春水。

寸寸柔肠,盈盈粉泪,楼高莫近危栏倚。平芜尽处是春山,行人更在春山外。

【学习提示】

一种相思,两处闲愁,才下眉头,却上心头。此词上片写征人,以景为主,融情于景;下

123

片写闺中思妇。以抒情为主,情寓景中,清丽缠绵,表现了欧词深婉的风格。

朋党论
欧阳修

臣闻朋党之说,自古有之,惟幸人君辨其君子、小人而已[1]。大凡君子与君子,以同道为朋;小人与小人,以同利为朋,此自然之理也。

然臣谓小人无朋,惟君子则有之,其故何哉?小人之所好者,禄利也;所贪者,财货也。当其同利之时,暂相党引以为朋者[2],伪也;及其见利而争先,或利尽而交疏,则反相贼害[3],虽其兄弟亲戚不能相保。故臣谓小人无朋。其暂为朋者,伪也。君子则不然,所守者道义,所行者忠信,所惜者名节。以之修身,则同道而相益;以之事君,则同心而共济[4],始终如一,此君子之朋也,故为人君者,但当退小人之伪朋,用君子之真朋,则天下治矣。

尧之时,小人共工、驩兜等四人为一朋[5],君子八元、八恺十六人为一朋[6]。舜佐尧,退四凶小人之朋,而进元、恺君子之朋,尧之天下大治。及舜自为天子,而皋、夔、稷、契等二十二人并列于朝[7],更相称美,更相推让[8],凡二十二人为一朋,而舜皆用之,天下亦大治。《书》[9]曰:"纣有臣亿万,惟亿万心[10];周有臣三千[11],惟一心。"纣之时,亿万人各异心,可谓不为朋矣。然纣以亡国。周武王之臣,三千人为一大朋,而周用以兴。后汉献帝时,尽取天下名士囚禁之[12],目为党人[13]。及黄巾贼起,汉室大乱,后方悔悟,尽解党人而释之,然已无救矣。唐之晚年,渐起朋党之论[14],及昭宗时,尽杀朝之名士,或投之黄河,曰:"此辈清流,可投浊流[15]。"而唐遂亡矣。

夫前世之主,能使人人异心不为朋,莫如纣;能禁绝善人为朋,莫如汉献帝;能诛戮清流之朋,莫如唐昭宗之世,然皆乱亡其国。更相称美推让而不自疑,莫如舜之二十二臣,舜亦不疑而皆用之。然而后世不诮舜为二十二人朋党所欺[16],而称舜为聪明之圣者,以能辨君子与小人也。周武之世,举其国之臣三千人共为一朋,自古为朋之多且大,莫如周,然周用此以兴者,善人虽多而不厌也。

嗟呼!夫兴亡治乱之迹,为人君者,可以鉴矣!

【注释】

[1] 惟:只。幸:希望。

[2] 党引:勾结。

[3] 贼害:残害。

[4] 之:指代上文的"道义""忠信""名节"。修身:按一定的道德规范进行自我修养。济:取得成功。

[5] 共(gōng)工、驩兜(huān dōu)等四人:指共工、兜、鲧(gǔn)、三苗,即后文被舜放逐的"四凶"。

[6] 八元:传说中上古高辛氏的八个才子。八恺:传说中上古高阳氏的八个才子。

［7］皋(gāo)、夔(kuí)、稷(jì)、契：传说他们都是舜时的贤臣，皋掌管刑法，夔掌管音乐，稷掌管农业，契掌管教育。《史记·五帝本纪》载："舜曰：'嗟！（汝）二十有二人，敬哉，惟时相天事。'"

［8］更相：互相。

［9］《书》：《尚书》，也称《书经》。

［10］惟：语气词，这里表判断语气。

［11］周：指周武王，周朝开国君主。

［12］尽取天下名士囚禁之：东汉桓帝时，宦官专权，一些名士如李膺等两百多人反对宦官被加上"诽讪朝廷"的罪名，逮捕囚禁。到灵帝时，李膺等一百多人被杀，六七百人受到株连，历史上称为"党锢之祸"。

［13］目：作动词用，看作。

［14］朋党之论：唐穆宗至宣宗年间，统治集团内形成的牛僧孺为首的牛党和以李德裕为首的李党，朋党之间互相争斗，历时四十余年，史称"牛李党争"。

［15］"此辈清流"两句：这是权臣朱温的谋士李振向朱温提出的建议。朱温在白马驿（今河南洛阳附近）杀大臣裴枢等七人，并将他们的尸体投入黄河。清流：指品行高洁的人。浊流：指品格卑污的人。

［16］诮(qiào)：责备。

【学习提示】

这是宋仁宗时欧阳修为驳斥保守派对革新派的诬陷而呈仁宗的。通篇以对比进行论证，开始作者就指出"君子""小人"两类不同性质的朋党，君子以道，而小人以利；接着从历史上论证君子之朋与小人之朋的是非，体现在"乱"与"治"、"兴"与"亡"一反一正的具体事实中；然后写人君对君子之朋与小人之朋的态度对比；最后又强调："夫兴亡治乱之迹，为人君者，可以鉴矣。"

苏轼·词三首

苏轼（1037～1101），字子瞻，号东坡居士，眉州眉山（今属四川）人。嘉祐二年（1057）与弟辙同登进士，授大理评事，签书凤翔府判官。熙宁二年（1069），父丧守制期满还朝，为判官告院。与王安石政见不合，反对推行新法，自请外任，出为杭州通判。迁知密州（今山东诸城），移知徐州。元丰二年（1079），罹"乌台诗案"，责授黄州（今湖北黄冈）团练副使。哲宗立，高太后临朝，被复为朝奉郎知登州（今山东蓬莱），任未旬日，除起居舍人，迁中书舍人，又迁翰林学士知制诰，知礼部贡举。元祐四年（1089）出知杭州，后改知颍州，再知扬州、定州。元祐八年（1093）哲宗亲政，被远贬惠州（今广东惠阳），再贬儋州（今海南儋县）。徽宗即位，遇赦北归，建中靖国元年（1101）卒于常州，年六十五，葬于汝州郏城县(今河南郏县)。苏轼诗、词、文、书、画均卓然大家,著有《东坡全集》一百十五卷、《东坡乐府》三卷。

浣溪沙

风压轻云贴水飞,乍晴池馆燕争泥[1]。沈郎多病不胜衣[2]。
沙上不闻鸿雁信,竹间时听鹧鸪啼。此情惟有落花知!

【注释】

　　[1] 池馆:池苑馆舍。
　　[2] 沈郎:南朝诗人沈约,体弱多病。此处是诗人自指。

【学习提示】

　　风和日暖,轻阴搁雨,新燕衔泥,如此美好的天气,作者却说"沈郎多病不胜衣",用沈约之典,说自己腰围带减,瘦损不堪,清王夫之说"以乐景写哀,以哀景写乐,一倍增其哀乐"。"此情惟有落花知!"用移情手法,无知的落花成了深知作者心情的知己。融情入景,情景交融。

临江仙

夜饮东坡醒复醉,归来仿佛三更。家童鼻息已雷鸣。敲门都不应,倚杖听江声。
长恨此身非我有,何时忘却营营。夜阑风静縠纹平。小舟从此逝,江海寄余生。

【学习提示】

　　这首词作于苏轼黄州之贬的第三年,写作者深秋之夜在东坡雪堂开怀畅饮,醉后返归临皋住所的情景。对于经受了一场严重政治迫害的苏轼来说,此时是劫后余生,内心是怨懑而痛苦的。但他没有被痛苦压倒,而是表现出一种超人的旷达。醉而复醒,醒而复醉,"归来仿佛三更","仿佛"二字,传神地画出了词人醉眼朦胧的情态。"家童鼻息已雷鸣。敲门都不应",主人一定是慈爱宽容的人吧,不然家童何敢主人未归就呼呼大睡呢?敲门不应,坦然处之,主人索性"倚杖听江声",一位风神萧散襟怀旷达的人物形象跃然纸上。

　　"长恨此身非我有"是化用《庄子·知北游》"汝生非汝有也"句。"何时忘却营营",也是化用《庄子·庚桑楚》"全汝形,抱汝生,无使汝思虑营营"。本是说,一个人的形体精神是天地自然所赋予,此身非人所自有。为人当守本分,保其生机;不要因世事而思虑百端,随其周旋忙碌。苏轼政治上受大挫折,忧惧苦恼,这是向道家思想寻求超脱之方?

　　静夜沉思,豁然有悟,作者情不自禁想到,"小舟从此逝,江海寄余生"。可惜的是,理想敌不过现实,宋人笔记中传说,苏轼作此词后,"挂冠服江边,挐舟长啸去矣。郡守徐君猷闻之惊且惧,以为州失罪人,急命驾往谒,则子瞻鼻鼾如雷,犹未兴也"。

126

水龙吟·次韵章质夫杨花词

似花还似非花,也无人惜从教坠。抛家傍路,思量却是,无情有思。萦损柔肠,困酣娇眼,欲开还闭。梦随风万里,寻郎去处,又还被莺呼起。

不恨此花飞尽,恨西园、落红难缀。晓来雨过,遗踪何在?一池萍碎。春色三分,二分尘土,一分流水。细看来,不是杨花,点点是离人泪。

【学习提示】

这首词约作于公元1081年(元丰四年),苏轼45岁,正谪居黄州,是苏轼婉约词中的经典之作。依照别人词的原韵,作词答和,连次序也相同的叫"次韵"或"步韵"。词的上片意在写物,描写杨花的随风飘零和若即若离。最后一句化用唐人金昌绪之诗《春怨》:"打起黄莺儿,莫教枝上啼。啼时惊妾梦,不得到辽西。"下片抒情,感叹春光一去不复返的遗憾。"春色三分"的描写独具匠心。

秦观·浣溪沙

秦观(1049~1100),北宋词人,"苏门四学士"之一。字太虚,后改字少游,号淮海居士,高邮人。曾任秘书省正字,兼国史院编修官等职。因政治上倾向于旧党,被视为元祐党人,绍圣后累遭贬谪。词多写男女情爱,也颇有感伤身世之作,风格委婉含蓄,清丽雅淡。有《淮海集》《淮海居士长短句》。

浣溪沙

漠漠轻寒上小楼,晓阴无赖似穷秋。淡烟流水画屏幽。

自在飞花轻似梦,无边丝雨细如愁。宝帘闲挂小银钩。

【学习提示】

生活中,每个人都会莫名其妙地产生一种淡淡的哀愁,说不清道不明,不知什么时候它就从心底悄然萌发,词人会更敏锐地感受到并捕捉到它。这首《浣溪沙》写的就是这种哀愁、闲愁。漠漠轻寒,似雾如烟,春阴寒薄,就这样寂寞凄寒的清晨,作者睡眼朦胧地醒来,面对的画屏上又是什么样的景呢?"淡烟流水画屏幽",更增加了凄清的调子。下片写似梦飞花,如愁细雨,移情入景,情景交融。

周邦彦·兰陵王·柳

周邦彦(1056~1121),字美成,号清真居士,钱塘(今浙江杭州)人。精通音律,曾创作不少新词调。作品多写闺情、羁旅,也有咏物之作。格律谨严,语言典丽清雅。有《清真居士集》,已佚,今存《片玉集》。

兰陵王·柳

柳阴直,烟里丝丝弄碧。隋堤上、曾见几番,拂水飘绵送行色。登临望故国,谁识京华倦客?长亭路,年去岁来,应折柔条过千尺。

闲寻旧踪迹,又酒趁哀弦,灯照离席。梨花榆火催寒食。愁一箭风快,半篙波暖,回头迢递便数驿,望人在天北。

凄恻,恨堆积!渐别浦萦回,津堠岑寂,斜阳冉冉春无极。念月榭携手,露桥闻笛。沉思前事,似梦里,泪暗滴。

【学习提示】

古代有折柳送别的习俗,诗词里常用柳来渲染别情,所以,这首词的题目是"柳",内容却不是咏柳,而是伤别。上阕借隋堤柳烘托离别的气氛,"隋堤上,曾见几番,拂水飘绵送行色。""拂水飘绵"摹画出柳树依依惜别的情态。中阕前四句写送别,后四句设想朋友在离别后的旅途情景。下阕将朋友走后的孤寂与梦境般的回忆对照,萦回曲折。"暗滴"是背着人独自滴泪,自己的朋友走了,没有了知己,他的感情也不愿让旁人知道,只好暗自悲伤。全词叙事中抒情,从过去到现在,再到过去,又回归眼前。

李清照·词三首

李清照(1084~1155),济南章丘(今属山东)人,号易安居士。婉约词派代表,有"千古第一才女"之称。其父李格非,"苏门后四学士"之一,由于家学熏陶,李清照少年时便有诗名。18岁时嫁太学生赵明诚,与赵共同致力于书画金石的搜集整理。金兵入据中原时,流寓南方,境遇孤苦。她的创作以靖康之耻为界,前期真实地反映了她的闺中生活和思想感情,题材集中于写自然风光和离别相思。后期主要是伤时念旧和怀乡悼亡,表达了国破家亡的浓重哀愁。有《漱玉词》辑本。

醉花阴

薄雾浓云愁永昼,瑞脑消金兽。佳节又重阳,玉枕纱厨,半夜凉初透。
东篱把酒黄昏后,有暗香盈袖。莫道不消魂,帘卷西风,人比黄花瘦。

【学习提示】

这首词是作者早期和丈夫赵明诚分别之后所写,它通过悲秋伤别来抒写词人的寂寞与相思情怀。元伊士珍《琅环记》记:"易安以重阳《醉花阴》词函致赵明诚。明诚叹赏,自愧弗逮，务欲胜之。一切谢客，忌食忘寝者三日夜，得五十阕，杂易安作以示友人陆德夫。德夫玩之再三，曰：'只三句绝佳。'明诚诘之。答曰：'莫道不消魂，帘卷西风，人比黄花瘦。'正易安作也。"由此可见李清照独特的审美体验了。词开篇点"愁"，而且愁永昼，炉里香烧完了也不知道添加，重阳佳节倍思亲，但作者只能孤寂独寝，孤枕难眠，半夜了，还是彻骨透凉，人冷心也冷吧！

重阳把酒赏菊，应该是极有情趣的事，尤其对于经常赌书泼茶的李赵二人，但丈夫不在身边，自己只能把酒浇愁愁上愁。"莫道不消魂，帘卷西风，人比黄花瘦。"以"销魂"点神伤，以"西风"点凄景，落笔结出一个"瘦"字，将思妇与菊花相比，情景交融，创设出了一种凄苦绝伦的境界。

凤凰台上忆吹箫

香冷金猊，被翻红浪，起来慵自梳头。任宝奁尘满，日上帘钩。生怕离怀别苦，多少事、欲说还休。新来瘦，非干病酒，不是悲秋。

休休！这回去也，千万遍阳关，也则难留。念武陵人远，烟锁秦楼。惟有楼前流水，应念我终日凝眸。凝眸处，从今又添，一段新愁。

【学习提示】

这首词真实地抒写了离愁别恨。上片写临别时的心情，下片想象别后情景抒写离情。婉转曲折，用语清新流畅，舒卷自如。唐圭璋《唐宋词简释》：此首述别情，哀伤殊甚。起三句，言朝起之懒。"任宝奁"句，言朝起之迟。"生怕"二句，点明离别之苦，疏通上文；"欲说还休"，含凄无限。"新来瘦"三句，申言别苦。较病酒悲秋为尤苦。换头，叹人去难留。"念武陵"四句，叹人去楼空，言水念人，情意极厚。末句，补足上文，余韵更隽永。

永遇乐

落日熔金，暮云合璧，人在何处？染柳烟浓，吹梅笛怨，春意知几许？元宵佳节，融和天气，次第岂无风雨？来相召、香车宝马，谢他酒朋诗侣。

中州盛日，闺门多暇，记得偏重三五。铺翠冠儿，捻金雪柳，簇带争济楚。如今憔悴，风鬟霜鬓，怕见夜间出去。不如向帘儿底下，听人笑语。

【学习提示】

这首词通过南渡前后过元宵节两种情景的对比，寄托深沉的故国之思、今昔之感。上片接连三个设问，第一问人在何处，或是明知故问，或作者不愿相信自己仍身处异乡，恍恍惚惚，故问；第二问，染柳烟浓，本是大好春光，但随即吹梅笛怨，让作者回归现实，自己还有多少好时光呢？即使有好时光，国破家亡，又怎能尽情享受呢？"次第岂无风雨"第三问更是让人心酸落泪，经历了人生的大喜大悲之后，敏感的词人对生活充满了祸福莫测的忧患。这样的心境下，不难理解作者拒绝朋友的相邀了。

"中州盛日"六句，极写往年京华热闹欢乐，"如今"以下折转到当前，憔悴神态，寥落心理，与往昔形成强烈反差。

陆游·词二首

陆游(1125～1210)，字务观，号放翁。越州山阴(今浙江绍兴)人。出身于一个由"贫居苦学"而仕进的官宦家庭，少年时即受家庭中爱国思想熏陶，高宗时应礼部试，为秦桧所黜。孝宗时赐进士出身。中年入蜀，投身军旅生活，官至宝章阁待制。晚年退居家乡，但收复中原信念始终不渝。创作诗歌很多，今存九千多首，内容极为丰富。有《剑南诗稿》《渭南文集》《南唐书》《老学庵笔记》等。

诉衷情

当年万里觅封侯，匹马戍梁州。关河梦断何处，尘暗旧貂裘。

胡未灭，鬓先秋，泪空流。此身谁料，心在天山，身老沧州！

【学习提示】

此词作于何时不详。从词意看，当是淳熙十六年(1189年)陆游罢归山阴，闲居镜湖后所作。上阕回忆往昔。万里和匹马形成鲜明的对照，表现了诗人当年超群不凡的英雄形象。但，英雄无所用，梦断和尘暗表现词人内心的无限悲怨与惆怅。下阕抚叹今朝。胡人仍肆虐中原，理想抱负落空，即使流干了眼泪也无用。"此生谁料，心在天山，身老沧州"是更深沉的悲愤和慨叹。

关山月[1]

和戎诏下十五年[2]，将军不战空临边。朱门沉沉按歌舞[3]，厩马肥死弓断弦。戍楼刁斗催落月[4]，三十从军今白发。笛里谁知壮士心，沙头空照征人骨。中原干戈古亦闻，岂有逆胡传子孙[5]！遗民忍死望恢复[6]，几处今宵垂泪痕。

【注释】

[1]关山月：乐府旧题，《乐府解题》云："《关山月》，伤离别也。"

[2]和戎诏：指宋王室与金人讲和的命令。戎，指金人。

[3]朱门：指富豪之家。杜甫《自京赴奉先咏怀》："朱门酒肉臭。"沉沉：深沉。按歌舞：依照乐曲的节奏歌舞。

[4]戍楼：边境上的岗楼。刁斗：军中打更用的铜器。

[5]逆胡传子孙：指金人长期占领中原。金自太宗完颜晟进占中原，至此时已有四

世,故云传子孙。

[6]遗民:指金占领区的原宋朝百姓。

【学习提示】

隆兴元年(1163)宋军在符离大败之后,十一月,孝宗诏集廷臣,权衡与金国议和的得失,后达成和议。到了孝宗淳熙四年(1177年),此时距当年下诏议和已十五年了,南宋朝廷不思恢复,沉浸在苟安的和平里,诗人感伤时事写下此诗。全诗共十二句,每四句一转韵,同时也是三幅对比鲜明的图画:豪门贵宅中的文武官员,莺歌燕舞,不思复国;戍边战士,报国无门;中原遗民,泪眼模糊,盼望统一。既写了统治集团,又写了将士、遗民,饱含诗人忧国爱民的思想感情,沉痛悲愤,读来使人泪下。

辛弃疾·词三首

辛弃疾(1140~1207),原字坦夫,改字幼安,别号稼轩,历城(今山东济南)人。豪放派词人,人称"词中之龙",与苏轼合称"苏辛",与李清照并称"济南二安"。出生时,中原已为金兵所占。21岁参加抗金义军,不久归南宋。历任湖北、江西、湖南、福建、浙东安抚使等职。一生力主抗金。曾上《美芹十论》与《九议》,条陈战守之策。现存词600多首,强烈的爱国主义思想和战斗精神是他词的基本思想内容,有词集《稼轩长短句》。

青玉案·元夕

东风夜放花千树,更吹落,星如雨[1]。宝马雕车香满路。凤箫声动,玉壶光转[2],一夜鱼龙舞。

蛾儿雪柳黄金缕[3],笑语盈盈暗香去。众里寻他千百度,蓦然回首,那人却在,灯火阑珊处[4]。

【注释】

[1]"东风"句:形容元宵夜花灯繁多。花千树,花灯之多如千树开花。

[2]玉壶:比喻明月。亦可解释为灯。

[3]"蛾儿"句:写元夕的妇女装饰。蛾儿、雪柳、黄金缕,皆古代妇女元宵节时头上佩戴的各种装饰品。这里指盛装的妇女。

[4]阑珊:零落稀疏的样子。

【学习提示】

古典文学研究家周汝昌对此词的赏析要点如下:

写上元灯节的词,不计其数,稼轩的这一首,却谁也不能视为可有可无,即此亦可谓豪杰了。然究其实际,上片也不过渲染那一片热闹景况,并无特异独出之处。看他写火树,固定的灯彩也。写星雨,流动的烟火也。若说好,就好在想象:是东风还未催开百花,却先吹放了元宵的火树银花。它不但吹开地上的灯花,而且还从天上吹落了如雨的彩星——燃放烟火,先冲上云霄,复自空而落,真似陨星雨。然后写车马、写鼓乐、写灯月交辉的人间仙境——"玉壶",写那民间艺人们的载歌载舞、鱼龙曼衍的"社火"百戏,好不繁华热闹,令人目不暇接。其间"宝"也,"雕"也,"凤"也,"玉"也,种种丽字,总是为了给那灯宵的气氛来传神,来写境,盖那境界本非笔墨所能传写,幸亏还有这些美好的字眼,聊为助意而已。总之,稼轩此词,前半实无独到之胜可以大书特书。其精彩之笔,全在后半始见。

后片之笔,专门写人。他先从头上写起:这些游女们,一个个雾鬓云鬟,戴满了元宵特有的蛾儿、雪柳、金缕缠就的春幡春胜。这些盛装的游女们,行走之间,说笑个不停,纷纷走过了,只有衣香犹在暗中飘散。这么些丽者,都非主人公意中关切之人,在百千群中只寻找一个——却总是踪影皆无。忽然,眼光一亮,在那一角残灯旁侧,分明看见了她,她原来在这冷落的地方,还未归去,似有所待。

这发现那人的一瞬间,是人生的精神的凝结和升华,是悲喜莫名的感激铭篆,词人却有如此本领,竟把它变成了笔痕墨影,永志弗灭。——读到末幅煞拍,才恍然彻悟:那上片的灯、月、烟火、笙笛、社舞、交织成的元夕欢腾,那下片的惹人眼花缭乱的一队队的丽人群女,原来都只是为了那一个意中之人而设,而写,倘无此人在,那一切都没有意义与趣味。

上片临末,已出"一夜"二字,这是为"寻他千百度"说明了多少时光的苦心痴意,所以到得下片而出"灯火阑珊",方才前早呼而后遥应,可见词人笔墨之细,文心之苦。

(《宋词鉴赏辞典》上海辞书出版社 2003 年出版)

丑奴儿·书博山道中壁[1]

少年不识愁滋味,爱上层楼。爱上层楼,为赋新词强说愁。

而今识尽愁滋味,欲说还休。欲说还休,却道天凉好个秋[2]。

【注释】

[1] 博山:博山在今江西广丰县西南。因状如庐山香炉峰,故名。淳熙八年(1181)辛弃疾罢职退居上饶,常过博山。

[2] 李清照《凤凰台上忆吹箫》:"多少事,欲说还休。"

【学习提示】

这是辛弃疾被弹劾去职、闲居带湖时所作的一首词。他在带湖居住期间,闲游于博山道中,却无心赏玩当地风光。眼看国事日非,自己无能为力,一腔愁绪无法排遣,遂在博山道中一壁上题了这首词。在这首词中,作者运用对比手法,"少年""而今",无愁、有愁的对比,表现了他受压抑排挤、报国无门的痛苦。

摸鱼儿

淳熙己亥,自湖北漕移湖南,同官王正之置酒小山亭,为赋。

更能消,几番风雨,匆匆春又归去。惜春长怕花开早,何况落红无数。春且住,见说道、天涯芳草无归路。怨春不语。算只有殷勤画檐蛛网,尽日惹飞絮。

长门事,准拟佳期又误。蛾眉曾有人妒。千金纵买相如赋,脉脉此情谁诉? 君莫舞,君不见玉环飞燕皆尘土! 闲愁最苦。休去倚危栏,斜阳正在,烟柳断肠处。

【学习提示】

淳熙六年(1179),辛弃疾南渡之后的第十七年,被朝廷支来支去的他再次由湖北转运副使改调湖南转运副使。他的同事王正之在小山亭为他设宴饯行,他感慨万千,写下了这首词。表面是写美女伤春,蛾眉遭妒的怨恨,实际上寄托作者怀才不遇、壮志难酬的愤慨及对国家前途命运的深切关注。上片惜春、怨春、留春,反映了作者恢复中原、统一祖国的急切心情。下片借陈阿娇的故事,写爱国深情无处倾吐的苦闷。以杨玉环、赵飞燕的悲剧结局比喻当权误国、暂时得志的奸佞小人。最后以烟柳斜阳的凄迷景象,象征南宋王朝昏庸腐朽。

姜夔·长亭怨慢

姜夔(1155? ~1221)字尧章,号白石道人,饶州鄱阳(今江西波阳)人。早岁孤贫。20岁后,北游淮楚,南历潇湘。他多才多艺,精通音律,能自度曲,其词格律严密,内容丰富,有咏叹时事、感念旧游、描写旅况等,格调高旷,素淡幽远,简洁醇雅,以清冷刚健的笔力开创了风雅词派,即格律派,对史达祖、吴文英亦有影响。有《白石道人诗集》《白石道人歌曲》等传世。

长亭怨慢

余颇喜自制曲。初率意为长短句[1],然后协以律,故前后阕多不同。桓大司马[2]云:"昔年种柳,依依汉南。今看摇落,凄怆江潭。树犹如此,人何以堪!"此语余深爱之。

渐吹尽,枝头香絮,是处人家,绿深门户。远浦萦回,暮帆零乱向何许? 阅人多矣,谁得似长亭树? 树若有情时,不会得青青如此!

日暮,望高城不见[3],只见乱山无数。韦郎去也[4],怎忘得、玉环分付:第一是早早归来,怕红萼无人为主[5]。算空有并刀,难剪离愁千缕[6]!

【注释】

[1] 率意:随便。

[2] 桓大司马：桓温（312—373），字元子，东晋明帝之婿，初为荆州刺史，定蜀，攻前秦，破姚襄，威权日盛，官至大司马。《世说新语》记："桓温北征，经金城，见年轻时所种之柳皆已十围，慨然曰：'树犹如此，人何以堪！'"意在感叹时光流逝，人生易老。

[3] 高城不见：据欧阳詹《初发太原途中寄太原所思》诗，"高城已不见，况复城中人。"

[4] 韦郎：《云溪友议》卷中《玉箫记》条载，唐韦皋游江夏，与玉箫女有情，别时留玉指环，约以少则五载，多则七载来娶，后八载不至，玉箫绝食而死。

[5] 红萼：红花，女子自指。

[6] "算空有"句：贺知章《咏柳》诗："碧玉妆成一树高，万条垂下绿丝绦。不知细叶谁裁出，二月春风似剪刀。"李煜《乌夜啼》词："剪不断，理还乱，是离愁。别是一般滋味在心头。"王安石《壬辰寒食》："客思似杨柳，春风千万条。"此处化用以上句意。并刀：并州为古九州之一，今属山西，所产刀剪以锋利出名，杜甫《戏题王宰画水山图歌》："安得并州快剪刀，剪取吴松半江水。"

【学习提示】

姜夔23岁时，曾游安徽合肥，与此地的歌女姊妹二人相识，时日一长，往来酬唱，情投意合。无奈客子行色匆匆，终有一别。后来，作者屡次到合肥与二女相会，情意愈浓。光宗绍熙二年，作者再次来到合肥，但不久就离去了，这首词大概作于离去之时，以寄托对二女的无尽眷念之情。上片是离开合肥与女子分别情景。长亭边，离人黯然销魂，而柳则无动于衷，依然"青青如此"。暗用李长吉诗"天若有情天亦老"句意，以柳之无情反衬自己惜别的深情。下片写离别后的恋慕之情。唐欧阳詹在太原与一妓女相恋，别时有"高城已不见，况复城中人"之句。"望高城不见"即用此事，正切合思念情侣之意。"韦郎"典是自己向情侣表示，不会像韦皋那样"忘得玉环分付"，自己必将重来的。即便这样，女子还是不放心，要姜夔早早归来，否则"怕红萼无人为主"，其情甚笃，其辞甚哀。

王安石·读《孟尝君传》[1]

王安石（1021～1086），字介甫，号半山，抚州临川人（今江西临川）。少时即有济世之志，倾慕儒家的"仁政"。22岁中进士后，曾任多地地方官，1068年，应召回京，次年任参知政事，迁同中书门下平章事，在朝中主持了变法，收到了一定成效，但因各种原因，变法失败，两次被罢相，最后退居江宁，晚年封荆国公。有《临川集》一百卷存世。

读《孟尝君传》

世皆称孟尝君能得士，士以故归之，而卒赖其力以脱于虎豹之秦[2]。嗟乎！孟尝君特鸡鸣狗盗之雄耳[3]，岂足以言得士？不然，擅齐之强[4]，得一士焉，宜可以南面而制秦[5]，尚何取鸡鸣狗盗之力哉？夫鸡鸣狗盗之出其门，此士之所以不至也。

【注释】

　　[1]《孟尝君传》指司马迁《史记·孟尝君列传》。孟尝君，姓田名文，战国时齐国公子（贵族），以门客众多而著称。

　　[2] 卒，终于，最终。其，指门下士。虎豹之秦，像虎豹一样凶残的秦国。《史记·孟尝君列传》记秦昭王曾欲聘孟尝君为相，有人进谗，秦昭王又囚而要杀他。孟尝君向昭王宠姬求救，宠姬提出要白狐裘为报。而孟尝君只有一白狐裘，已献给秦王。于是门客装狗进入秦宫，盗得白狐裘献给秦王宠姬，宠姬为孟尝君说情，昭王释放孟尝君，继而后悔，派兵追赶。孟尝君逃至函谷关，关法规定鸡鸣才能开关，门客有能为鸡鸣者，引动群鸡皆鸣，孟尝君才脱险逃出函谷关，回归齐国。

　　[3] 特：只、仅仅。雄：长、首领。

　　[4] 擅：拥有。

　　[5] "宜可"句：南面称王制服秦国。古代君臣相见，帝王坐北面南，臣在对面朝见。宜：应该。制：制服。

【学习提示】

　　这是一篇读后感。全文不足一百字，却以雄健有力的笔调，成为我国古代有名的短篇杰作。它抨击了"孟尝君能得士"的传统看法，告诉读者，不能像孟尝君那样，徒有"好养士"的虚名，而没有济世兴邦的才能，应该脚踏实地为振兴国家做出具体贡献。

苏辙·黄州快哉亭记

　　苏辙（1039～1112），北宋时眉山（今四川省眉山县）人，字子由，晚年自号颍滨遗老。苏轼之弟，人称"小苏"。与其父苏洵、兄苏轼合称"三苏"。宋神宗年间曾任翰林学士、尚书右丞、门下侍郎等职。为文以策论见长，苏轼赞之："汪洋澹泊，有一唱三叹之声，而其秀杰之气终不可没。"著有《栾城集》。

黄州快哉亭记

　　江出西陵[1]，始得平地。其流奔放肆大[2]，南合沅、湘，北合汉沔[3]，其势益张[4]。至于赤壁之下[5]，波流浸灌[6]，与海相若。清河张君梦得[7]，谪居齐安[8]，即其庐之西南为亭[9]，以览观江流之胜，而余兄子瞻名之曰"快哉"。

　　盖亭之所见，南北百里，东西一舍[10]。涛澜汹涌，风云开阖[11]。昼则舟楫出没于其前，夜则鱼龙悲啸于其下，变化倏忽，动心骇目[12]，不可久视[13]。今乃得玩之几席之上，举目而足[14]。西望武昌诸山，冈陵起伏，草木行列[15]，烟消日出。渔夫樵父之舍皆可指数[16]。此其所以为"快哉"者也。至于长洲之滨，故城之墟[17]，曹孟德、孙仲谋之所睥睨[18]，周瑜、陆逊之所骋骛[19]，其流风遗迹，亦足以称快世俗[20]。

昔楚襄王从宋玉、景差于兰台之宫[21]，有风飒然至者，王披襟当之[22]，曰："快哉，此风[23]！寡人所与庶人共者耶？"宋玉曰："此独大王之雄风耳，庶人安得共之！"玉之言，盖有讽焉[24]。夫风无雌雄之异，而人有遇不遇之变[25]。楚王之所以为乐，与庶人之所以为忧，此则人之变也，而风何与焉[26]？士生于世，使其中不自得[27]，将何往而非病？使其中坦然，不以物伤性，将何适而非快[28]？

今张君不以谪为患，窃会计之余功[29]，而自放山水之间[30]，此其中宜有以过人者。将蓬户瓮牖无所不快[31]，而况乎濯长江之清流，揖西山之白云[32]，穷耳目之胜以自适也哉！不然，连山绝壑，长林古木，振之以清风，照之以明月，此皆骚人思士之所以悲伤憔悴而不能胜者，乌睹其为快也哉[33]！

元丰六年十一月朔日，赵郡苏辙记。

【注释】

[1] 西陵：西陵峡，又名夷陵峡，长江三峡之一，今在湖北宜昌西北。

[2] 奔放：水势迅疾。肆大：水流阔大。肆，极，甚。

[3] 沅：沅水（也称沅江）。湘：湘江。两水都在长江南岸，流入洞庭湖，注入长江。汉沔（miǎn）：就是汉水。汉水源出陕西宁羌，初名漾水，东流经沔县南，称沔水，又东经褒城，纳褒水，始称汉水。汉水在长江北岸。

[4] 益张：更加盛大。张，大。

[5] 赤壁：赤鼻矶，现湖北黄冈城外，苏辙误以为周瑜破曹操处。

[6] 浸灌：浸、灌，意思都是"注"。此处指水势浩大。

[7] 清河：县名，现河北清河。张君梦得：张梦得，字怀民，苏轼友人。

[8] 齐安：宋代黄冈为黄州齐安郡，因称。

[9] 即：就着，依着。胜：胜景，美景。

[10] 一舍（shè）：三十里。古代行军每天走三十里宿营，叫作"一舍"。

[11] 风云开阖（hé）：风云变化。意思是风云有时出现，有时消失。开，开启。阖，闭合。

[12] 动心骇目：犹言"惊心动魄"。这是指景色变化万端，能使见者心惊，并不是说景色可怕。这里动和骇是使动用法。使……惊动，使……惊骇。

[13] 不可久视：这是说，以前没有亭子，无休息之地，不能长久地欣赏。

[14] 举目而足：抬起眼来就可以看个够。

[15] 草木行列：草木成行成列非常茂盛，形容草木繁荣。

[16] 指数：名词作状语，用手指清点。

[17] 故城之墟：旧日城郭的遗址。故城，指隋朝以前的黄州城（唐朝把县城迁移了）。墟，旧有的建筑物已被毁平而尚留有遗迹的空地。

[18] 睥睨：斜视的样子，引申为傲视。指赤壁之战时，曹操、孙权都有气吞对方的

大学语文

气概。

　　[19] 骋骛(chěng wù)：骋骛，犹言"驰马"，形容他们驰骋疆场。

　　[20] 称快世俗：使世俗之人称快。称快为使动用法，使……称快。

　　[21] "昔楚"句：宋玉有《风赋》，讽楚襄王之骄奢。楚襄王，即楚顷襄王，名横，楚怀王之子。宋玉、景差都是楚襄王之侍臣。兰台宫，遗址在湖北钟祥东。从，使……从。

　　[22] 披：敞开。当：迎接。

　　[23] 快哉，此风：即"此风快哉"，解释为这风多么让人感到畅快啊！

　　[24] 盖有讽焉：大概有讽谏的意味在里头。讽，讽喻。宋玉作《风赋》，讽楚襄王之骄奢。焉，兼词于之，在那里。

　　[25] 人有遇不遇之变：人有遇时和不遇时的不同时候。遇，指机遇好，被重用。

　　[26] 与(yù)：参与，引申为有何关系。

　　[27] 使：假使。中：内心，心中。自得：自己感到舒适、自在。

　　[28] 以物伤性：因外物(指环境)而影响天性(本性)。适：往，去。

　　[29] 窃：偷得，这里即"利用"之意。会计：指征收钱谷、管理财务行政等事务。余功：公事之余。

　　[30] 自放：自适，放情。放，纵。

　　[31] 蓬户：用蓬草编门。瓮牖：用破瓮做窗。

　　[32] 揖(yī)：拱手行礼。这里的意思是面对(西山白云)拱手行礼。

　　[33] 乌：哪里。

【学习提示】

　　一篇文"快"字七出，极写其观赏形胜与览古之决，抒发其不以个人得失为怀的思想感情，感到心中坦然，无往不快。苏辙和其兄一样乐观旷达。文章叙议结合，情景交融。先叙张梦得建亭之事，再释"快哉亭"命名之由，后就"快哉"二字畅发议论，称赞张梦得坦然情怀。并以此慰勉包括作者自己在内的所有被贬的人，士处于世，应像张梦得这样心中坦然。林云铭《古文析义》卷十五："全篇止拿定'快哉'二字洗发，可与乃兄《超然亭记》并传。盖'超然'二字出《庄子》，'快哉'二字出《楚辞》，皆有自乐其乐之意。'超然'乃子由命名，而子瞻为文，言其何适而非快。俱从居官不得意时看出，取意亦无不同也。文中一种雄伟之气，可笼罩海内，与乃兄并峙千秋。子瞻尝云：'四海相知惟子由，天伦之中岂易得？'此安得不令人羡煞。"

唐五代词选

菩萨蛮

李 白

平林漠漠烟如织,寒山一带伤心碧。暝色入高楼,有人楼上愁。
玉阶空伫立,宿鸟归飞急。何处是归程,长亭更短亭。

菩萨蛮

韦 庄

人人尽说江南好,游人只合江南老。春水碧于天,画船听雨眠。垆边人似月,皓腕凝霜雪。未老莫还乡,还乡须断肠。

菩萨蛮

温庭筠

小山重叠金明灭,鬓云欲度香腮雪。懒起画蛾眉,弄妆梳洗迟。
照花前后镜,花面交相映。新贴绣罗襦,双双金鹧鸪。

更漏子

玉炉香,红蜡泪,偏照画堂秋思。眉翠薄,鬓云残,夜长衾枕寒。
梧桐树,三更雨,不道离情正苦。一叶叶,一声声,空阶滴到明。

相见欢

李 煜

无言独上西楼,月如钩,寂寞梧桐深院锁清秋。
剪不断,理还乱,是离愁,别是一般滋味在心头。

浪淘沙令

李 煜

帘外雨潺潺,春意阑珊。罗衾不耐五更寒。梦里不知身是客,一晌贪欢。
独自莫凭阑,无限江山。别时容易见时难。流水落花春去也,天上人间。

清平乐

李　煜

别来春半，触目柔肠断。砌下落梅如雪乱，拂了一身还满。

雁来音信无凭，路遥归梦难成。离恨恰如春草，更行更远还生。

苏幕遮

范仲淹

碧云天，黄叶地，秋色连波，波上寒烟翠。山映斜阳天接水，芳草无情，更在斜阳外。

黯乡魂，追旅思，夜夜除非，好梦留人睡。明月楼高休独倚，酒入愁肠，化作相思泪。

望海潮

柳　永

东南形胜，三吴都会，钱塘自古繁华。烟柳画桥，风帘翠幕，参差十万人家。云树绕堤沙。怒涛卷霜雪，天堑无涯。市列珠玑，户盈罗绮竞豪奢。

重湖叠巘清嘉。有三秋桂子，十里荷花。羌管弄晴，菱歌泛夜，嬉嬉钓叟莲娃。千骑拥高牙。乘醉听箫鼓，吟赏烟霞。异日图将好景，归去凤池夸。

鹤冲天

柳　永

黄金榜上，偶失龙头望。明代暂遗贤，如何向？未遂风云便，争不恣狂荡。何须论得丧？才子词人，自是白衣卿相。

烟花巷陌，依约丹青屏障。幸有意中人，堪寻访。且恁偎红翠，风流事，平生畅。青春都一饷。忍把浮名，换了浅斟低唱！

雪梅香

柳　永

景萧索，危楼独立面晴空。动悲秋情绪，当时宋玉应同。渔市孤烟袅寒碧，水村残叶舞愁红。楚天阔，浪浸斜阳，千里溶溶。

临风想佳丽，别后愁颜，镇敛眉峰。可惜当年，顿乖雨迹云踪。雅态妍姿正欢洽，落花流水忽西东。无憀恨，相思意，尽分付征鸿。

天仙子

张　先

水调数声持酒听，午醉醒来愁未醒。送春春去几时回？临晚镜，伤流景，往事后期空

139

记省。

沙上并禽池上暝,云破月来花弄影。重重帘幕密遮灯,风不定,人初静,明日落红应满径。

桂枝香·金陵怀古
王安石

登临送目,正故国晚秋,天气初肃。千里澄江似练,翠峰如簇。征帆去棹残阳里,背西风、酒旗斜矗。彩舟云淡,星河鹭起,画图难足。

念往昔,豪华竞逐,叹门外楼头,悲恨相续。千古凭高,对此漫嗟荣辱。六朝旧事随流水,但寒烟衰草凝绿。至今商女,时时犹唱,《后庭》遗曲。

蝶恋花
欧阳修

谁道闲情抛弃久,每到春来,惆怅还依旧。日日花前常病酒,不辞镜里朱颜瘦。
河畔青芜堤上柳,为问新愁,何事年年有?独立小桥风满袖,平林新月人归后。

玉楼春
欧阳修

别后不知君远近,触目凄凉多少闷。渐行渐远渐无书,水阔鱼沉何处问。
夜深风竹敲秋韵,万叶千声皆是恨。故欹单枕梦中寻,梦又不成灯又烬。

蝶恋花
欧阳修

庭院深深深几许,杨柳堆烟,帘幕无重数。玉勒雕鞍游冶处,楼高不见章台路。
雨横风狂三月暮,门掩黄昏,无计留春住。泪眼问花花不语,乱红飞过秋千去。

临江仙
晏几道

梦后楼台高锁,酒醒帘幕低垂。去年春恨却来时,落花人独立,微雨燕双飞。
记得小苹初见,两重心字罗衣。琵琶弦上说相思,当时明月在,曾照彩云归。

沁园春
苏 轼

赴密州,早行,马上寄子由。

孤馆灯青,野店鸡号,旅枕梦残。渐月华收练。晨霜耿耿,云山摛锦,朝露团团。世路无穷,劳生有限,似此区区长鲜欢。微吟罢,凭征鞍无语,往事千端。

当时共客长安,似二陆初来俱少年。有笔头千字,胸中万卷,致君尧舜,此事何难。用舍由时,行藏在我,袖手何妨闲处看。身长健,但优游卒岁,且斗樽前。

满庭芳

苏 轼

蜗角虚名,蝇头微利,算来着甚干忙。事皆前定,谁弱又谁强。
且趁闲身未老,须放我、些子疏狂。百年里,浑教是醉,三万六千场。
思量,能几许? 忧愁风雨,一半相妨。
又何须抵死,说短论长。幸对清风皓月,苔茵展、云幕高张。
江南好,千钟美酒,一曲《满庭芳》。

减字木兰花·春月

苏 轼

春庭月午,摇荡香醪光欲舞。步转回廊,半落梅花婉娩香。
轻云薄雾,总是少年行乐处。不似秋光,只与离人照断肠。

鹊桥仙

秦 观

纤云弄巧,飞星传恨,银汉迢迢暗度。金风玉露一相逢,便胜却人间无数。
柔情似水,佳期如梦,忍顾鹊桥归路。两情若是久长时,又岂在朝朝暮暮。

点绛唇

李清照

蹴罢秋千,起来慵整纤纤手。露浓花瘦,薄汗轻衣透。
见客入来,袜刬金钗溜。和羞走。倚门回首,却把青梅嗅。

菩萨蛮

李清照

归鸿声断残云碧,背窗雪落炉烟直。烛底凤钗明,钗头人胜轻。
角声催晓漏,曙色回牛斗。春意看花难,西风留旧寒。

减字木兰花

李清照

卖花担上,买得一枝春欲放。泪染轻匀,犹带彤霞晓露痕。
怕郎猜道,奴面不如花面好。云鬓斜簪,徒要教郎比并看。

京口北固亭怀古

辛弃疾

千古江山，英雄无觅，孙仲谋处。舞榭歌台，风流总被，雨打风吹去。斜阳草树，寻常巷陌。人道寄奴曾住。想当年，金戈铁马，气吞万里如虎。

元嘉草草，封狼居胥，赢得仓皇北顾。四十三年，望中犹记，烽火扬州路。可堪回首，佛狸祠下，一片神鸦社鼓。凭谁问：廉颇老矣，尚能饭否？

水龙吟

辛弃疾

楚天千里清秋，水随天去秋无际。遥岑远目，献愁供恨，玉簪螺髻。落日楼头，断鸿声里，江南游子。把吴钩看了，栏杆拍遍，无人会，登临意。

休说鲈鱼堪脍，尽西风，季鹰归未？求田问舍，怕应羞见，刘郎才气。可惜流年，忧愁风雨，树犹如此！倩何人唤取，红巾翠袖，揾英雄泪！

破阵子·为陈同甫赋壮词以寄之

辛弃疾

醉里挑灯看剑，梦回吹角连营。八百里分麾下炙，五十弦翻塞外声。沙场秋点兵。

马作的卢飞快，弓如霹雳弦惊。了却君王天下事，赢得生前身后名。可怜白发生。

宋诗选

春居杂兴二首

王禹偁

其一

两株桃杏映篱斜，妆点商山副使家，
何事春风容不得，和莺吹折数枝花。

汝坟贫女

梅尧臣

汝坟贫家女，行哭音凄怆。自言有老父，孤独无丁壮。
郡吏来何暴，官家不敢抗。督遣勿稽留，龙种去携杖。
勤勤嘱四邻，幸愿相依傍。适闻闾里归，问讯疑犹强。

果然寒雨中,僵死壤河上。弱质无以托,横尸无以葬。
生女不如男,虽存何所当。抴膺呼苍天,生死将奈向。

戏答元珍
欧阳修

春风疑不到天涯,二月山城未见花。残雪压枝犹有桔,冻雷惊笋欲抽芽。
夜闻归雁生乡思,病入新年感物华。曾是洛阳花下客,野芳虽晚不须嗟。

书湖阴先生壁
王安石

茅檐长扫静无苔,花木成畦手自栽。一水护田将绿绕,两山排闼送青来。

腊日游孤山访惠勤惠思二僧
苏　轼

天欲雪,云满湖,楼台明灭山有无。
水清出石鱼可数,林深无人鸟相呼。
腊日不归对妻孥,名寻道人实自娱。
道人之居在何许？宝云山前路盘纡。
孤山孤绝谁肯庐？道人有道山不孤。
纸窗竹屋深自暖,拥褐坐睡依团蒲。
天寒路远愁仆夫,整驾催归及未晡。
出山回望云木合,但见野鹘盘浮图。
兹游淡薄欢有余,到家恍如梦蘧蘧。
作诗火急追亡逋,清景一失后难摹。

寄黄几复
黄庭坚

我居北海君南海,寄雁传书谢不能。桃李春风一杯酒,江湖夜雨十年灯。
持家但有四立壁,治国不蕲三折肱。想得读书头已白,隔溪猿哭瘴烟滕。

临安春雨初霁
陆　游

世味年来薄似纱,谁令骑马客京华。小楼一夜听春雨,深巷明朝卖杏花。
矮纸斜行闲作草,晴窗细乳戏分茶。素衣莫起风尘叹,犹及清明可到家。

书　愤

陆　游

早岁那知世事艰,中垢北望气如山。楼船夜雪瓜洲渡,铁马秋风大散关。
塞上长城空自许,镜中衰鬓已先斑。出师一表真名世,千载谁堪伯仲间。

初入淮河(选一)

杨万里

船离洪泽岸头沙,人到淮河意不佳。何必桑乾方是远,中流以北即天涯!

闲居初夏午睡起

杨万里

梅子留酸软齿牙,芭蕉分绿与窗纱。日长睡起无情思,闲看儿童捉柳花。

活水亭观书有感

朱　熹

半亩方塘一鉴开,天光云影共徘徊。问渠那得清如许,为有源头活水来。

过零丁洋

文天祥

辛苦遭逢起一经,干戈寥落四周星。山河破碎风飘絮,身世浮沉雨打萍。
惶恐滩头说惶恐,零丁洋里叹零丁。人生自古谁无死,留取丹心照汗青。

第六编　元明清文学

元明清文学概述

一、戏曲

元代是少数民族统治的时代,政治上实行民族压迫;经济上,农业逐渐恢复并且重视商业经济的发展,商业促成了城市的繁荣,为杂剧和南戏的发展奠定了物质基础;文化上,程朱理学影响下降,儒生失去仕进机会,地位下降。这些背景造成了传统的诗词古文创作衰退,戏剧文学却迎来黄金时代。

元代戏曲,包括北曲杂剧和南曲戏文。

元代杂剧是在宋杂剧和金院本的基础上发展起来的,创作分为前、后两期。前期人才辈出,作品争奇斗艳、各放异彩,代表人物有关汉卿、王实甫、白朴、马致远、高文秀、纪君祥等。代表作有《窦娥冤》《西厢记》《梧桐雨》《汉宫秋》等。后期有郑光祖、宫天挺等人,但总的成就远不及前期。大致从明英宗正统年间以后,就明显地衰微,创作中心亦由大都移向临安(今杭州)。明初,有体裁简短的短剧和专唱南曲或兼用南北曲的南杂剧,其中虽有少数较好的作品,如徐渭的《四声猿》,但终究不能挽回杂剧衰微的命运,至此杂剧艺术已在中国戏曲音乐的继续发展中完成了自己的历史使命。

元杂剧具有完整、严密的结构体制。"四折一楔子"是最常见的剧本结构形式,以北方音乐为基础,分为旦、末、净、杂几种角色。

除杂剧外,在南方还有南曲戏文,或称南戏。南戏原是浙江温州一带的剧种,也叫永嘉杂剧。是在宋杂剧脚色体系完备之后,在叙事性说唱文学高度成熟的基础上出现的,形式灵活自由,运用南方曲调,韵律、宫调均无严格规定,不受宫调限制,且可随时换韵。乐器以鼓板为主。南戏的角色主要有生、旦、净、末、丑、外、贴等七种。《荆钗记》《拜月亭》《白兔记》和《杀狗记》合称南戏四大名剧。到元顺帝时高明写出《琵琶记》,标志着南戏发展到高峰。

明传奇是明代戏曲的主体,是以南曲演唱为主的中长篇戏曲。明初海盐腔、余姚腔、弋阳腔、昆山腔四大声腔广为流传,明代中叶,传奇作家和剧本大量涌现,明后期发展到辉煌时期,并形成"临川"与"吴江"两大流派。临川派也称"玉茗堂派",以其领袖人物汤显祖为江西临川人得名,其戏曲作品总名"玉茗堂四梦",所以又称"玉茗堂派"。强调创作不应受形式、格律的拘束，着重刻画人物，讲究词藻。其中成就最大的是汤显祖。他一生写了许多传奇剧本，《牡丹亭》是他的代表作。吴江派以其领袖人物沈璟是江苏吴江人得名，代表作家有王骥德、冯梦龙等，这一派注重传奇的音乐性和戏剧性，主张作曲"协律"，语言"本色"。

清代涌现了一大批剧作家，作品多达两千四百种以上，一大批高质量的作品问世，洪昇的《长生殿》、孔尚任的《桃花扇》是继汤显祖的《牡丹亭》后中国戏剧史上成就最高的作品。之后，戏曲逐渐走向衰落。

二、小说

元代小说是承袭唐代传奇文言小说和宋代话本通俗小说的传统发展起来的，主要成就在话本小说方面。《武王伐纣书》《乐毅图齐七国春秋后集》《秦并六国平话》《全汉书续集》和《三国志平话》五种平话为后来长篇小说的发展积累了艺术经验。

明小说创作数量众多，留下来的有五六十部之多，可大致分为四类：讲史小说、神魔小说、世情小说和公案小说。讲史小说以罗贯中的《三国演义》、施耐庵的《水浒传》为代表；神魔小说以吴承恩的《西游记》成就最大，其次是《封神演义》；世情小说以描写日常生活为主，《金瓶梅》成就最大，《金瓶梅》也是第一部文人独立创作的长篇小说。

明代文人开始模拟话本进行创作，后人称"拟话本"。代表是著名的"三言两拍"，即冯梦龙编著的《喻世明言》《警世通言》《醒世恒言》和凌蒙初所作的《初刻拍案惊奇》《二刻拍案惊奇》。

清代是中国古典小说盛极而衰并向近代小说、现代小说转变的时期。其中以《红楼梦》为最高代表。清初的长篇章回小说，如陈忱的《水浒后传》、钱彩的《说岳全传》以及蒲松龄的《聊斋志异》最为著名。到雍正、乾隆年间，长篇小说大放异彩，出现吴敬梓的《儒林外史》和曹雪芹的《红楼梦》两部巨著。短篇文言的笔记小说，有纪昀的《阅微草堂笔记》、袁枚的《新齐谐》等。

三、元代散曲和明清诗文

散曲在元代一般被称为乐府或词，它包括小令和套数两种主要形式。小令又叫叶儿，是单个的曲子，相当于一首单调的词，它是按不同的曲调创作的。每一个曲调都有一个名称，如山坡羊、水仙子、落梅花、清江引、拔不断等。音乐最多用的仍不过是五宫四调，即（正、中吕、南吕、仙吕、黄钟）宫，（大石、双、商、越）调，合称九宫。元代散曲创作分前后两期，前期多是杂剧作家，风格质朴、豪迈，揭露现实，较少雕琢，有关汉卿、白朴、王实甫、马致远、卢挚、姚遂、贯云石等。后期，专门从事散曲创作的大量增加，风格也趋于柔美，注重词藻的修饰，代表作家有张可久、张养浩、乔吉等。

明代诗歌是在拟古与反拟古的反反复复中前行的，有影响的如，以高启为代表的"吴中四杰"，以李东阳代表的"茶陵派"，以李梦阳、何景明为首的"前七子"和嘉靖中期以李攀龙、王世贞为首的"后七子"，以唐寅为代表的"吴中四才子"。散文方面，明初以宋濂、刘基、方孝孺为代表，后出现以归有光为代表的"唐宋派"，强调学习唐宋八大家散文法度；"晚明小品"主张文学应反映"童心""性灵"，以李贽、袁宏道、张岱等为代表，他们创作的散文题材多样，形式活泼，摆脱了古代散文规矩的束缚。

清代诗人流派众多。清初有顾炎武、王夫之、黄宗羲等遗民诗人，钱谦益、吴伟业、龚鼎孳为代表的"江左三大家"；清中有叶王世贞为代表的"神韵派"，沈德潜为代表的"格调派"，翁方纲为代表的"肌理派"，袁枚为代表的"性灵派"；晚清龚自珍着眼于现实政治、社会形势，抒发感慨，纵横议论，以其先进的思想，领近代文学史风气之先，使诗成为现实社会的批判工具并直接影响了后来的黄遵宪等人。

清古文方面，有政论散文三大家：顾炎武、王夫之、黄宗羲；文学散文三大家：魏禧、侯方域、汪琬。戴名世、方苞、刘大櫆、姚鼐代表的桐城派是清代文坛上最大的散文流派。

清代的词人、词作、词论均多于前代，被称为文学史上的"词之中兴"。以陈维崧为宗主的阳羡词派，以朱彝尊为领袖的浙西词派、以张惠言为代表的常州词派，以及被称为"北宋以来，一人而已"的纳兰性德，在词创作方面都极有建树。

关汉卿·[双调]碧玉箫

关汉卿(1220？～1300？)，号己斋叟，元大都人，元代杂剧的奠基人，"元曲四大家"之首，一生创作了60多部杂剧，从民间传说、历史资料和元代现实生活里汲取素材，真实地表现元代人民反对封建阶级压迫与民族压迫的斗争，《窦娥冤》《救风尘》《望江亭》《拜月亭》是其代表作。《窦娥冤》是中国古典悲剧的典范，王国维《宋元戏曲史》中称之"列之于世界大悲剧中亦无愧色"。他的喜剧轻松、风趣、幽默，是后代喜剧的楷模。他的散曲今存小令40多首、套数10多首。

[双调]碧玉箫

怕见春归，枝上柳绵飞[1]。静掩香闺，帘外晓莺啼[2]。恨天涯锦字稀[3]，梦才郎翠被知。宽尽衣[4]，一搦腰肢细[5]；痴，暗暗的添憔悴。

秋景堪题[6]，红叶满山溪。松径偏宜[7]，黄菊绕东篱。正清樽斟泼醅[8]，有白衣劝酒杯[9]。官品极，到底成何济？归，学取渊明醉。

【注释】

[1] 柳绵：柳絮，柳花。苏轼《蝶恋花》："枝上柳绵吹又少，天涯何处无芳草！"

[2] 帘外晓莺啼：金昌绪《春怨》："打起黄莺儿，莫教枝上啼。啼时惊妾梦，不得到辽西。"

[3] 锦字：用锦织成的字。窦滔的妻子苏蕙曾织锦为回文寄给他，后因以指情书。晁补之《回文词》："织成锦字纵横说，万语千言皆怨别。"

[4] 宽尽衣：柳永《蝶恋花》："衣带渐宽终不悔，为伊消得人憔悴。"这是说因离别而相思，因相思而消瘦。

[5] 一搦(nuò)：一握，极言其腰肢之细小。《韩非子·二柄》："楚灵王好细腰，而宫中多饿人。"后因以细腰形容美人。

[6] 堪题：值得写，值得描画。

[7] 松径：指隐居的园圃。陶渊明《归去来辞》："三径就荒，松菊犹存。"又《饮酒》诗："采菊东篱下，悠然见南山。"见下句。

[8] 泼醅(pēi)：没有滤过的酒。李白《襄阳歌》："遥看汉水鸭头绿，恰似葡萄初泼醅。"

[9] 白衣劝酒：陶渊明9月9日出宅边菊丛中，坐了很久，正苦无酒，忽值江州刺史王

弘派白衣送酒至,陶渊明于是就酌,烂醉而归。白衣,给官府当差的人。

【学习提示】

关汉卿借秋景抒写隐逸之情。漫山遍野的火红枫叶,林中偏僻幽静的小路,大片的黄菊围绕篱笆,主人筑一小屋,空闲时便开怀畅饮。"官位再高又怎样呢?我决定学陶渊明归隐田园了。"

单刀会·第四折
关汉卿

(鲁肃上,云)欢来不似今朝,喜来那逢今日?小官鲁子敬是也。我使黄文去请关公,欣喜许今日赴会,荆襄地合归还俺江东。英雄甲士已暗藏壁衣之后,令江上相候,见舡到便来报我知道。(正末关公引周仓上,云)周仓,将到哪里也?(周云)来到大江中流也。(正末云)看了这大江,是好一派江水也呵!(唱)

【双调】【新水令】大江东去浪千叠,引着这数十人,驾着这小舟一叶,又不比九重龙凤阙,可正是千丈虎狼穴。大丈夫心别,我觑这单刀会似赛村社。(云)好一派江景也呵!(唱)

【驻马听】水涌山叠,年少周郎何处也?不觉的灰飞烟灭!可怜黄盖转伤嗟。破曹的檣橹一时绝。鏖兵的江水由然热,好叫我情惨切!(云)这也不是江水,(唱)二十年流不尽的英雄血!

(云)却早来到也,报伏去。(年报科)(做相见科)(鲁云)江下小会,酒非洞里之长春,乐乃尘中之菲艺[1],猥劳君侯屈高就下,降尊临卑,实乃鲁肃之万幸也!(正末云)量某有何德能,着大夫置酒张筵?既请必至。(鲁云)黄文,将酒来。二公子满饮一杯。(正末云)大夫饮此杯。(把盏科)(正末云)想古今,咱这人过日月好疾也呵!(鲁云)过日月是好疾也。光阴似骏马加鞭,浮世似落花流水。(正末唱:)

【胡十八】想古今立勋业,那里也舜五人、汉三杰,[2]两朝相隔数年别,不付能见者,却又早老也。开怀的饮数杯,(云)将酒来。(唱)尽心儿待醉一夜。

(把盏科)(正末云)你知"以德报德,以直报怨"么?(鲁云)既然将军言"以德报德,以直报怨",借物不还者谓之怨。想君侯文武全才,通练兵书,习《春秋》、《左传》,济拔颠危,匡扶社稷,可不谓之仁乎?待玄德如骨肉,觑曹操若仇雠,可不谓之义乎?辞曹归汉,弃印封金,可不谓之礼乎?坐服于禁,水淹七军,可不谓之智乎?且将军仁义礼智俱足,惜乎止少个"信"字,欠缺未完。再若得全个"信"字,无出君侯之右也。(正末云)我怎生失信?(鲁云)非将军失信,皆因令兄玄德公失信。(正末云)我哥哥怎生失信来?(鲁云)想昔日玄德公败于当阳之上,身无所归,因鲁肃之故,屯军三江夏口。鲁肃又与孔明同见我主公,即日兴师拜将,破曹兵于赤壁之间。江东所费巨万,又折了首将黄盖。因将军贤昆玉无尺寸地[3],暂借荆州以为养军之资;数年不还。今日鲁肃低情曲意,暂取荆州,以为救民之急;待仓廪丰盈,然后再献与将军掌领。鲁肃不敢自专,君侯台鉴不错。(正末云)你请我吃筵席来那是索荆州来?(鲁云)没、没、没,我则这般道,孙刘结亲,以为唇齿,两国正好和谐。(正末唱)

【庆东原】你把我真心儿待,将筵席设,你这般攀今揽古,分甚枝叶?我跟前使不着你之乎者也、诗云子曰,早该豁口截舌![4]有意说孙、刘,你休目下翻成吴、越。

(鲁云)将军原来做物轻信。(正末云)我怎做物轻信?(鲁云)当日孔明亲言:破曹之后,荆州即还江东。鲁肃亲为代保。不思旧日之恩,今日恩变为仇,犹自说以德报德,以直报怨。圣人道:"信近于义,言可复也"。去食去兵,不可去信。"大车无輗,小车无軏,其何以行之哉?"今将军全无仁义之心,枉作英雄之辈。荆州久借不还,却不道"人无信不立"!(正末云)鲁子敬,你听的这剑界么?(鲁云)剑戒怎么?(正末云)我这剑戒,头一遭诛了文丑,第二遭斩了蔡阳,鲁肃呵,莫不第三遭到你也?(鲁云)没、没,我则这般道来。(正末云)这荆州是谁的?(鲁云)这荆州是俺的。(正末云)你不知,听我说。(唱)

【沉醉东风】想着俺汉高皇图王霸业,汉光武秉正除邪,汉献帝将董卓诛,汉皇叔把温侯灭:俺哥哥合情受汉家基业。则你这东吴国的孙权,和俺刘家却是甚枝叶?请你个不克己的先生自说!

(鲁云)那里甚么响?(正末云)这剑戒二次也。(鲁云)却怎么说?(正末云)这剑按天地之灵,金火之精,阴阳之气,日月之形;藏之则鬼神遁迹,出之则魑魅潜踪;喜则恋鞘沉沉而不动,怒则跃匣铮铮而有声。今朝席上,倘有争锋,恐君不信,拔剑施呈。吾当摄剑,鲁肃休惊。这剑,果有神威不可当,庙堂之器岂寻常,今朝索取荆州事,一剑先教鲁肃亡!(唱)

【雁儿落】只为你三寸不烂舌,恼犯我三尺无情铁。这剑,饥餐上将头,渴饮仇人血。

【得胜令】这是条龙向鞘中蛰,虎在坐间趄。今日故友每才相见,休着俺弟兄每相间别。鲁子敬听者:你内心休乔怯[5];畅好是随邪[6],吾当酒醉也。

(鲁云)臧官动乐。(臧官上,云)天有五星,地攒五岳。人有五德,乐按五音。五星者:金、木、水、火、土。五岳者:常、恒、泰、华、嵩。五德者:温、良、恭、俭、让。五音者:宫、商、角、徵、羽。(甲士拥上科)(鲁云)埋伏了者!(正末击案,怒云)有埋伏也无埋伏?(鲁云)并无埋伏。(正末云)若有埋伏,一剑挥之两段。(做击案科)(鲁云)你击碎菱花。(正末云)我特来破镜。(唱)

【搅筝琶】却怎生闹炒炒军兵列,休把我拦当者。(云)当着我的,呵呵!(唱)我着他剑下身亡,目前流血。便有那张仪口、郦通舌,休那里躲闪藏遮。好生的送我到船上者,我和你慢慢的相别。

(鲁云)你去了,倒是一场伶俐。(黄文云)将军,有埋伏里!(鲁云)迟了我的也。(关平领众将上,云)请父亲上舡,孩儿每来迎接里。(正末云)鲁肃,休惜殿后。(唱)

【离亭宴带歇指煞】我则见紫袍银带公人列,晚天凉风冷芦花谢,我心中喜悦。昏惨惨晚霞收,冷飕飕江风起,急礶礶帆招惹。承管待、承管待,多承谢、多承谢。唤梢公慢者,缆解开岸边龙,舡分开波中浪,棹搅碎江心月。正欢娱有甚进展,且谈笑不分明夜。说与你两件事,先生记者:百忙里称不了老兄心,急且里倒不了俺汉家节。

【注释】

　　[1] 长春,传说中仙酒名。菲艺,低俗的技艺。
　　[2] 舜五人,指舜的五个贤臣:禹、弃、契、皋陶、垂。汉三杰,指汉代张良、韩信、萧何。
　　[3] 昆玉:对别人兄弟的美称。此指刘关张三人。
　　[4] 豁口截舌:豁开口,割掉舌,表示怪他多嘴。
　　[5] 乔怯:假装害怕。
　　[6] 随邪:不正经。

【学习提示】

　　《单刀会》剧情是,三国时鲁肃为了索回荆州,请关羽赴宴,暗中设下埋伏,并请关羽故人司马徽前来陪宴劝酒,司马徽拒绝,并告诫鲁肃不可鲁莽行事。关羽接到请柬后明知是计,仍旧带周仓一人单刀赴会,关平、关兴带大军在江边接应。席间二人言辞交锋,鲁肃不能取胜。关羽智勇双全,震住鲁肃,令他不敢动用埋伏的军士,最后安然返回。第四折写关羽在单刀会上的斗争,是全剧高潮。开始用两支曲子写景抒情,巧妙地将叙事融于其间,景、情、事达到有机统一,刻画出一个勇武非凡、胆略超群、智慧过人的形象。

纳兰性德·长相思

　　纳兰性德(1655～1685),满洲人,字容若,号楞伽山人。父亲纳兰明珠历任内务府总管、吏部尚书、武英殿大学士。纳兰性德17岁进太学,18岁中举,19岁会试中试,因患寒疾,没有参加殿试。22岁时,即康熙十五年(1676年)补殿试,中二甲第七名,赐进士出身,被康熙留在身边,多次随康熙出巡。纳兰性德善骑射,好读书,经史百家无所不窥,能诗善赋,尤工词,今存词一共348首。

长相思

　　山一程,水一程,身向榆关那畔行。夜深千帐灯。
　　风一更,雪一更,聒碎乡心梦不成。故园无此声。

【学习提示】

　　"一程"又"一程"中,与家乡的距离越来越远,"夜深千帐灯"似乎写壮观景象,实际上为下片写乡情铺垫。白天行军,夜晚仍灯火通明,因思乡难以成眠,于是,卧听风声,雪声,声声入耳,更加心烦意乱,故园没有这风雪之声,故乡有亲人的温暖,有熟悉的乡音!漫漫长夜里，作者彻底失眠了！严迪昌在《清词史》中说："'夜深千帐灯'是壮丽的，但千帐灯下照着无眠的万颗乡心，又是怎样的情味？一暖一寒，两相对照，写尽了一己厌于扈从的情怀。"此种况味，此种情调表现了纳兰性德深层的伤感、痛苦的内心世界。

龚自珍·己亥杂诗

龚自珍(1792～1841)，字璱人，号定庵，后更名易简，字伯定，又更名巩祚，号定庵。清代思想家、文学家。仁和(今浙江杭州)人。生于世代官宦的家庭，道光进士，官礼部主事。学务博览，重经世济民，为嘉、道年间提倡"通经致用"的今文经学派的重要人物，所作诗文，极力提倡"更法""改图"，深刻揭露清王朝统治的腐朽，反映社会阶级矛盾的日益尖锐。有《龚自珍全集》。

己亥杂诗[1]

浩荡离愁白日斜[2]，吟鞭东指即天涯[3]。
落红不是无情物，化作春泥更护花。

【注释】

[1] 道光十九年(1839)，也就是鸦片战争的前一年，龚自珍已48岁，对清朝统治者大失所望，毅然决然辞官南归，回归故里，后又北上迎接眷属，在南北往返途中，他若有所思、有所感，就写在账簿纸上，投入一个竹筐里。后来共"得纸团三百十五枚，盖作诗三百十五首也"(《与吴虹生书》)，写就巨型组诗。这就是著名的《己亥杂诗》——那一年是己亥年。这一首选自《己亥杂诗》的第五篇。作者当时愤然辞官，离别亲朋好友，愁肠百结。

[2] 浩荡离愁：离别京都的愁思浩如水波，也指作者心潮不平。浩荡：无限。

[3] 吟鞭：诗人的马鞭。东指：东方故里。天涯：指离别京都的距离。

【学习提示】

事业未竟，岁月蹉跎，愤然辞官的作者真的要离开京都了，这一次或许不会再回来，满腹的愁绪充塞大地，又值夕阳西下，马致远云："夕阳西下，断肠人在天涯。"两者有异曲同工之妙也！

"落红不是无情物，化作春泥更护花。"作者终不是平凡人物，没有沉于消极的思想，花落归根，化为春泥，正可以孕育新的春天，他把不甘寂寞消沉的意志移情落花，代落花立言，向春天宣誓，展示了博大的胸怀，似乎也在宣誓，虽然脱离了官场，但他依然会关心国家的命运，不忘报国之志，即使化作春泥，也甘愿培育美丽的春花成长。

大学语文

王实甫·西厢记·拷红

王实甫（1260～1336），名德信，大都（今北京市）人。早年曾经为官，不为封建礼法所拘，宦途坎坷，常在演出杂剧及歌舞的游艺场所出入，晚年弃官归隐，纵游园林。著有杂剧十四部，现存《西厢记》《丽春堂》《破窑记》三部。

西厢记·拷红
第四本　草桥店梦莺莺杂剧
第二折[1]

[夫人引侍上云][2]这几日窃见莺莺语言恍惚，神思加倍，腰肢体态，比向日不同；莫不做下来了么？[侍云]前日晚夕，奶奶睡了，我见姐姐和红娘烧香，半晌不回来，我家去睡了。[夫人云]这桩事都在红娘身上，唤红娘来！[侍唤红科][红云]哥哥唤我怎么？[侍云]奶奶知道你和姐姐去花园里去，如今要打你哩。[红云]呀！小姐，你带累我也！小哥哥，你先去，我便来也。[红唤旦科]姐姐，事发了也，老夫人唤我哩，却怎了？[旦云]好姐姐，遮盖咱！[红云]娘呵，你做的隐秀者[3]，我道你做下来也。[旦念]月圆便有阴云蔽，花发须教急雨催。[红唱]

[越调][斗鹌鹑]只着你夜去明来，倒有个天长地久；不争你握雨携云，常使我提心在口。你只合带月披星，谁着你停眠整宿？老夫人心数多，情性偠[4]，使不着我巧语花言，将没做有。

[紫花儿序]老夫人猜那穷酸做了新婚，小姐做了娇妻，这小贱人做了牵头。俺小姐这些时春山低翠，秋水凝眸，别样的都休，试把你裙带儿拴，纽门儿扣，比着你旧时肥瘦，出落得精神，别样的风流。

[旦云]红娘，你到那里小心回话者！[红云]我到夫人处，必问：「这小贱人，（唱）

[金蕉叶]我着你但去处行监坐守，谁着你迤逗的胡行乱走[5]？若问着此一节呵如何诉休？你便索与他个「知情」的犯由[6]。

姐姐，你受责理当，我图甚么来？

[调笑令]你绣帏里效绸缪[7]，倒凤颠鸾百事有。我在窗儿外几曾轻咳嗽，立苍苔将绣鞋儿冰透。今日个嫩皮肤倒将粗棍抽，姐姐呵，俺这通殷勤的着甚来由？

姐姐在这里等着，我过去。说过呵，休欢喜，说不过，休烦恼。[红见夫人科][夫人云]

小贱人，为甚么不跪下！你知罪么？[红跪云]红娘不知罪。[夫人云]你故自口强哩。若实说呵，饶你；若不实说呵，我直打死你这个贱人！谁着你和小姐花园里去来？[红云]

不曾去，谁见来？[夫人云]欢郎见你去来，尚故自推哩。[打科][红云]夫人休闪了手，且息怒停嗔，听红娘说。

［鬼三台］夜坐时停了针绣，共姐姐闲穷究，说张生哥哥病久。咱两个背着夫人，向书房问候。

［夫人云］问候呵，他说甚么？［红云］他说来，道「老夫人事已休，将恩变为仇，着小生半途喜变做忧」。他道：「红娘你且先行，教小姐权时落后。」

［夫人云］他是个女孩儿家，着他落后怎么！［红唱］

［秃厮儿］我则道神针法灸，谁承望燕侣莺俦。他两个经今月余则是一处宿，何须你一一问缘由？

［圣药王］他每不识忧，不识愁，一双心意两下投。夫人得好休，便好休，这其间何必苦追求？常言道「女大不中留」。

［夫人云］这端事都是你个贱人。［红云］非是张生小姐红娘之罪，乃夫人之过也。［夫人云］这贱人倒指下我来，怎么是我之过？［红云］信者人之根本，"人而无信，不知其可也。大车无輗，小车无軏，其何以行之哉？[8]"当日军围普救，夫人所许退军者，以女妻之。张生非慕小姐颜色，岂肯区区建退军之策？兵退身安，夫人悔却前言，岂得不为失信乎？既然不肯成就其事，只合酬之以金帛，令张生舍此而去。却不当留请张生于书院，使怨女旷夫，各相早晚窥视，所以夫人有此一端。目下老夫人若不息其事，一来辱没相国家谱；二来张生日后名重天下，施恩于人，忍令反受其辱哉？使至官司，老夫人亦得治家不严之罪。官司若推其详，亦知老夫人背义而忘恩，岂得为贤哉？红娘不敢自专，乞望夫人台鉴：莫若恕其小过，成就大事，掩之以去其污[9]，岂不为长便乎？

［麻郎儿］秀才是文章魁首，姐姐是仕女班头[10]；一个通彻三教九流，一个晓尽描鸾刺绣。

［幺篇］世有[11]、便休、罢手，大恩人怎做敌头？起白马将军故友，斩飞虎叛贼草寇。

［络丝娘］不争和张解元参辰卯酉[12]，便是与崔相国出乖弄丑。到底干连着自己骨肉，夫人索穷究。

［夫人云］这小贱人也道得是。我不合养了这个不肖之女。待经官呵，玷辱家门。罢罢！俺家无犯法之男，再婚之女，与了这厮罢。红娘唤那贱人来！［红见旦云］且喜姐姐，那棍子则是滴溜溜在我身上，吃我直说过了。我也怕不得许多，夫人如今唤你来，待成合亲事。［旦云］羞人答答的，怎么见夫人？［红云］娘跟前有甚么羞？

［小桃红］当日个月明才上柳梢头，却早人约黄昏后。羞得我脑背后将牙儿衬着衫儿袖。猛凝眸，看时节则见鞋底尖儿瘦。一个恣情的不休，一个哑声儿厮耨。呸！那其间可怎生不害半星儿羞？

［旦见夫人科］［夫人云］莺莺，我怎生抬举你来，今日做这等的勾当；则是我的孽障，待怨谁的是！我待经官来，辱没了你父亲，这等不是俺相国人家的勾当。罢罢罢！谁似俺养女的不长进！红娘，书房里唤将那禽兽来！［红唤末科］［末云］小娘子唤小生做甚？

［红云］你的事发了也，如今夫人唤你来，将小姐配与你哩。小姐先招了也，你过去。

〔末云〕小生徨恐,如何见老夫人?当初谁在老夫人行说来?〔红云〕休倖小心,过去便了。

〔幺篇〕既然泄漏怎干休?是我相投首。俺家里陪酒陪茶倒擓就。你休愁,何须约定通媒媾?我弃了部署不收,你原来"苗而不秀"。呸!你是个银样镴枪头。

〔末见夫人科〕〔夫人云〕好秀才呵,岂不闻"非先王之德行不敢行"?我待送你去官司里去来,恐辱没俺家谱。我如今将莺莺与你为妻,只是俺三辈儿不招白衣女婿,你明日便上朝取应去。我与你养着媳妇,得官呵,来见我;驳落呵,休来见我。〔红云〕张生早则喜也。

〔东原乐〕相思事,一笔勾,早则展放从前眉儿皱,美爱幽欢恰动头。既能够,张生,你觑兀的般可喜娘庞儿也要人消受。

〔夫人云〕明日收拾行装,安排果酒,请长老一同送张生到十里长亭去。〔旦念〕寄语西河堤畔柳,安排青眼送行人。〔同夫人下〕〔红唱〕

〔收尾〕来时节画堂箫鼓鸣春昼,列着一对儿鸾交凤友。那其间才受你说媒红,方吃你谢亲酒。〔并下〕

【注释】

[1] 这一折俗本简目称为"拷红",写老夫人发现了莺莺和张生的私情,拷问红娘。红娘对老夫人晓之以理,动之以情,使她最终同意了莺莺和张生的婚事。

[2] 俫:元杂剧中扮演儿童的角色名。

[3] 隐秀:隐秘。

[4] 侴(chōu):厉害,凶狠。

[5] 迤逗:逗引,勾引。

[6] 犯由:罪状。

[7] 绸缪:《诗经·绸缪》:"绸缪束薪,三星在天。今夕合夕,见此良人"。后世遂以男女合欢为绸缪。

[8] "人而无信"五句:见《论语·为政》。輗(ní)、軏(yuè):车辕与衡轭连结处的销子。輗用于大车,軏用于小车。

[9] 擓(ruǎn):即擓就,成就、迁就之意。

[10] 班头:头领。

[11] 世有:既然有了这事。

[12] 参辰卯酉:对头、敌对方之意,因十二时辰中卯酉正相对,而参、辰二星也正相对,故曰。

【学习提示】

《拷红》一开始就写崔张私自结合被老夫人识破,要找红娘来拷问,红娘、莺莺之间先商量对策。这戏一开场就表现了莺莺、红娘对事件的不同态度:一个要遮盖,一个要直说。

同时表现出她们不同的性格特征：一个是快人快语，一个是顾虑重重。这就以鲜明的人物形象，步步引人入胜。在跟老夫人正面冲突后，红娘采取的是摆事实、说道理，一面指出夫人的失信失策，一面又向她指明利害，尤其是指出事情张扬之后将败坏相国家谱，使老夫人不得不认输。最后，写红娘去喊莺莺和张生时，一个是担心"羞人答答的怎么见母亲"？一个是"小生惶恐，如何去见老夫人"？红娘皆一语化解，两相对比，突出了红娘高大形象。以卑贱者的胜利，赢得观众的喜爱；同时以高贵者的失败，博得观众的笑声。《拷红》正是这样的喜剧典型。

汤显祖·牡丹亭·惊梦

汤显祖（1550～1616），明代戏曲作家。字义仍，号海若，又号若士，别署清远道人。临川（今属江西）人。出身书香门第，早有才名，12岁的诗作即已显出才华。14岁补县诸生，21岁中举。他不仅于古文诗词颇精，而且能通天文地理、医药卜筮诸书。一生蔑视封建权贵，常得罪名人，晚年淡泊守贫。《明史》记他"意气慷慨""蹭蹬穷老"。代表作是"玉茗堂四梦"，《牡丹亭》（又名《还魂记》）《邯郸记》《南柯记》和《紫钗记》。

《牡丹亭》·惊梦

【绕池游】〔旦上〕梦回莺啭，乱煞年光遍。人立小庭深院。〔贴〕炷尽沉烟，抛残绣线，恁今春关情似去年？〔乌夜啼〕"〔旦〕晓来望断梅关，宿妆残。〔贴〕你侧着宜春髻子恰凭阑。〔旦〕翦不断，理还乱，闷无端。〔贴〕已分付催花莺燕借春看。"〔旦〕春香，可曾叫人扫除花径？〔贴〕分付了。〔旦〕取镜台衣服来。〔贴取镜台衣服上〕"云髻罢梳还对镜，罗衣欲换更添香。"镜台衣服在此。

【步步娇】〔旦〕袅晴丝吹来闲庭院，摇漾春如线。停半晌、整花钿。没揣菱花，偷人半面，迤逗的彩云偏。〔行介〕步香闺怎便把全身现！〔贴〕今日穿插的好。

【醉扶归】〔旦〕你道翠生生出落的裙衫儿茜，艳晶晶花簪八宝填，可知我常一生儿爱好是天然。恰三春好处无人见。不堤防沉鱼落雁鸟惊喧，则怕的羞花闭月花愁颤。〔贴〕早茶时了，请行。〔行介〕你看："画廊金粉半零星，池馆苍苔一片青。踏草怕泥新绣袜，惜花疼煞小金铃。"〔旦〕不到园林，怎知春色如许！

【皂罗袍】原来姹紫嫣红开遍，似这般都付与断井颓垣。良辰美景奈何天，赏心乐事谁家院！恁般景致，我老爷和奶奶再不提起。〔合〕朝飞暮卷，云霞翠轩；雨丝风片，烟波画船——锦屏人忒看的这韶光贱！〔贴〕是花都放了，那牡丹还早。

【好姐姐】〔旦〕遍青山啼红了杜鹃，荼蘼外烟丝醉软。春香啊，牡丹虽好，他春归怎占的先！〔贴〕成对儿莺燕啊。〔合〕闲凝眄，生生燕语明如翦，呖呖莺歌溜的圆。〔旦〕去罢。
〔贴〕这园子委是观之不足也。〔旦〕提他怎的！〔行介〕

【隔尾】观之不足由他缮，便赏遍了十二亭台是枉然。到不如兴尽回家闲过遣。〔作
到介〕〔贴〕"开我西阁门，展我东阁床。瓶插映山紫，炉添沉水香。"小姐，你歇息片时，俺瞧
老夫人去也。〔下〕〔旦叹介〕"默地游春转，小试宜春面。"春啊，得和你两留连，春去如何
遣？咳，恁般天气，好困人也。春香那里？〔作左右瞧介〕〔又低首沉吟介〕天呵，春色恼人，
信有之乎！常观诗词乐府，古之女子，因春感情，遇秋成恨，诚不谬矣。吾今年已二八，未
逢折桂之夫；忽慕春情，怎得蟾宫之客？昔日韩夫人得遇于郎，张生偶逢崔氏，曾有《题红
记》、《崔徽传》二书。此佳人才子，前以密约偷期，后皆得成秦晋。〔长叹介〕吾生于宦族，
长在名门。年已及笄，不得早成佳配，诚为虚度青春，光阴如过隙耳。〔泪介〕可惜妾身颜
色如花，岂料命如一叶乎！

【山坡羊】没乱里春情难遣，蓦地里怀人幽怨。则为俺生小婵娟，拣名门一例、一例里
神仙眷。甚良缘，把青春抛的远！俺的睡情谁见？则索因循腼腆。想幽梦谁边，和春光暗
流传？迁延，这衷怀那处言！淹煎，泼残生，除问天！身子困乏了，且自隐几而眠。〔睡介〕
〔梦生介〕〔生持柳枝上〕"莺逢日暖歌声滑，人遇风情笑口开。一径落花随水入，今朝阮肇
到天台。"小生顺路儿跟着杜小姐回来，怎生不见？〔回看介〕呀，小姐，小姐！〔旦作惊起
介〕〔相见介〕〔生〕小生那一处不寻访小姐来，却在这里！〔旦作斜视不语介〕〔生〕恰好花园
内，折取垂柳半枝。姐姐，你既淹通书史，可作诗以赏此柳枝乎？〔旦作惊喜，欲言又止介〕
〔背想〕这生素昧平生，何因到此？〔生笑介〕小姐，咱爱杀你哩！

【山桃红】则为你如花美眷，似水流年，是答儿闲寻遍。在幽闺自怜。小姐，和你那答
儿讲话去。〔旦作含笑不行〕〔生作牵衣介〕〔旦低问〕那边去？〔生〕转过这芍药栏前，紧靠
着湖山石边。〔旦低问〕秀才，去怎的？〔生低答〕和你把领扣松，衣带宽，袖梢儿揾着牙儿
苫也，则待你忍耐温存一晌眠。〔旦作羞〕〔生前抱〕〔旦推介〕〔合〕是那处曾相见，相看俨
然，早难道这好处相逢无一言？〔生强抱旦下〕〔末扮花神束发冠，红衣插花上〕"催花御史
惜花天，检点春工又一年。蘸客伤心红雨下，勾人悬梦采云边。"吾乃掌管南安府后花园花
神是也。因杜知府小姐丽娘，与柳梦梅秀才，后日有姻缘之分。杜小姐游春感伤，致使柳
秀才入梦。咱花神专掌惜玉怜香，竟来保护他，要他云雨十分欢幸也。

【鲍老催】〔末〕单则是混阳蒸变，看他似虫儿般蠢动把风情扇。一般儿娇凝翠绽魂儿
颠。这是景上缘，想内成，因中见。呀，淫邪展污了花台殿。咱待拈片落花儿惊醒他。〔向
鬼门丢花介〕他梦酣春透了怎留连？拈花闪碎的红如片。秀才才到的半梦儿；梦毕之时，
好送杜小姐仍归香阁。吾神去也。〔下〕

【山桃红】〔生、旦携手上〕〔生〕这一霎天留人便，草借花眠。小姐可好？〔旦低头介〕〔生〕则把云鬟点，红松翠偏。小姐休忘了啊，见了你紧相偎，慢厮连，恨不得肉儿般团成片也，逗的个日下胭脂雨上鲜。〔旦〕秀才，你可去啊？〔合〕是那处曾相见，相看俨然，早难道这好处相逢无一言？〔生〕姐姐，你身子乏了，将息，将息。〔送旦依前作睡介〕〔轻拍旦介〕姐姐，俺去了。〔作回顾介〕姐姐，你可十分将息，我再来瞧你那。"行来春色三分雨，睡去巫山一片云。"〔下〕〔旦作惊醒，低叫介〕秀才，秀才，你去了也？〔又作痴睡介〕〔老旦上〕"夫婿坐黄堂，娇娃立绣窗。怪他裙衩上，花鸟绣双双。"孩儿，孩儿，你为甚瞌睡在此？〔旦作醒，叫秀才介〕咳也。〔老旦〕孩儿怎的来？〔旦作惊起介〕奶奶到此！〔老旦〕我儿，何不做些针指，或观玩书史，舒展情怀？因何昼寝于此？〔旦〕孩儿适在花园中闲玩，忽值春暄恼人，故此回房。无可消遣，不觉困倦少息。有失迎接，望母亲恕儿之罪。〔老旦〕孩儿，这后花园中冷静，少去闲行。〔旦〕领母亲严命。〔老旦〕孩儿，学堂看书去。〔旦〕先生不在，且自消停。〔老旦叹介〕女孩儿长成，自有许多情态，且自由他。正是："宛转随儿女，辛勤做老娘。"〔下〕〔旦长叹介〕〔看老旦下介〕哎也，天那，今日杜丽娘有些侥幸也。偶到后花园中，百花开遍，睹景伤情。没兴而回，昼眠香阁。忽见一生，年可弱冠，丰姿俊妍。于园中折得柳丝一枝，笑对奴家说："姐姐既淹通书史，何不将柳枝题赏一篇？"那时待要应他一声，心中自忖，素昧平生，不知名姓，何得轻与交言。正如此想间，只见那生向前说了几句伤心话儿，将奴搂抱去牡丹亭畔，芍药阑边，共成云雨之欢。两情和合，真个是千般爱惜，万种温存。欢毕之时，又送我睡眠，几声"将息"。正待自送那生出门，忽值母亲来到，唤醒将来。我一身冷汗，乃是南柯一梦。忙身参礼母亲，又被母亲絮了许多闲话。奴家口虽无言答应，心内思想梦中之事，何曾放怀。行坐不宁，自觉如有所失。娘呵，你教我学堂看书去，知他看那一种书消闷也。〔作掩泪介〕

【绵搭絮】雨香云片，才到梦儿边。无奈高堂，唤醒纱窗睡不便。泼新鲜冷汗粘煎，闪的俺心悠步嚲，意软鬟偏。不争多费尽神情，坐起谁忺则待去眠。〔贴上〕"晚妆销粉印，春润费香篝。"小姐，薰了被窝睡罢。

【尾声】〔旦〕困春心游赏倦，也不索香薰绣被眠。天呵，有心情那梦儿还去不远。

春望逍遥出画堂，(张说) 间梅遮柳不胜芳。(罗隐)

可知刘阮逢人处？(许浑) 回首东风一断肠。(韦庄)

【学习提示】

《惊梦》是汤显祖《牡丹亭》中最为精彩的一出，表现杜丽娘青春的觉醒，为因梦生病直至伤春而亡的情节提供了可信的依据。作品成功地写出了人物从不断的感情沉积中走向冲破临界状态的心灵历程,杜丽娘游园归来后入梦,在梦中突破了情感防线,表现出来自心底的渴望和喜悦;梦醒之后又怅然若失,行坐不宁。这正是独特的时代家庭背景和青春觉醒之间的冲突,欲藏又露,回肠九曲,真实地写出了人物的内心世界。

《牡丹亭》曲词尖新工巧,绚丽多彩,富于诗情画意。

蒲松龄·婴宁

蒲松龄(1640~1715),字留仙,一字剑臣,别号柳泉居士,世称聊斋先生,自称异史氏,出身书香门第,自幼聪慧,学识渊博,19岁即考得全县第一名,取中秀才。但后来屡考不中,贫困潦倒,黑暗的社会现实与个人遭遇的坎坷,造成了他"孤愤""狂痴"的人生态度,历经四十余年创作了文言短篇小说集《聊斋志异》,把花妖狐媚人格化,幽冥世界现实化,曲折地批判社会,表达理想。

婴 宁[1]

王子服,莒之罗店人[2],早孤。绝慧,十四入泮[3]。母最爱之,寻常不令游郊野。聘萧氏,未嫁而夭,故求凰未就也[4]。

会上元[5],有舅氏子吴生,邀同眺瞩,方至村外,舅家有仆来,招吴去。生见游女如云,乘兴独遨。有女郎携婢,拈梅花一枝,容华绝代,笑容可掬。生注目不移,竟忘顾忌。女过去数武[6],顾婢笑曰:"个儿郎目灼灼似贼!"遗花地上,笑语自去。生拾花怅然,神魂丧失,怏怏遂返。

至家,藏花枕底,垂头而睡,不语亦不食。母忧之。醮禳益剧[7],肌革锐减。医师诊视,投剂发表[8],忽忽若迷。母抚问所由,默然不答。适吴生来,嘱秘诘之。吴至榻前,生见之泪下,吴就榻慰解,渐致研诘。生具吐其实,且求谋画。吴笑曰:"君意亦复痴。此愿有何难遂? 当代访之。徒步于野,必非世家,如其未字[9],事固谐矣,不然,拚以重赂,计必允遂。但得痊瘳,成事在我。"生闻之,不觉解颐[10]。吴出告母,物色女子居里[11],而探访既穷,并无踪迹。母大忧,无所为计。然自吴去后,颜顿开,食亦略进。数日,吴复来,生问所谋。吴绐之曰[12]:"已得之矣。我以为谁何人,乃我姑氏女,即君姨妹行,今尚待聘。虽内戚有婚姻之嫌,实告之,无不谐者。"生喜溢眉宇,问:"居何里?"吴诡曰:"西南山中,去此可三十余里。"生又嘱咐再四,吴锐身自任而去[13]。生由是饮食渐加,日就平复,探视枕底,花虽枯,未便雕落。凝思把玩,如见其人。怪吴不至,折柬招之[14]。吴支托不肯赴招,生恚怒,悒悒不欢。母虑其复病,急为议姻,略与商榷,辄摇首不愿,惟日盼吴。

吴迄无耗,益怨恨之。转思三十里非遥,何必仰息他人? 怀梅袖中,负气自往,而家人不知也。伶仃独步,无可问程,但望南山行去。约三十余里,乱山合沓,空翠爽肌,寂无人行,止有鸟道。遥望谷底,丛花乱树中,隐隐有小里落。下山入村,见舍宇无多,皆茅屋,而意其修雅[15]。北向一家，门前皆丝柳，墙内桃杏尤繁，间以修竹，野鸟格磔其中[16]。意其园亭，不敢遽人。回顾对户，有巨石滑洁，因据坐少憩。

俄闻墙内有女子长呼"小荣"，其声娇细。方伫听间，一女郎由东而西，执杏花一朵，俯首自簪；举头见生，遂不复簪，含笑拈花而入。审视之，即上元途中所遇也。心骤喜，但念无以阶进[17]，欲呼姨氏，而顾从无还往，惧有讹误。门内无人可问，坐卧徘徊，自朝至于日昃[18]，盈盈望断，并忘饥渴。时见女子露半面来窥，似讶其不去者。忽一老媪扶杖出，顾生曰："何处郎君，闻自辰刻来，以至于今，意将何为？得勿饥耶？"生急起揖之，答云："将以探亲。"媪聋聩不闻。又大言之。乃问："贵戚何姓？"生不能答。媪笑曰："奇哉。姓名尚自不知，何亲可探？我视郎君，亦书痴耳。不如从我来，啖以粗粝，家有短榻可卧，待明朝归，询知姓氏，再来探访，不晚也。"生方腹馁思啖，又从此渐近丽人，大喜，从媪入，见门内白石砌路，夹道红花，片片堕阶上；曲折而西，又启一关[19]，豆棚花架满庭中。肃客入舍[20]，粉壁光如明镜，窗外海棠枝朵，探入室内，裀藉几榻[21]，罔不洁泽。甫坐，即有人自窗外隐约相窥。媪唤："小荣！可速作黍。"外有婢子嗷声而应。坐次，具展宗阀[22]。媪曰："郎君外祖，莫姓吴否？"曰："然。"媪惊曰："是吾甥也；尊堂[23]，我妹子。年来以家窭贫，又无三尺之男，遂至音问梗塞。甥长成如许，尚不相识。"生曰："此来即为姨也，匆遽遂忘姓氏。"媪曰："老身秦姓，并无诞育，弱息仅存，亦为庶产[24]。渠母改醮[25]，遗我鞠养。颇亦不钝，但少教训，嬉不知愁。少顷，使来拜识。"

未几，婢子具饭，雏尾盈握[26]。媪劝餐已，婢来敛具。媪曰："唤宁姑来。"婢应去。良久，闻户外隐有笑声。媪又唤曰："婴宁，汝姨兄在此。"户外嗤嗤笑不已。婢推之以入，犹掩其口，笑不可遏。媪瞋目曰："有客在，咤咤叱叱，是何景象？"女忍笑而立，生揖之。媪曰："此王郎，汝姨子。一家尚不相识，可笑人也。"生问："妹子年几何矣？"媪未能解；生又言之。女复笑，不可仰视。媪谓生曰："我言少教诲，此可见矣。年已十六，呆痴如婴儿。"生曰："小于甥一岁。"曰："阿甥已十七矣，得非庚午属马者耶？"生首应之。又问："甥妇阿谁？"答曰："无之。"曰："如甥才貌，何十七岁犹未聘耶？婴宁亦无姑家，极相匹敌。惜有内亲之嫌。"生无语，目注婴宁，不遑他瞬[27]。婢向女小语云："目灼灼，贼腔未改！"女又大笑，顾婢曰："视碧桃开未？"遽起，以袖掩口，细碎连步而出。至门外，笑声始纵。媪亦起，唤婢襆被，为生安置。曰："阿甥来不易，宜留三五日，迟迟送汝归。如嫌幽闷，舍后有小园，可供消遣，有书可读。"

次日，至舍后，果有园半亩，细草铺毡，杨花糁径，有草舍三楹，花木四合其所。穿花小步，闻树头苏苏有声，仰视，则婴宁在上。见生，狂笑欲堕。生曰："勿尔，堕矣。"女且下且笑，不能自止。方将及地，失手而堕，笑乃止。生扶之，阴捘其腕[28]。女笑又作，倚树不能行，良久乃罢。生俟其笑歇，乃出袖中花示之。女接之，曰："枯矣。何留之？"曰："此上元妹子所遗，故存之。"问："存之何意？"曰："以示相爱不忘也。自上元相遇，凝思成病，自分化为异物[29]，不图得见颜色，幸垂怜悯。"女曰："此大细事[30]，至戚何所靳惜？待兄行时，园中花，当唤老奴来，折一巨捆负送之。"生曰："妹子痴耶？"女曰："何便是痴？"生曰："我非

160

爱花,爱拈花之人耳。"女曰:"葭莩之情[31],爱何待言。"生曰:"我所谓爱,非瓜葛之爱,乃夫妻之爱。"女曰:"有以异乎?"曰:"夜共枕席耳。"女俯首思良久,曰:"我不惯与生人睡。"语未已,婢潜至,生惶恐遁去。

少时,会母所。母问:"何往?"女答以园中共话。媪曰:"饭熟已久,有何长言,周遮乃尔[32]。"女曰:"大哥欲我共寝。"言未已,生大窘,急目瞪之,女微笑而止。幸媪不闻,犹絮絮究诘。生急以他词掩之,因小语责女。女曰:"适此语不应说耶?"生曰:"此背人语。"女曰:"背他人,岂得背老母。且寝处亦常事,何讳之?"生恨其痴,无术可悟之。食方竟,家人捉双卫来寻生[33]。

先是,母待生久不归,始疑。村中搜觅已遍,竟无踪兆。因往询吴。吴忆曩言,因教于西南山村行觅。凡历数村,始至于此。生出门,适相值,便入告媪,且请偕女同归。媪喜曰:"我有志,匪伊朝夕[34]。但残躯不能远涉,得甥携妹子去,识认阿姨,大好。"呼婴宁。宁笑至。媪曰:"有何喜,笑辄不辍? 若不笑,当为全人。"因怒之以目。乃曰[35]:"大哥欲同汝去,可便装束。"又饷家人酒食,始送之出,曰:"姨家田产充裕,能养冗人。到彼且勿归,小学诗礼,亦好事翁姑。即烦阿姨,为汝择一良匹。"二人遂发。至山坳,回顾,犹依稀见媪倚门北望也。

抵家,母睹姝丽,惊问为谁。生以姨女对。母曰:"前吴郎与儿言者,诈也。我未有姊,何以得甥?"问女,女曰:"我非母出。父为秦氏,没时,儿在襁中,不能记忆。"母曰:"我一姊适秦氏,良确,然殂谢已久,那得复存?"因审诘面庞、志赘[36],一一符合。又疑曰:"是矣。然亡已多年,何得复存?"疑虑间,吴生至,女避入室。吴询得故,悯然久之。忽曰:"此女名婴宁耶?"生然之。吴极称怪事。问所自知,吴曰:"秦家姑去世后,姑丈鳏居,祟于狐,病瘠死。狐生女名婴宁,绷卧床上,家人皆见之。姑丈没,狐犹时来。后求天师符粘壁间,狐遂携女去。将勿此耶?"彼此疑参,但闻室中吃吃皆婴宁笑声。母曰:"此女亦太憨生。"吴请面之。母入室,女犹浓笑不顾。母促令出,始极力忍笑,又面壁,移时,方出。才一展拜,翻然遽入,放声大笑。满室妇女,为之粲然。

吴请往觇其异[37],就便执柯[38]。寻至村所,庐舍全无,山花零落而已。吴忆姑葬处仿佛不远,然坟垅湮没,莫可辨识,诧叹而返。母疑其为鬼。入告吴言,女略无骇意。又吊其无家,亦殊无悲意,孜孜憨笑而已。众莫之测,母令与少女同寝止,昧爽即来省问[39],操女红,精巧绝伦。但善笑,禁之亦不可止,然笑处嫣然,狂而不损其媚,人皆乐之。邻女少妇,争承迎之。母择吉为合卺[40],而终恐为鬼物,窃于日中窥之,形影殊无少异[41]。至日,使华装行新妇礼,女笑极不能俯仰[42],遂罢。生以其憨痴,恐泄漏房中隐事,而女殊秘密,不肯道一语。每值母忧怒,女至,一笑即解。奴婢小过,恐遭鞭楚,辄求诣母共话,罪婢投见,恒得免。而爱花成癖,物色遍戚党,窃典金钗,购佳种,数月,阶砌藩溷[43],无非花者。

庭后有木香一架,故邻西家,女每攀登其上,摘供簪玩。母时遇见,辄诃之。女卒不改。一日,西人子见之,凝注倾倒。女不避而笑。西邻子谓女意已属,心益荡。女指墙底笑而下,西人子谓示约处,大悦。及昏而往,女果在焉。就而淫之,则阴如锥刺,痛彻于心,大号而踣。细视非女，则一枯木卧墙边，所接乃水淋窍也。邻父闻声，急奔研问，呻而不言；妻来，始以实告。爇火烛窍[44]，见中有巨蝎，如小蟹然。翁碎木捉杀之。负子至家，半夜寻卒。邻人讼生，讦发婴宁妖异。邑宰素仰生才，稔知其笃行士，谓邻翁讼诬，将杖责之，生为乞免，遂释而出。母谓女曰："憨狂尔尔，早知过喜而伏忧也。邑令神明，幸不牵累。设鹘突官宰[45]，必逮妇女质公堂，我儿何颜见戚里？"女正色，矢不复笑[46]。母曰："人罔不笑，但须有时。"而女由是竟不复笑，虽故逗之，亦终不笑，然竟日未尝有戚容[47]。

一夕，对生零涕。异之。女哽咽曰："曩以相从日浅，言之恐致骇怪。今日察姑及郎，皆过爱无有异心，直告或无妨乎？妾本狐产。母临去，以妾托鬼母，相依十余年，始有今日。妾又无兄弟，所恃者惟君。老母岑寂山阿，无人怜而合厝之[48]，九泉辄为悼恨。君倘不惜烦费，使地下人消此怨恫，庶养女者不忍溺弃[49]。"生诺之，然虑坟家迷于荒草，女言无虑。刻日夫妇舆榇而往[50]。女于荒烟错楚中，指示墓处，果得媪尸，肤革犹存。女抚哭哀痛。舁归，寻秦氏墓合葬焉。是夜生梦媪来称谢，寤而述之。女曰："妾夜见之，嘱勿惊郎君耳。"生恨不邀留。女曰："彼鬼也。生人多，阳气胜，何能久居？"生问小荣，曰："是亦狐，最黠。狐母留以视妾，每摄饵相哺，故德之常不去心[51]；昨问母，云已嫁之。"由是岁值寒食[52]，夫妇登秦墓，拜扫无缺。

女逾年，生一子。在怀抱中，不畏生人，见人辄笑，亦大有母风云。

异史氏曰[53]："观其孜孜憨笑，似全无心肝者。而墙下恶作剧，其黠孰甚焉！至凄恋鬼母，反笑为哭，我婴宁殆隐于笑者矣[54]。窃闻山中有草，名'笑矣乎'，嗅之，则笑不可止。房中植此一种，则合欢、忘忧[55]，并无颜色矣。若解语花，正嫌其作态耳[56]！"

【注释】

[1]"婴宁"似出于《庄子·大宗师》，其中有所谓"撄宁"，指"撄而后宁"，即经困扰而后达成合乎天道、保持自然本色的人生。此处只是人名，形容父母希望婴孩平安宁静地度过一生的样子。

[2]莒：莒县，今属山东。

[3]入泮：古代学宫有泮池，成绩优异者才可进学宫学习，故称学童入学宫为入泮。

[4]求凰：犹言求妻。相传司马相如以"凤求凰"琴曲向卓文君求婚。

[5]上元：也称元宵节。

[6]数武：泛指几步。武：半步。

[7]醮禳：请僧道祈祷做法事，常特指道士。

[8]发表：中医的一种治疗方法，即通过让患者出汗使其体内邪毒发散出来。

[9]未字：还没有订婚。古代女子订婚称"字"。

[10]解颐：舒展容颜，开怀欢笑。

[11]居里：居住的地方。

[12]绐：哄骗。

[13] 锐身自任:挺身担起责任。锐身,挺身。

[14] 折柬:裁纸写信。柬,原指竹简,代指书信。

[15] 修雅:整齐雅致。

[16] 格磔:形容鸟鸣声。

[17] 无以阶进:找不到进去的理由。阶:台阶,这里喻指借口、理由。

[18] 日昃:午后。昃,日头偏斜。

[19] 启一关:开了一道门。关,古代指门。

[20] 肃客:尊敬地迎客。肃,引导、迎接。

[21] 裀藉:坐垫,坐褥。

[22] 具展宗阀:王子服详细叙述说家世。宗阀,家世。阀:本指官宦人家门前记录功业的柱子,后泛指功业或家世。

[23] 尊堂:对别人母亲的敬称,也就是你母亲的意思。

[24] 弱息:幼弱的子女,特指女儿。庶产:不是正妻所生。

[25] 渠:他的意思。

[26] 雏尾盈握:(摆上桌来的)鸡才刚刚长好。也就是较小的鸡的尾巴刚能抓满一把。

[27] 不遑他瞬:顾不上看别处。遑:闲暇。不遑:没有空闲。

[28] 阴拨:暗地里捏弄。

[29] 自分:自以为要死了。异物,死亡的代称。《庄子》称人死亡后"或化为鼠肝,或化为虫臂"。

[30] 细事:很小的事情。

[31] 葭莩:芦苇内壁里的一层薄膜。代指疏远的亲戚,也泛指一般的亲戚。

[32] 遮:形容话很多的样子。

[33] 捉双卫:牵着两头驴子。卫,驴的别名。

[34] 匪伊朝夕:也不止一天了。匪,通假字,通"非"。

[35] "有何喜,笑辄不辍?若不笑,当为全人。因怒之以目,乃曰",抄本原没有这句,但后来根据考证,这句话是存在的,故加上去了。

[36] 志赘:就是痣、赘疣及胎记等,代指人身上的特征。志,同"痣"。赘,赘疣。

[37] 觇其异:在婴宁不注意的时候察看她的异常。觇,观察,窥探。

[38] 执柯:做媒的意思。

[39] 昧爽:天刚刚亮。省问,看望问候,请安。

[40] 合卺:完婚,圆房。

[41] 窃于~:旧时迷信说鬼在阳光下是没有影子的。

[42] 不能俯仰:就是说笑得直不起腰来,形容笑得很厉害。

[43] 阶砌藩溷:指台阶、厕所等。这里形容多、无所不在。

[44] 爇：燃烧，点燃。

[45] 设：假如。

[46] 矢：立誓。

[47] 戚容：悲伤的面容。

[48] 合厝：合葬。厝，埋葬。

[49] 庶养女者不忍溺弃：古代的一种落后习俗，认为女儿不能延续香火，父母死后不能办理后事，所以常把女婴放进水里淹死。

[50] 舆椑：用车子运载棺材。舆，车子，指用车子运载。椑，棺材。

[51] 德之常不去心：感激她，常常心中惦念。德，名词动化。不去心，心中惦念。

[52] 寒食：清明节的前两天为寒食节，旧俗这天不烧火吃熟食。

[53] 异史氏：作者蒲松龄的自称。

[54] 殆隐于笑者矣：抄本作"何尝苶也"，比较生僻，不利于传播，经专家慎重考证，改用现在的形式。

[55] 合欢、忘忧：合欢花、忘忧草。因为这两种花草的名字带有开怀之意，它们的香气也有这样的作用，所以拿来和文中的"笑矣乎"相比较。

[56] 解语花：像花一样美丽而又善解人意。典出王仁裕《开元天宝遗事》：……太液池有千叶白莲数枝盛开……帝指贵妃示于左右曰："争如我解语花？"作态，做作，别扭不自然的意思。

【学习提示】

善绘者绘其神，不善绘者绘其形。高明的作家塑造人物，往往能够抓住人物最具特征的一点加以刻画，蒲松龄就抓住了婴宁的笑刻画了一个憨痴可爱女子形象。作者在文中大肆渲染婴宁的各种笑，"犹掩其口，笑不可遏""忍笑而立""女复笑，不可仰视""女又大笑""笑声始纵"。然后又在小园，"见生来，狂笑欲堕""女笑之作，倚树不能行，良久乃罢"。笑是婴宁天真烂漫的个性，或许更是她对世俗礼教反抗的掩饰，恶作剧一节足以看出婴宁实在又是一个聪明狡黠的人，看似随和，其实极有主见；看似全无心肝，其实极有城府。

曹雪芹·红楼梦·宝玉挨打

曹雪芹（约 1715～约 1763），名沾，字梦阮，号雪芹，又号芹溪、芹圃，出身于一个"百年望族"的大官僚地主家庭，其曾祖母孙氏曾做过康熙的奶妈，祖父曹寅做过康熙的侍读。从康熙二年至雍正五年，曾祖曹玺、祖父曹寅、父亲曹颙、叔父曹頫，相继担任江宁织造达六十多年之久。雍正初年，由于封建统治阶级内部政治斗争的牵连，曹家遭受一系列打击，家产抄没。曹頫下狱治罪，"枷号"一年有余。曹雪芹随着全家迁回北京居住。曹家从此一蹶不振，日渐衰微。经历了重大转折，曹雪芹深感世态炎凉，对封建社会有了更清醒、更深刻的认识,他"披阅十载,增删五次",完成《红楼梦》。今传《红楼梦》120回本,其中前80回的绝大部分出于他的手笔,后40回则为高鹗所续。

宝玉挨打
(节选自《红楼梦》)

原来宝玉会过雨村回来听见了,便知金钏儿含羞赌气自尽,心中早又五内摧伤,进来被王夫人数落教训,也无可回说。见宝钗进来,方得便出来,茫然不知何往,背着手,低头一面感叹,一面慢慢地走着,信步来至厅上。

刚转过屏门,不想对面来了一人,正往里走,可巧儿撞了个满怀。只听那人喝了一声"站住!"宝玉唬了一跳,抬头一看,不是别人,却是他父亲,不觉倒抽了一口气,只得垂手一旁站了。贾政道:"好端端的,你垂头丧气嗐些什么? 方才雨村来了要见你,叫你那半天,你才出来,既出来了,全无一点慷慨挥洒谈吐,仍是葳葳蕤蕤。我看你脸上一团思欲愁闷气色,这会子又咳声叹气。你那些还不足,还不自在? 无故这样,却是为何?"

宝玉素日虽是口角伶俐,只是此时一心总为金钏儿感伤,恨不得此时也身亡命殒,跟了金钏儿去。如今见了他父亲说这些话,究竟不曾听见,只是怔怔的站着。

贾政见他惶悚,应对不似往日,原本无气的,这一来倒生了三分气。方欲说话,忽有回事人来回:"忠顺亲王府里有人来,要见老爷。"贾政听了,心下疑惑,暗暗思忖道:"素日并不和忠顺府来往,为什么今日打发人来?"一面想一面令"快请",急走出来看时,却是忠顺府长史官[1],忙接进厅上坐了献茶。

未及叙谈,那长史官先就说道:"下官此来,并非擅造潭府[2],皆因奉王命而来,有一件事相求。看王爷面上,敢烦老大人作主,不但王爷知情,且连下官辈亦感谢不尽。"贾政听了这话,抓不住头脑,忙陪笑起身问道:"大人既奉王命而来,不知有何见谕,望大人宣明,学生好遵谕承办。"那长史官便冷笑道:"也不必承办,只用大人一句话就完了。我们府里有一个做小旦的琪官,一向好好在府里,如今竟三五日不见回去,各处去找,又摸不着他的道路,因此各处访察。这一城内,十停人倒有八停人都说,他近日和衔玉的那位令郎相与甚厚。下官辈等听了,尊府不比别家,可以擅入索取,因此启明王爷。王爷亦云:'若是别的戏子呢,一百个也罢了,只是这琪官随机应答,谨慎老诚,甚合我老人家的心,竟断断少不得此人。'故此求老大人转谕令郎,请将琪官放回,一则可慰王爷谆谆奉恳,二则下官辈也可免操劳求觅之苦。"说毕,忙打一躬。

贾政听了这话,又惊又气,即命唤宝玉来。宝玉也不知是何原故,忙赶来时,贾政便问:"该死的奴才! 你在家不读书也罢了,怎么又做出这些无法无天的事来! 那琪官现是忠顺王爷驾前承奉的人,你是何等草芥,无故引逗他出来,如今祸及于我。"宝玉听了唬了一跳,忙回道:"实在不知此事。究竟连'琪官'两个字不知为何物,岂更又加'引逗'二字!"说着便哭了。贾政未及开言,只见那长史官冷笑道:"公子也不必掩饰。或隐藏在家,或知其下落,早说了出来,我们也少受些辛苦,岂不念公子之德?"宝玉连说不知,"恐是讹传,也未见得。"那长史官冷笑道："现有据证,何必还赖?必定当着老大人说了出来,公子岂不吃亏?既云不知此人,那红汗巾子怎么到了公子腰里?"

宝玉听了这话,不觉轰去魂魄,目瞪口呆,心下自思:"这话他如何得知!他既连这样机密事都知道了,大约别的瞒他不过,不如打发他去了,免的再说出别的事来。"因说道:"大人既知他的底细,如何连他置买房舍这样大事倒不晓得了?听得说他如今在东郊离城二十里有个什么紫檀堡,他在那里置了几亩田地几间房舍。想是在那里也未可知。"那长史官听了,笑道:"这样说,一定是在那里。我且去找一回,若有了便罢,若没有,还要来请教。"说着,便忙忙的走了。

贾政此时气的目瞪口歪,一面送那长史官,一面回头命宝玉"不许动!回来有话问你!"一直送那官员去了。才回身,忽见贾环带着几个小厮一阵乱跑。贾政喝令小厮"快打,快打!"贾环见了他父亲,唬的骨软筋酥,忙低头站住。贾政便问:"你跑什么?带着你的那些人都不管你,不知往那里逛去,由你野马一般!"喝令叫跟上学的人来。

贾环见他父亲盛怒,便乘机说道:"方才原不曾跑,只因从那井边一过,那井里淹死了一个丫头,我看见人头这样大,身子这样粗,泡的实在可怕,所以才赶着跑了过来。"贾政听了惊疑,问道:"好端端的,谁去跳井?我家从无这样事情,自祖宗以来,皆是宽柔以待下人。——大约我近年于家务疏懒,自然执事人操克夺之权[3],致使生出这暴殄轻生的祸患。若外人知道,祖宗颜面何在!"喝令快叫贾琏,赖大,来兴。

小厮们答应了一声,方欲叫去,贾环忙上前拉住贾政的袍襟,贴膝跪下道:"父亲不用生气。此事除太太房里的人,别人一点也不知道。我听见我母亲说……"说到这里,便回头四顾一看。贾政知意,将眼一看众小厮,小厮们明白,都往两边后面退去。贾环便悄悄说道:"我母亲告诉我说,宝玉哥哥前日在太太屋里,拉着太太的丫头金钏儿强奸不遂,打了一顿。那金钏儿便赌气投井死了。"

话未说完,把个贾政气的面如金纸,大喝"快拿宝玉来!"一面说一面便往里边书房里去,喝令"今日再有人劝我,我把这冠带家私一应交与他与宝玉过去[4]!我免不得做个罪人,把这几根烦恼鬓毛剃去[5],寻个干净去处自了,也免得上辱先人下生逆子之罪。"众门客仆从见贾政这个形景,便知又是为宝玉了,一个个都咬指咬舌,连忙退出。那贾政喘吁吁直挺挺坐在椅子上,满面泪痕,一叠声"拿宝玉!拿大棍!拿索子捆上!把各门都关上!有人传信往里头去,立刻打死!"众小厮们只得齐声答应,有几个来找宝玉。

那宝玉听见贾政吩咐他"不许动",早知多凶少吉,那里承望贾环又添了许多的话。正在厅上干转,怎得个人来往里头去捎信,偏生没个人,连焙茗也不知在那里。正盼望时,只见一个老姆姆出来。宝玉如得了珍宝,便赶上来拉他,说道:"快进去告诉:老爷要打我呢!快去,快去!要紧,要紧!"宝玉一则急了,说话不明白,二则老婆子偏生又聋,竟不曾听见是什么话,把"要紧"二字只听作"跳井"二字,便笑道:"跳井让他跳去,二爷怕什么?"宝玉见是个聋子,便着急道:"你出去叫我的小厮来罢。"那婆子道:"有什么不了的事?老早的完了。太太又赏了衣服,又赏了银子,怎么不了事的!"

166

宝玉急的跺脚，正没抓寻处，只见贾政的小厮走来，逼着他出去了。贾政一见，眼都红紫了，也不暇问他在外流荡优伶，表赠私物，在家荒疏学业，淫辱母婢等语，只喝令"堵起嘴来，着实打死！"小厮们不敢违拗，只得将宝玉按在凳上，举起大板打了十来下。贾政犹嫌打轻了，一脚踢开掌板的，自己夺过来，咬着牙狠命盖了三四十下。众门客见打的不祥了，忙上前夺劝。贾政那里肯听，说道："你们问问他干的勾当可饶不可饶！素日皆是你们这些人把他酿坏了[6]，到这步田地还来解劝。明日酿到他弑君杀父，你们才不劝不成！"

众人听这话不好听，知道气急了，忙又退出，只得觅人进去给信。王夫人不敢先回贾母，只得忙穿衣出来，也不顾有人没人，忙忙赶往书房中来，慌的众门客小厮等避之不及。王夫人一进房来，贾政更如火上浇油一般，那板子越发下去的又狠又快。按宝玉的两个小厮忙松了手走开，宝玉早已动弹不得了。贾政还欲打时，早被王夫人抱住板子。贾政道："罢了，罢了！今日必定要气死我才罢！"王夫人哭道："宝玉虽然该打，老爷也要自重。况且炎天暑日的，老太太身上也不大好，打死宝玉事小，倘或老太太一时不自在了，岂不事大！"贾政冷笑道："倒休提这话。我养了这不肖的孽障，已不孝，教训他一番，又有众人护持，不如趁今日一发勒死了，以绝将来之患！"说着，便要绳索来勒死。

王夫人连忙抱住哭道："老爷虽然应当管教儿子，也要看夫妻分上。我如今已将五十岁的人，只有这个孽障，必定苦苦的以他为法，我也不敢深劝。今日越发要他死，岂不是有意绝我。既要勒死他，快拿绳子来先勒死我，再勒死他。我们娘儿们不敢含怨，到底在阴司里得个依靠。"说毕，爬在宝玉身上大哭起来。贾政听了此话，不觉长叹一声，向椅上坐了，泪如雨下。王夫人抱着宝玉，只见他面白气弱，底下穿着一条绿纱小衣皆是血渍，禁不住解下汗巾看，由臀至胫，或青或紫，或整或破，竟无一点好处，不觉失声大哭起来，"苦命的儿吓！"因哭出"苦命儿"来，忽又想起贾珠来，便叫着贾珠哭道："若有你活着，便死一百个我也不管了。"此时里面的人闻得王夫人出来，那李宫裁王熙凤与迎春姊妹早已出来了。王夫人哭着贾珠的名字，别人还可，惟有宫裁禁不住也放声哭了。贾政听了，那泪珠更似滚瓜一般滚了下来。

正没开交处，忽听丫鬟来说："老太太来了。"一句话未了，只听窗外颤巍巍的声气说道："先打死我，再打死他，岂不干净了！"贾政见他母亲来了，又急又痛，连忙迎接出来，只见贾母扶着丫头，喘吁吁的走来。

贾政上前躬身陪笑道："大暑热天，母亲有何生气亲自走来？有话只该叫了儿子进去吩咐。"贾母听说，便止住步喘息一回，厉声说道："你原来是和我说话！我倒有话吩咐，只是可怜我一生没养个好儿子，却教我和谁说去！"贾政听这话不像，忙跪下含泪说道："为儿的教训儿子，也为的是光宗耀祖。母亲这话，我做儿的如何禁得起？"贾母听说，便啐了一口，说道："我说一句话，你就禁不起，你那样下死手的板子，难道宝玉就禁得起了？你说教训儿子是光宗耀祖，当初你父亲怎么教训你来！"说着，不觉就滚下泪来。

贾政又陪笑道："母亲也不必伤感，皆是作儿的一时性起，从此以后再不打他了。"贾母便冷笑道："你也不必和我使性子赌气的。你的儿子，我也不该管你打不打。我猜着你也厌烦我们娘儿们。不如我们赶早儿离了你,大家干净!"说着便令人去看轿马,"我和你太太宝玉立刻回南京去!"家下人只得干答应着。贾母又叫王夫人道:"你也不必哭了。如今宝玉年纪小,你疼他,他将来长大成人,为官作宰的,也未必想着你是他母亲了。你如今倒不要疼他,只怕将来还少生一口气呢。"贾政听说,忙叩头哭道:"母亲如此说,贾政无立足之地。"贾母冷笑道:"你分明使我无立足之地,你反说起你来!只是我们回去了,你心里干净,看有谁来许你打。"一面说,一面只令快打点行李车轿回去。贾政苦苦叩求认罪。

贾母一面说话,一面又记挂宝玉,忙进来看时,只见今日这顿打不比往日,又是心疼,又是生气,也抱着哭个不了。王夫人与凤姐等解劝了一会,方渐渐的止住。早有丫鬟媳妇等上来,要搀宝玉,凤姐便骂道:"糊涂东西,也不睁开眼瞧瞧!打的这么个样儿,还要搀着走!还不快进去把那藤屉子春凳抬出来呢。"众人听说连忙进去,果然抬出春凳来,将宝玉抬放凳上,随着贾母王夫人等进去,送至贾母房中。

彼时贾政见贾母气未全消,不敢自便,也跟了进去。看看宝玉,果然打重了。再看看王夫人,"儿"一声,"肉"一声,"你替珠儿早死了,留着珠儿,免你父亲生气,我也不白操这半世的心了。这会子你倘或有个好歹,丢下我,叫我靠那一个!"数落一场,又哭"不争气的儿"。贾政听了,也就灰心,自悔不该下毒手打到如此地步。先劝贾母,贾母含泪说道:"你不出去,还在这里做什么!难道于心不足,还要眼看着他死了才去不成!"贾政听说,方退了出来。

此时薛姨妈同宝钗,香菱,袭人,史湘云也都在这里。袭人满心委屈,只不好十分使出来,见众人围着,灌水的灌水,打扇的打扇,自己插不下手去,便越性走出来到二门前,令小厮们找了焙茗来细问:"方才好端端的,为什么打起来?你也不早来透个信儿!"焙茗急的说:"偏生我没在跟前,打到半中间我才听见了。忙打听原故,却是为琪官金钏姐姐的事。"袭人道:"老爷怎么得知道的?"焙茗道:"那琪官的事,多半是薛大爷素日吃醋,没法儿出气,不知在外头唆挑了谁来,在老爷跟前下的火[7]。那金钏儿的事是三爷说的,我也是听见老爷的人说的。"袭人听了这两件事都对景,心中也就信了八九分。然后回来,只见众人都替宝玉疗治。调停完备,贾母令"好生抬到他房内去"。众人答应,七手八脚,忙把宝玉送入怡红院内自己床上卧好。又乱了半日,众人渐渐散去,袭人方进前来经心服侍,问他端的。

话说袭人见贾母王夫人等去后,便走来宝玉身边坐下,含泪问他:"怎么就打到这步田地?"宝玉叹气说道:"不过为那些事,问他作什么!只是下半截疼的很,你瞧瞧打坏了那里。"袭人听说,便轻轻的伸手进去,将中衣褪下。宝玉略动一动,便咬着牙叫'嗳哟',袭人连忙停住手,如此三四次才褪了下来。袭人看时,只见腿上半段青紫,都有四指宽的僵痕高了起来。袭人咬着牙说道:"我的娘,怎么下这般的狠手!你但凡听我一句话,也不得到这步地位。幸而没动筋骨,倘或打出个残疾来,可叫人怎么样呢!"

正说着,只听丫鬟们说:"宝姑娘来了。"袭人听见,知道穿不及中衣,便拿了一床袷纱被替宝玉盖了。只见宝钗手里托着一丸药走进来,向袭人说道:"晚上把这药用酒研开,替他敷上,把那淤血的热毒散开,可以就好了。"说毕,递与袭人,又问道:"这会子可好些?"宝玉一面道谢说:"好了。"又让坐。宝钗见他睁开眼说话,不像先时,心中也宽慰了好些,便点头叹道："早听人一句话，也不至今日。别说老太太，太太心疼，就是我们看着，心里也疼。"刚说了半句又忙咽住，自悔说的话急了，不觉的就红了脸，低下头来。宝玉听得这话如此亲切稠密，大有深意，忽见他又咽住不往下说，红了脸，低下头只管弄衣带，那一种娇羞怯怯，非可形容得出者，不觉心中大畅，将疼痛早丢在九霄云外，心中自思："我不过挨了几下打，他们一个个就有这些怜惜悲感之态露出，令人可玩可观，可怜可敬。假若我一时竟遭殃横死，他们还不知是何等悲感呢！既是他们这样，我便一时死了，得他们如此，一生事业纵然尽付东流，亦无足叹惜，冥冥之中若不怡然自得，亦可谓糊涂鬼祟矣。"

想着，只听宝钗问袭人道："怎么好好的动了气，就打起来了？"袭人便把焙茗的话说了出来。宝玉原来还不知道贾环的话，见袭人说出方才知道。因又拉上薛蟠，惟恐宝钗沉心，忙又止住袭人道："薛大哥哥从来不这样的，你们不可混猜度。"宝钗听说，便知道是怕他多心，用话相拦袭人，因心中暗暗想道："打的这个形像，疼还顾不过来，还是这样细心，怕得罪了人，可见在我们身上也算是用心了。你既这样用心，何不在外头大事上作工夫，老爷也喜欢了，也不能吃这样亏。但你固然怕我沉心，所以拦袭人的话，难道我就不知我的哥哥素日恣心纵欲，毫无防范的那种心性。当日为一个秦钟，还闹的天翻地覆，自然如今比先又更利害了。"想毕，因笑道："你们也不必怨这个，怨那个。据我想，到底宝兄弟素日不正，肯和那些人来往，老爷才生气。就是我哥哥说话不防头，一时说出宝兄弟来，也不是有心调唆：一则也是本来的实话，二则他原不理论这些防嫌小事。袭姑娘从小儿只见宝兄弟这样细心的人，你何尝见过天不怕地不怕，心里有什么口里就说什么的人。"

袭人因说出薛蟠来，见宝玉拦他的话，早已明白自己说造次了，恐宝钗没意思，听宝钗如此说，更觉羞愧无言。宝玉又听宝钗这番话，一半是堂皇正大，一半是去己疑心，更觉比先畅快了。方欲说话时，只见宝钗起身说道："明儿再来看你，你好生养着罢。方才我拿了药来交给袭人，晚上敷上管就好了。"说着便走出门去。袭人赶着送出院外，说："姑娘倒费心了。改日宝二爷好了，亲自来谢。"宝钗回头笑道："有什么谢处。你只劝他好生静养，别胡思乱想的就好了。不必惊动老太太，太太众人，倘或吹到老爷耳朵里，虽然彼时不怎么样，将来对景，终是要吃亏的。"说着，一面去了。

袭人抽身回来，心内着实感激宝钗。进来见宝玉沉思默默似睡非睡的模样，因而退出房外，自去栉沐[8]。

宝玉默默的躺在床上，无奈臀上作痛，如针挑刀挖一般，更又热如火炙，略展转时，禁不住"嗳哟"之声。那时天色将晚，因见袭人去了，却有两三个丫鬟伺候，此时并无呼唤之事，因说道："你们且去梳洗，等我叫时再来。"众人听了，也都退出。

这里宝玉昏昏默默，只见蒋玉菡走了进来，诉说忠顺府拿他之事，又见金钏儿进来哭说为他投井之情。宝玉半梦半醒，都不在意。忽又觉有人推他，恍恍忽忽听得有人悲戚之声。宝玉从梦中惊醒，睁眼一看，不是别人，却是林黛玉。宝玉犹恐是梦，忙又将身子欠起来，向脸上细细一认，只见两个眼睛肿的桃儿一般，满面泪光，不是黛玉，却是那个？宝玉还欲看时，怎奈下半截疼痛难忍，支持不住，便"嗳哟"一声，仍就倒下，叹了一声，说道："你又做什么跑来！虽说太阳落下去,那地上的余气未散,走两趟又要受了暑。我虽然捱了打,并不觉疼痛。我这个样儿,只装出来哄他们,好在外头布散与老爷听,其实是假的。你不可认真。"此时林黛玉虽不是嚎啕大哭,然越是这等无声之泣,气噎喉堵,更觉得利害。听了宝玉这番话,心中虽然有万句言语,只是不能说得,半日,方抽抽噎噎的说道:"你从此可都改了罢!"宝玉听说,便长叹一声,道:"你放心,别说这样话。就便为这些人死了,也是情愿的!"

一句话未了,只见院外人说:"二奶奶来了。"林黛玉便知是凤姐来了,连忙立起身说道:"我从后院子去罢,回来再来。"宝玉一把拉住道:"这可奇了,好好的怎么怕起他来。"林黛玉急的跺脚,悄悄的说道:"你瞧瞧我的眼睛,又该他取笑开心呢。"宝玉听说赶忙的放手。黛玉三步两步转过床后,出后院而去。

【注释】

[1] 长史官:总管王府内事务的官。南朝起开始设立。

[2] 潭府:深宅大院。用作对他人住宅的尊称。

[3] 克夺之权:生杀予夺之权。

[4] 冠带:帽子和束带,代指官服。

[5] 鬓毛:佛家称"烦恼丝"。

[6] 酿:纵容。

[7] 下的火:使坏。

[8] 栉沐:梳洗。

【学习提示】

宝玉挨打是全书故事发展的一个大波澜,一个转折点,这是代表封建势力的父亲与叛逆的儿子之间矛盾激化的表现。作者用逐层递进法交代了宝玉挨打的原因,先写贾政不满于宝玉精神萎靡,次写忠顺府索琪官,接写贾环进谗言,终于激怒贾政。几个原因归于一点,即宝玉的叛逆,他不愿走仕途经济的路,自然引起贾政的不满。写贾政笞子,也是层层递进的,先是小厮打,次是亲手"盖",三是在王夫人到来后板子下得又快又狠,终至于要用绳子勒死儿子,冲突发展到顶点。

面对宝玉挨打,大家表现各异,李纨痛哭不已,想到了贾珠;凤姐指挥若定,什么时候也不会乱了分寸;袭人强忍悲伤,悉心服侍。宝钗呢?探伤时"手里托着一丸药走进来",一个"托"字,反映了宝钗意欲让大家注意到她对宝玉的关切心思,当袭人怪罪薛蟠时,她表现大度,并借机规劝了宝玉,顿时化尴尬为从容;黛玉则不同,她"两个眼睛肿的桃儿一般",可见哭泣时间之长了。黛玉感觉宝玉不该挨打,宝钗则认为事出有因,这也可见两人的认识是不同的。

宝玉挨打,也使各方面的矛盾摆上了台面,贾政与宝玉的矛盾,大家庭嫡庶矛盾,贾母与贾政矛盾等等。

天净沙·秋思
马致远

枯藤老树昏鸦，小桥流水人家，古道西风瘦马。夕阳西下，断肠人在天涯。

天净沙·春
白　朴

春山暖日和风，阑干楼阁帘栊，杨柳秋千院中。啼莺舞燕，小桥流水飞红。

天净沙·夏
白　朴

云收雨过波添，楼高水冷瓜甜，绿树阴垂画檐。纱厨藤簟，玉人罗扇轻缣。

天净沙·秋
白　朴

孤村落日残霞，轻烟老树寒鸦，一点飞鸿影下。青山绿水，白草红叶黄花。

天净沙·冬
白　朴

一声画角谯门，半庭新月黄昏，雪里山前水滨。竹篱茅舍，淡烟衰草孤村。

清江引·咏梅
贯云石

芳心对人娇欲说，不忍轻轻折。溪桥淡淡烟，茅舍澄澄月，包藏几多春意也。

双调·沉醉东风
关汉卿

咫尺的天南地北，霎时间月缺花飞。手执着饯行杯，眼阁着别离泪。刚道得声"保重将息"，痛煞煞教人舍不得。好去者望前程万里！

人月圆·山中书事
张可久

兴亡千古繁华梦，诗眼倦天涯。孔林乔木，吴宫蔓草，楚庙寒鸦。数间茅舍，藏书万卷,投老村家。山中何事? 松花酿酒,春水煎茶。

卖花声·怀古
张可久

美人自刎乌江岸,战火曾烧赤壁山,将军空老玉门关。伤心秦汉,生民涂炭,读书人一声长叹。

戏曲的起源与形成
张 庚

中国戏曲的起源很早,在上古原始社会的歌舞中已经萌芽了。但它发育成长的过程却很长,经过汉、唐,直到宋、金才形成比较完整的戏曲艺术形态。戏曲主要是由民间歌舞、说唱和滑稽戏三种不同艺术形式综合形成的。庙会和瓦舍勾栏对戏曲的形成起了促进作用。

民间歌舞 《尚书·舜典》上说:"予击石拊石,百兽率舞。"这是一群原始社会的人在出猎以前,或猎获回来之后的一种原始宗教仪式:人装扮成兽形跳舞,以祈福或酬神。在跳舞的时候还伴随着欢呼和歌唱。《吕氏春秋·古乐》说:"葛天氏之乐,三人操牛尾,投足以歌八阕。"这里所唱的是祈求风调雨顺、作物丰登之词。在原始社会里,人们过节日,往往以歌舞祀神,同时也娱乐自己。当时的节日,有纪念战争胜利的、有庆祝丰收的、有驱鬼除疫的、有祭祀祖先的,还有专为男女求爱的,等等。

由原始社会发展到阶级社会,中国有一个不同于西方的特点:西方是随着阶级的出现,原始的氏族血缘组织也就渐渐解体了;而中国却长期保存着这种组织的残余形式,并形成一种相对固定的农村组织。与此同时,历代农村里往往保存了从原始社会遗留下来的歌舞。《论语·乡党》说:孔子在每年"乡人傩"的时候,自己也恭恭敬敬地穿起朝服去参加。这个"乡",是指孔子出生的老家,也就是他的氏族所在地。这个"傩",就是每年除夕所举行的逐鬼除疫的仪式。战国时代屈原的《九歌》,就是楚国民间祀神歌舞的歌辞。汉代关中地方的民间歌舞,见于记载的有《东海黄公》;南北朝和隋代,北方有《钵头》《大面》《踏摇娘》,南方也有《狮子舞》及胡公、昆仑等角色的歌舞。唐代更把这些歌舞加以提高。北宋有《迓鼓舞》,南宋有《旱船》《竹马》《花鼓》等。这种歌舞的特点是:① 农民在节日才演出;② 是业余的;③ 是在广场或队伍行进中表演的;④ 载歌载舞,装扮成人物来表演,但还没有构成完整的戏剧性故事;⑤ 除歌舞外,还包括各种技巧表演,如踩高跷、武术、筋斗等。自宋以来,这种歌舞通称为"社火"。

农村歌舞从原始社会直到 12 世纪的北宋,在艺术上虽然也有很大的发展,但始终没有进一步形成较为完整的戏剧形式,其原因是很复杂的。一方面是农村经济水平的低下,农民的艺术始终处在业余状态之中,没有职业化就不能经常地、精心地从事艺术创造;另一方面,农村经济发展与人民生活提高十分缓慢,在艺术上也就没有迫切地表现新事物的

172

要求。但到了宋室南迁，南方商品经济发展迅速，东南沿海一带出现了商业城市和港口，附近农村在生活上也起了很大变化，出现了职业化的艺术团体。于是，早期的戏曲形式——南戏就应运而生了。

说唱艺术　说唱对于戏曲的影响有两方面：一是说唱文学对剧本创作的影响；二是说唱音乐对戏曲唱腔的影响。

中国民族没有长篇史诗，最早的咏叙部族历史的诗篇见于《诗经》，这些诗是对祖先的颂歌。而真正作为文学作品的叙事诗，篇幅较长的，只有南北朝时代北方的《木兰辞》和南方的《孔雀东南飞》，但也没有证据说明是和着管弦歌唱的。只有两汉时代乐府诗歌的"相和歌辞"中有一部分如《白头吟》（相如、文君的故事）、《陌上桑》（罗敷女的故事）等，是配合管弦歌唱故事的。这一部分乐府诗歌在南北朝时称为大曲。因为这些歌辞是用"大曲"的乐曲来歌唱的。大曲是一种音乐形式，它是以一支曲子反复演唱多遍来叙述一个完整的故事。大曲前面加引子，名叫"艳"，后面加尾声，名叫"趋"和"乱"（大曲也有不唱故事的，这里不论）。曲的最后，歌辞唱完了，还有由音乐伴奏的一段舞蹈。隋唐时期，大曲在音乐舞蹈上得到很大的发展，形成散板——慢板——快板——散板的乐曲结构形式，而且反复次数很多，最多可达40遍。到了宋代，因前述形式的散板部分太长，用音乐来描写故事不方便，就摘取慢板和快板到尾声的若干遍来叙述一个故事。这种形式名叫"摘遍"，在宋杂剧中成为叙唱故事节目的主要形式。例如《王子高六么》就是用六么大曲的摘遍来叙唱王子高的故事。

唐代寺院用边唱边讲的方式讲说佛经故事和世俗故事，称为"俗讲"或"唱变"，这类讲唱的本子叫作"变文"。变文的文体是一段散文和一段七言或五言的韵文相间。这种文体后来为宋代鼓子词所继承，用以咏唱故事，如《蝶恋花鼓子词》，叙述崔莺莺与张生的故事，就先念诵一段元稹《莺莺传》的原文，接着咏唱一支《蝶恋花》词，这样一段散文一首词咏唱下去，直到讲完这个故事。鼓子词的音乐是一支曲调的不断反复，比较单调。北宋中叶，说唱艺人孔三传创造了一种诸宫调来说唱长篇故事。诸宫调的形式是在乐曲上不限于用一支曲子，而且不限于用同一宫调的曲子，而是按故事的情节需要，选用合适的宫调的曲子来表现。这样说一段故事，再唱一段富于表现这段故事情绪的曲子，它的表现能力便大大增强了。

中国的说唱艺术到了13世纪的金代，出现了董解元的说唱诸宫调《西厢记》。"董西厢"的出现，表明说唱艺术无论在文学上还是音乐上都已经完全成熟；而说唱艺术的成熟，则为戏曲的产生在文学上和音乐上铺平了道路。元代钟嗣成《录鬼簿》认为董解元是北曲的首创人。在唱腔音乐上，金代诸宫调是元代北曲的先行者。元杂剧中王实甫的《西厢记》在文学上正是"董西厢"进一步的戏剧化；在音乐上，四折一楔子的曲牌联套体，也正是诸宫调音乐向戏剧化所迈进的重大一步。

滑稽戏　滑稽戏是从"优"发展而来的。优的出现很早，据历史记载，最早是出现在公元前774年西周幽王的宫廷。优是国王贵族的弄臣，专以讽刺调笑为职务。国王行事不

第六编　元明清文学

173

当,不能直接批评,就利用优来进行调笑以达到讽刺的目的。当时有一条不成文的规矩,优即便说错了话也不算犯罪。这和产生《诗经》那个时代的规矩一样,人们用诗歌来讽刺一个人或一件事也不算犯罪,叫作"言之者无罪,闻之者足以戒"。但优不只是说些俏皮话以博一笑,他还会模仿别人的言语行动,例如楚庄王时期的优孟就能装扮成已故的宰相孙叔敖,连楚王一下子也认不出来(见优孟)。

到了封建时代,优从对帝王进行讽谏,变成帝王用来讽刺臣下的手段。在五胡十六国时代,后赵石勒因一个担任参军的官员贪污官绢,就令一个优人穿上官服扮成参军,让别的优伶从旁戏弄他。从此,优的表演就被称为参军戏,并从一个角色发展成两个角色,被戏弄的叫"参军",而去戏弄他的就叫"苍鹘"。

到晚唐时期,参军戏发展成为多人演出,戏剧情节也比较复杂,除男角色外,还有女角色出场。到了唐末五代,又改称"杂剧",至宋,更出现了五个角色名目,并各有分工职司,即:① "戏头",又叫"末泥",是计划演出的,为一班之首;② "引戏",是具体安排演出的,又兼"装旦";③ "副净",就是原来的参军;④ "副末",就是原来的苍鹘。在这四个角色还不够的时候,就添一个角色叫"装孤"。虽然有了上述种种变化,但其内容仍属滑稽调笑性质;不过这时多以市井人物为取笑的对象。例如《眼药酸》这个节目就是表现酸秀才用眼药给人治病无效的故事,《老孤遣旦》就是写一个老头和一个年轻妇女之间的纠纷。这些剧目除表现秀才、妇女等外,还表现乞丐、军士、小偷、和尚等人物的种种笑料。因此,在五个角色中,仍是以副净和副末为主要的表演者。

庙会和瓦舍勾栏   上述三类艺术,细分起来,品种很多,统称为"百戏",又名"散乐"。秦汉以来,百戏有一种集中表演的传统。汉代宫廷中的表演地在平乐观;北魏开始,把这种表演的场所改在寺庙里;隋炀帝将四方各国的"散乐"集中在洛阳,分为 9 部:① 燕乐,② 清商,③ 西凉,④ 扶南,⑤ 高丽,⑥ 龟兹,⑦ 安国,⑧ 疏勒,⑨ 康国。每年正月初一到十五,在皇宫端门外 8 里长的地方辟出一处场所,集中各种散乐,令百官和各国来朝贺的使臣随意观看。唐代的歌舞百戏表演场所,除宫廷演出外,还是设在长安几座大的寺庙里。宋钱易《南部新书》中说:"长安戏场多集于慈恩,小者在青龙,其次荐福、永寿。尼讲盛于保唐。"这里除百戏表演外,还有"啭变",即说唱变文和说不属于佛经故事的市人小说。到了北宋,商品经济发达,北宋都城东京(今开封)等地成为繁华的大商业都市。东京除相国寺为游观之地外,还有专为各种艺术表演而设的瓦舍。据宋孟元老《东京梦华录》所记,12 世纪初,东京的瓦舍已遍布东西南北四城,有桑家瓦子、中瓦、里瓦、朱家桥瓦子、州西瓦子、州北瓦子等若干座,尤其以城东靠近大商业区的瓦舍为最大。在这一带不仅紧连着几家瓦舍,而且每座瓦舍中有好几十座"勾栏棚",多的有 50 余座。瓦舍是一个集合多种伎艺长年卖艺的地方。瓦舍的艺人以卖艺为职业,观众主要是市民,即手工业工人、商人,也有知识分子和官僚、贵族。瓦舍虽集合各种伎艺在一处,但分别在各自的勾栏棚里表演。瓦舍勾栏所演出的伎艺范围很广,有小说、讲史、诸宫调、合生、武艺、杂技、各种傀儡戏、影戏、说笑话、猜谜语、舞蹈、滑稽表演、装神弄鬼,等等。也有从滑稽戏发展出来的"杂剧"。南宋都城临安（今杭州）的瓦舍勾栏承袭北宋体制，但杂剧在数量上和质量上都有所发展和提高。瓦舍勾栏各种伎艺集中表演，招徕观众，它们互相观摩，互相竞争，也互相吸收，逐渐汇合，这就促进了戏曲的形成。起源于滑稽戏的宋杂剧就是在瓦舍勾栏中吸收了各种伎艺而形成的综合性戏曲艺术。

宋杂剧与金院本　宋杂剧是中国最早的戏曲形式。金院本与宋杂剧实同而名异，但艺术上有所发展，它是从宋杂剧过渡到元杂剧的重要形式。据宋周密《武林旧事》所载《官本杂剧段数》，宋杂剧有两类主要节目：一类是冠以大曲之名的，如《王子高六幺》，是以大曲的曲调来唱故事的；另一类是没有曲名的，如《眼药酸》，属于滑稽戏。《梦粱录·妓乐》条中说："向者汴京教坊大使孟角曾做杂剧本子，葛守诚撰四十大曲。"就是指的这两类节目。它们是从北宋以来就存在的杂剧中的两种形式。另外，还有以"爨"为名的，如《天下太平爨》。这是一种歌舞段子。

宋杂剧演出时先演一节"艳段"，艳段最早的形式就是一段小歌舞，也即是爨。因为是5个角色都出场的，所以又叫作"五花弄"；然后再演正杂剧。正杂剧或是一段滑稽戏，或是一段大曲。有时最后还加演一段"杂扮"。这是一种小的玩笑段子，大都扮演没有进城见过世面的乡下人闹的笑话。

元陶宗仪《南村辍耕录》所载《院本名目》，是现存唯一的金代剧目单。从这个目录看，金院本和宋杂剧是同一类型的戏曲形式。它和宋杂剧的不同有以下几点：① 金院本中用大曲歌唱的节目很少，多数没有标明曲调。但这些节目也并非一定不唱，如"题目院本"就是唱题目，也就是唱一些有名人物如公主、王侯的逸事、传说之类。又如"和曲院本"，一看就知道是用唱来表演的。这些没标名乐曲的唱段所以不用大曲来唱，是因为大曲的音乐不适合北方听众的兴趣，特别不适合北方民族，如女真族听众，所以金院本在乐曲上逐渐北方化了，这就是北曲声腔形成的开始。② 在金院本中属于艳段的节目形式丰富了。除宋杂剧里"爨"这种形式仍旧保留以外，又增加了"拴搐艳段""打略拴搐"等形式。拴搐就是捆绑的意思，拴搐艳段是指那些能和某些正杂剧的内容联系得起来的艳段，和"说话"中的"入话"相似。例如可以由《订注论语》引出一段秀才不通的正杂剧来，等等。"打略拴搐"内容中的各种"家门"，是准备为正杂剧演出中的各种人物和题材做介绍用的。如"卒子家门"中的《针儿线》就是为一个没能耐的卒子报家门用的。金院本既和北宋杂剧有继承关系，又有所发展，它把原来在同场演出的两段独立的节目在内容上联系起来，这就向日后内容上统一完整的戏曲剧目跨进了一步。③ 金院本还有一类称为"院幺"的节目，是宋杂剧中所没有的，有些学者认为是元杂剧的前身，它也可以称为"幺末"或"幺麽院本"。"院幺"是"行院"所演的"幺末"的简称后来元杂剧有时也袭用旧名，仍称"幺末"，但一般认为"幺末"乃是旧形式，故在元杂剧《蓝采和》里称之为"旧幺末院本"。这类节目可能是把"和曲院本"之类以唱为主的正杂剧和以滑稽戏为主的正杂剧综合起来的新形式。这样在"院幺"中的唱就不是纯叙事的唱，而是逐渐转为代言体的唱了。叙事的唱中出现一些代言的唱段，其实诸宫调中就有了，"董西厢"就是明显的例子。而元杂剧中一剧或一折由一人唱到底,既表现出对于诸宫调的继承痕迹,也是"和曲院本"的一种继承;元杂剧基本上是代言体,而又不时露出叙事的痕迹,如《货郎担》中所唱的〔九转货郎儿〕一折。"院么"正是宋杂剧和元杂剧之间的过渡形式。

金院本是宋杂剧的发展,同时又是元杂剧的孕育者;出现了金院本,元杂剧的诞生条件也就完全成熟了。元杜善夫在《庄家不识勾栏》这套散曲里,描写了元初剧场演出的情况。其节目编排次序是前面演了一段艳段,是属于"爨"一类性质;接演的第二个节目是院本《调风月》,是属于滑稽戏性质的;后面的正戏是"么末敷演刘耍和"。元杂剧中有《黑旋风敷演刘耍和》一目,大概演的就是这出戏。在元杂剧还没有出现世之前,金院本的节目编排的最后一出正戏可能就是"院么"了。当时"院么"还没有从整个院本中分化出来被冠以"杂剧"之名,而又演在院本之后,所以被称为"院么"。院么或么末院本,就是院本后面再演一本的意思。元陶宗仪说:"院本、杂剧,其实一也。国朝院本、杂剧始厘而二之。"因此,把"院么"看作产生在金代的杂剧的原始形态也无不可。

关于戏曲起源与形成的各家学说,历来众说纷纭。现举近人有代表性的几说,略述如下:

戏曲起源于古巫、古优 王国维在《宋元戏曲考》中提出:"古代之巫,实以歌舞为职,以乐神人者也。"又说《楚辞》称"巫"为"灵","群巫之中,必有象神之衣服形貌动作者……至于浴兰沐芳,华衣若英,衣服之丽也;缓节安歌,竽瑟浩倡,歌舞之盛也;乘风载云之词,生别新知之语,荒淫之意也。是则灵之为职,或偃蹇以象神,或婆娑以乐神,盖后世戏剧之萌芽,已有存焉者矣"。他还认为,"古之俳优,但以歌舞及戏谑为事。自汉以后,则间演故事;而合歌舞以演一事者,实始于北齐。顾其事至简,与其谓之戏,不若谓之舞之为当也。然后世戏剧之源,实自此始。"

戏曲受印度梵剧影响而形成 许地山在《梵剧体例及其在汉剧上的点点滴滴》中,从文心和文体(即内容和形式)上对中国戏曲与印度梵剧进行了比较研究,认为:① 梵剧并不是纯正的悲剧,凡事至终要团圆,"团圆主义可以概括梵剧底文心";"梵剧的表现纯在理想方面,故不能产生真正的悲剧或喜剧。这样的印度思想,我们的《琵琶记》把它完全代表出来"。"中国剧本描写'全忠全孝'底理想正和梵剧的描写婆罗门思想一点也不合现实,一点也不加批评一样"。② 梵剧和戏曲的取材,都有传说(传奇)、创作、杂串。③ 梵剧在情节的发展上,有10项内容即"起首""努力""成功的可能""必然的成功""所收的效果"以及"种子""点滴""陪衬""意外""团圆"。许多戏曲(如元杂剧《杀狗劝夫》《张天师》等)都可以纳入这10项内容。④ "梵剧作家对于宾白,不喜纯用雅语,又不喜纯用俗语,故最优美的语言是雅俗参杂底。这与中国戏剧上所用语式,雅中有俗,俗中有雅一样"。此外,许地山还谈到梵剧与中国戏曲在演出形式和脚色称谓的相似之处。他的结论是:"中国戏剧变迁底陈迹如果不是因为印度的影响,就可以看作赶巧两国底情形相符了。"

戏曲起源于傀儡戏、影戏 孙楷第在《傀儡戏考原》中提出:宋傀儡戏、影戏,"为宋元以来戏文杂剧所从出;乃至后世一切大戏,皆源于此。其于戏曲扮演之制,如北曲之以一人唱;南曲之分唱、合唱、互唱,以及扮脚人之自赞姓名、扮脚人之涂面、优人之注重步法等;语其事之所由起,亦莫不归之于傀儡戏影戏"。

戏曲至迟起于春秋,完成于唐代　任二北在《戏曲、戏弄与戏象》中说:"戏曲本身,至迟春秋时已有,是社会上自然产生的东西,而用这二字来代表戏剧,则自明以后小部分人的人为之事。"他不同意王国维关于真正的戏剧起于宋元的观点,认为说真戏剧,不等于说成熟的戏剧。周戏《孙叔敖》(即优孟)虽幼稚,但也是真戏剧(据《唐戏弄·后记》)。他还提出:"在我国古代之伎艺中,先有歌舞,以较为规律之声容著;继有俳优,以较为自由之科白著;二者分别发展,至迟在汉代,声容与科白,即已互相结合为体,而沟通为用,敷演故事,成为歌舞戏。……自后歌舞戏日渐发达,迄唐而受胡乐、胡舞、胡戏之刺激特强,又与当时社会盛行之传奇、小说、讲唱、咏语,种种文艺,互为影响,代言问答等已普遍深入,于是循伎艺发展之自然趋势,已有融乐、歌、舞、演、白五事,以共同推进故事,加强表情,提高效果者,我国戏剧之体制,至此实已完成。"(据《唐戏弄·辨体》)

这些学说都提出了自己的根据。但中国戏曲的形成,因素是很多的。如巫舞来源的确很古,但原始歌舞不只有巫舞一种。傀儡戏和影戏对戏曲也是有影响的,南戏形成时期,温州和东南沿海一带确曾有影戏傀儡戏流行的事实。朱熹在福建曾禁演傀儡戏,他的学生陈淳也在同地禁演南戏(据何乔远《闽书》)。但如说南戏只出自傀儡,也未免举其一而遗其他。其时江南及东南沿海一带,农村各种歌舞艺术甚为发达,这些艺术对于戏曲的影响也是斑斑可考的。至于傀儡戏和影戏对元曲形成、梵剧对戏曲形成的影响,还缺乏证据,尚待研究。

对戏曲形成时间的争论,是一个对戏曲概念有不同看法的问题。一般认为表演艺术与戏曲应加以区别。凡扮演、舞蹈、歌唱、歌舞、相声、说唱、武艺等都属表演艺术;戏曲虽也是表演艺术的一种形式,但不可将所有的表演艺术说成戏曲。王国维将宋元时期的戏剧说成是真正的戏剧,有厘定概念范围的意思,此戏剧二字,专就中国戏曲而言,应当是无可非议的。

(节选自张庚·郭汉城《中国戏曲通史》
中国戏剧出版社 2007 年 9 月)

第七编　中国现代文学

中国现代文学概述

中国现代文学通常是指从 1919 年"五四"运动到 1949 年新中国成立 30 余年文学史，大致可分为以下三个时期：

第一个时期是 1917 年～1927 年，首先是五四新文学运动。1917 年 1 月，胡适于《新青年》发表《文学改良刍议》，首倡白话文学，主张以白话取代文言，作为正宗的文学语言。这是"五四"文学革命发难的第一个信号。2 月，陈独秀发表《文学革命论》，提出"三大主义"，进一步涉及文学内容的变革，很快得到钱玄同、刘半农等人的响应，将革命推向高潮。1921 年前后，新文学社团迅速涌现，影响最大的是文学研究会、创造社和语丝社。

新文学以白话文写作，有强烈的反传统姿态，文学创作显示出多元特点，成果丰盛。现代文学奠基人鲁迅，在短篇小说、散文、散文诗、历史小说、杂文各种文学领域，都有自己全新的创作；郁达夫首创了自传体小说形式；冰心是问题小说代表作家；郭沫若是新诗的奠基人之一，历史剧的开创者之一；诗歌创作方面出现了闻一多、徐志摩、李金发等个性特点鲜明的诗人；话剧创作的代表有田汉、丁西林等。

第二个时期是 1928 年～1937 年。1930 年，左翼作家联盟成立，鲁迅发表《对于左翼作家联盟的意见》的讲话，第一次提出了文艺要为"工农大众"服务的方向，并且指出左翼文艺家一定要和实际的社会斗争接触。以鲁迅为代表的左翼成员以马克思主义理论为武器，对国民党当局的反动文艺政策，进行了批判和斗争，对于"新月派""民族主义文艺运动""自由人""第三种人"及"论语派"等的资产阶级文艺观点，进行了批评，形成很有声势的文艺大众化运动。

这一时期，大家辈出。成就最高的当推茅盾、老舍、巴金。茅盾的《子夜》是现代文学史上的一座高峰，也是中国现代长篇小说成熟的标志。他的《春蚕》《林家铺子》也与《子夜》一样，体现了作者对时事的关切和对社会生活的深刻体验。老舍的《骆驼祥子》《月牙儿》表现了黑暗现实中小人物的悲惨命运。巴金有《激流三部曲》《爱情三部曲》。这一时期成就较高的小说家还有以刻画知识女性内心世界著称的丁玲、以描写湘西边城风土人情而独树一帜的沈从文、辛辣揭露和讽刺小市民灰色心态的张天翼和沙汀、善于从卑微灵魂中发掘真善美的艾芜等。

20 世纪 30 年代的诗坛诗社林立、流派纷纭。以殷夫、蒋光慈为代表的"普罗诗派"，即无产阶级革命诗派，主张诗歌应直接为无产阶级的解放事业服务，但忽视了诗歌意象的锻造。1932年成立的"中国诗歌会"，主要成员有蒲风、穆木天、杨骚、任钧、王亚平等，他们的创作有强烈的理想主义与英雄主义色彩。以戴望舒、卞之琳为代表的现代派诗歌，刻意追求诗意的朦胧美和诗歌形式的散文美，扩展了诗歌的表现内容和表现形式。这一时期卓有成就的诗人还有艾青，他执着于表现追求光明和民主的主题，代表作《大堰河——我的保姆》。臧克家诗歌创作具有明显的现实主义特色。诗人田间的创作也引人注目，他的长诗《中国农村的故事》和《给战斗者》，以高亢激昂的音调和炽热灼人的情感显示出诗人富于现实性和战斗性的艺术特色。

20世纪30年代杂文创作出现了新高潮。鲁迅以战斗精神从事杂文创作，取得了丰硕的成果。一批新的杂文作者不断涌现，影响较大的有瞿秋白、茅盾、唐弢、徐懋庸、聂绀弩、柯灵、巴人等。抒情散文有冰心、朱自清、郁达夫、周作人、梁实秋、徐志摩、丰子恺、梁遇春、沈从文、何其芳、陆蠡、李广田、吴伯箫等。以林语堂为代表的幽默小品与闲适小品，从容睿智、通俗生动、幽默自然，为散文创作注入了清新的美感趣味。此外，报告文学兴起，茅盾主编的报告文学集《中国一日》（1936年），展现了一个个丑恶与圣洁、光明与黑暗交织着的社会生活横断面。夏衍的《包身工》借包身工一天的地狱生活，揭示了包身工制度的丑恶内涵。这两部作品代表了报告文学初创阶段的最高成就。

同一时期中国现代戏剧有了重大发展，成立了上海戏剧社，第一次提出了"无产阶级戏剧"的口号，出现了"中国话剧的三大奠基人"——洪深、欧阳予倩、田汉。曹禺是成就最高的剧作家，他的《雷雨》《日出》标志着中国现代戏剧文化的成熟。此外，夏衍的《赛金花》《秋瑾》《上海屋檐下》，田汉的《月光曲》和《回春之曲》，熊佛西的《屠夫》，李健吾的《太平天国》，洪琛的《农村三部曲》，宋之的的《武则天》等剧作，用不同的笔触，从不同的侧面，丰富了中国现代戏剧创作。

1937年～1949年是第三个时期。中国先后经历了抗击日本军国主义侵略的民族战争和推翻国民党统治的国内革命战争，涌现出一大批自觉服务于时代和政治的文学家和文学作品。1942年5月23日，毛泽东发表《在延安文艺座谈会上的讲话》着重论述了文艺与艺术政治的关系，明确提供"文艺是从属于政治的"，号召作家深入人民生活。讲话发表后，延安文艺界开展了整风运动。解放区作家热烈响应号召，走向农村、走向连队，投身抗日战争和解放战争，创作了一批体现讲话精神的作品。但是，这场整风也受到了"左"倾思想的干扰，一是将思想斗争演变成组织斗争，且出现了过火和扩大化的失误；二是对讲话作简单片面的理解，夸大地强调了文艺的政治功能，以致一些作家把文艺作品变成了对政治和政策的图解。

这一时期，戏剧创作最为活跃。在国统区，首先是历史剧创作的繁荣。郭沫若的战国史剧，阿英的南明史剧，杨翰笙、欧阳予倩、陈白尘等的太平天国史剧等，借古喻今，以古讽今，宣传团结抗敌。其次是喜剧创作，陈白尘的《升官图》、吴祖光的《捉鬼记》、宋之的的《群猴记》等。这些戏剧创作更接近现实生活，注意了对社会人生的深入开掘和对人物形象的塑造,夏衍、于伶、田汉、老舍、曹禺等人都有上乘之作。在解放区,1945年,贺敬之、丁毅执笔创作的新歌剧《白毛女》,堪称现代民族歌剧的奠基之作。

这一时期戏剧创作成就最高的是郭沫若。他在1942年初创作的《屈原》,是继曹禺的《雷雨》《日出》之后戏剧文学的又一座丰碑。曹禺的《北京人》表现了新与旧斗争的主题,夏衍的《法西斯细菌》表现了和平与进步的重大主题。

20世纪40年代小说创作的重大成果主要集中在国统区。代表作有茅盾的《腐蚀》、巴金的《寒夜》、沙汀的《在其香居茶馆里》、老舍的《四世同堂》、钱钟书的《围城》以及张爱玲的短篇小说集《传奇》、张天翼的短篇小说《华威先生》等。

在解放区和抗日根据地,也产生了一批优秀小说。以赵树理的《小二黑结婚》、丁玲的《太阳照在桑干河上》、周立波的《暴风骤雨》、孙犁的《荷花淀》为代表。

20世纪40年代诗歌创作更加贴近生活、贴近时事,郭沫若、任钧、冯乃超、臧克家、徐迟、戴望舒等,都用自己的诗歌真实地记录了抗战时期的民族情绪。在国统区,"七月诗派"是最为活跃的、最大的诗歌流派,主要成员有胡风、鲁藜、阿垅、绿原等。七月诗派热衷于表现大时代的主题,显示出强烈的革命激情和粗放的格调。在大后方昆明,西南联大的校园内,朱自清、闻一多、卞之琳、李广田的周围聚集一批热情敏感而又才华洋溢的年轻人,有穆旦(查良铮)、郑敏、杜运燮、袁可嘉等,产生了新诗史中不多见的"沉思的诗"。在解放区,有以信天游形式写成的叙事长诗《王贵与李香香》(李季)、《漳河水》(阮章竞)等,显示出民歌风格叙事长诗的独特魅力,拓展了现代诗歌的表现形式。

20世纪40年代出版的散文集多达1170部。抗战初期,报告文学几乎占据了整个文坛。国统区最有影响的报告文学作家是丘东平,代表作《第七连》《我们在那里打了败仗》。在解放区,成就最为突出的是描写领导人的作品,如杨朔的《毛泽东特写》、何其芳的《朱总司令的话》、丁玲的《彭德怀速写》等。抒情散文方面,茅盾的《风景谈》《白杨礼赞》堪称杰作。此外,丰子恺、陆蠡、何其芳、丽尼、巴金、叶圣陶、李广田、沈从文、梁实秋、张爱玲等人的散文,形式日趋多样化。

徐志摩·偶然

徐志摩（1897～1931），现代诗人、散文家。浙江海宁县硖石镇人，名章垿，字志摩，小字又申。曾经用过的笔名有南湖、云中鹤，新月派代表诗人。1915 年毕业于杭州一中，先后就读于上海沪江大学、天津北洋大学和北京大学。1918 年赴美国学习银行学。1921 年赴英国留学，作为特别生入伦敦剑桥大学，研究政治经济学。在剑桥两年深受西方教育的熏陶及欧美浪漫主义和唯美派诗人的影响。1921 年开始创作新诗。1922 年回国后在报刊上发表大量诗文。1931 年 11 月 19 日，由南京乘飞机到北平，因遇雾在济南附近触山，机坠身亡。诗集著有《志摩的诗》《翡冷翠的一夜》《猛虎集》《云游》；散文集有《落叶》《巴黎的鳞爪》《自剖》《秋》；小说《春痕》；散文集《轮盘》；戏剧《卞昆冈》（与陆小曼合写）；日记《爱眉小札》《志摩日记》；译著《曼殊斐尔小说集》等。他的作品已编为《徐志摩文集》出版。徐志摩诗字句清新，韵律谐和，比喻新奇，想象丰富，意境优美，神思飘逸，富于变化，并追求艺术形式的整饬、华美，具有鲜明的艺术个性。

偶　然

我是天空里的一片云，
偶尔投影在你的波心——
　　你不必讶异，
　　更无须欢喜——
在转瞬间消灭了踪影。

你我相逢在黑夜的海上，
你有你的，我有我的，方向；
　　你记得也好，
　　最好你忘掉，
在这交会时互放的光亮！

【学习提示】

《偶然》作于 1926 年 5 月，时值徐志摩的浓情蜜意无着落之际、"有情人终成眷属"希望渺茫之时。因为林徽音悄然离去；陆小曼暂时不得自由，且迫于父母的压力左右摇摆。徐志摩是一个追求真情、完美的浪漫情调人，他一生单纯地信仰"爱、自由、美"。他把爱当作是上帝，是生命的中心与精华。他抗拒父母之命、媒妁之言所得的婚姻，深悟"不应该继续没有爱情，没有自由的婚姻生活，要以自由之偿还自由"，毅然决然与端庄贤淑的原配夫人张幼仪离婚。在英国伦敦，他追求人面桃花、才气过人、柔情似水、内藏坚毅及主见的林徽音，林徽音却黯然而去。他在一次舞会上偶遇天生丽质、风情万种的陆小曼，犹如"春，投生入残冬的尸体"（徐志摩诗《春的投生》），毫不犹豫地扑向情爱的火焰。虽然感情生活不符合规矩方圆，但他仍然站在雨中等待彩虹。

徐志摩是一个比较纯正的抒情诗人，他的创作视野没有投向摧毁旧世界、建立新天地的火热革命斗争中，而是探索灵魂的秘密、心境的繁杂，表现生命的意义。在他的诗歌语境中，常出现的是清风明月、鸟语花香、星光黑夜等景象，常抒发的是甜美的爱情、悲凉的忱情、空虚的怨情。无疑，《偶然》是诗人抒情诗的又一杰作，我们在清雅飘逸的感觉中玩味诗歌意象的深刻蕴意，体验诗人爱情遭遇的铭心痛创，领悟诗人消解的灵魂秘密。

在诗歌中，诗人将自己打造成"天空里的一片云"这一意象，也是个无意识的欲望象征。诗人把可视而不可触的事物与所要表达的意念构成一个和谐的整体以及丰富的诗意境界，充满了无限的神往。诗人的灵魂犹如"一片云"，轻盈、飘浮、流落，寻寻觅觅，最后还是无影无踪，形迹不见。诗人对美的渴望、对爱的寻求矢志不渝，但不知是否能与林徽音续情缘？或是否能与陆小曼有美满结局？浓烈的无归属感令诗人不免忧心忡忡。

诗人还创造了另一个朦胧意象——"黑夜的海上"，暗惨、幽秘、辽阔，漫无边际，就好像人生的不如意没有尽头。这一意象可看作是阻挠徐志摩获得美妙爱情的人情世故的象征，也可看作是难以对抗的残酷现实的象征，还可理解为诗人心里茫然无知、情感了无踪影和无所寄托的象征。志摩的离婚曾引发轩然大波他也义无反顾，志摩热情、大胆追求爱情和完美遭致流言蜚语却让他深感得不到理解、谅解的幽怨、苦痛与哀伤。诗人奥秘、隐晦的灵魂世界在"黑夜的海上"得以昭示。

诗中还抒写到"我"和"你"在"黑夜的海上"偶然相遇，转瞬即成陌路人，有如茫茫人海中的匆匆过客。实际上根本没有纯粹的偶然现象，离别的结果体现着主观的动机。弗洛伊德否认任何纯粹的偶然现象的存在，他认为任何客观结果都体现着主观的动机，任何现在时态都是过去时态的逻辑延续。徐志摩在英国伦敦时勇弃旧式婚姻，而对林徽音暗生情愫，如春风拂面，心中万般情绪剪不断、理还乱，视她为"唯一灵魂之伴侣"，期望能够与她携手同老。哪知林徽音的父亲不认可他，恩师梁启超先生不支持他。徐志摩四面楚歌，一心追求的爱情遭到毁灭性打击，但他依然执着，用极端的忍耐去守候。诗人却用意态潇洒的诗句"你记得也好／最好你忘掉／在这交会时互放的光亮！"将痛苦、伤心揉成自己忧郁、无奈的安慰，将深厚的留恋化成短暂、绚丽的光芒。

林徽音弃他而去，他有幸遇上了陆小曼，又毫不犹豫地把浓浓情、切切意洒向她，而陆小曼想要走出"围城"，获取自由可不是一件容易的事。徐志摩的情欲遭受到理性和意识的压抑、监视，遭受到现实的约束，若要正常表情达意可谓是"难于上青天"。于是，他将自己的灵魂巧妙伪装起来，灵魂便在一刹那里收藏，呈现的心迹变成："我是天空里的一片云／偶尔投影在你的波心／你不必讶异／更无须欢喜／在转瞬间消灭了踪影。"貌似洒脱、逍遥、舒畅。他真的如此豁达、如此乐观吗？诗人的意识与无意识交互发展,透过字里行间,寻找诗歌表面意义下真正蕴藏着的真谛,你可以发现,诗人的情绪有点失常,诗人的情感在毫无理由地闪烁、回避。事实上,志摩不愿意轻易失去陆小曼,更不想再一次伤害自己的尊严和心灵。他一方面努力激励小曼"我的爱/再不可迟疑/误不得/这唯一的时机"(徐志摩诗《决断》),给她争取自由的信心及勇气;另一方面,尽一切努力帮助陆小曼获取"自由",以便终成眷属。在诗中,诗人悖逆的心理达到极致。

诗人营造了一个模糊不清的诗意境界,情感表述浓淡参差、错落有致,灵魂凸现超脱而又悲哀地互相对立,妄想在极端的矛盾中获得精神解脱和慰藉。

(节选自廖健春《文学教育》2007年第2期)

刘半农·教我如何不想她

刘半农(1891~1934),原名刘复,1917年参加《新青年》编辑工作,是"五四"新文化运动的积极倡导者之一。出版的诗集有《瓦釜集》(1926)、《扬鞭集》(1926)。其他著作有《半农杂文》《中国文法通论》《四声实验录》等,编有《初期白话诗稿》,另有译著《法国短篇小说集》《茶花女》等。

教我如何不想她

天上飘着些微云,
地上吹着些微风。
啊!
微风吹动了我的头发,
教我如何不想她?
月光恋爱着海洋,
海洋恋爱着月光。
啊!
这般蜜也似的银夜。
教我如何不想她?

水面落花慢慢流,
水底鱼儿慢慢游。
啊!
燕子你说些话?
教我如何不想她?
枯树在冷风里摇,
野火在暮色中烧。
啊!
西天还有些儿残霞,
教我如何不想她?

【学习提示】

刘半农的诗歌一方面吸收歌谣的散体和外国的诗歌特点,另一方面继承了中国传统诗歌的特点和手法——重视意境的营造、比兴等。这首诗中,每一段的开头渲染了不同的景色,以引起感情的抒发;每一段都营造了优美的诗歌意境,引起人们无穷的想象。同时,诗人采用了西方抒情诗的一些特点,反复吟唱,用生活中的白话来抒发心中强烈的感情。这首诗无论是在意境的营造上,还是在抒情方式的表现技巧上,都是后来中国白话新诗的楷模,对中国的新诗产生了启发式的影响。

戴望舒·我用残损的手掌

戴望舒(1905～1950)笔名有戴梦鸥、江恩、艾昂甫等,生于浙江杭州,中国现代象征派诗歌的代表。因《雨巷》成为传诵一时的名作,被称为"雨巷诗人"。早年就读于上海大学、复旦大学,曾因宣传革命被捕。无论理论还是创作实践,都对中国新诗的发展产生过相当大的影响。诗集有《我的记忆》《望舒草》《望舒诗稿》《灾难的岁月》《戴望舒诗选》《戴望舒诗集》,另有译著等数十种。

我用残损的手掌

我用残损的手掌,
摸索这广大的土地;
这一角已变成灰烬,
那一角只是血和泥;
这一片湖该是我的家乡,
春天,堤上繁花如锦幛,
嫩柳枝折断有奇异的芬芳
我触到荇藻和水的微凉;
这长白山的雪峰冷到彻骨,
这黄河的水夹泥沙在指间滑出;
江南的水田,你当年新生的禾草
是那么细,那么软……现在只有蓬蒿;
岭南的荔枝花寂寞地憔悴,
尽那边,我蘸着南海没有渔船的苦水……

无形的手掌掠过无限的江山,
手指沾了血和灰,
手掌沾了阴暗,
只有那辽远的一角依然完整,
温暖,明朗,坚固而蓬勃生春。
在那上面,我用残损的手掌轻抚,
像恋人的柔发,婴孩手中乳。
我把全部的力量运在手掌
贴在上面,寄与爱和一切希望,
因为只有那里是太阳,是春,
将驱逐阴暗,带来苏生,
因为只有那里我们不像牲口一样活,
蝼蚁一样死……
那里,永恒的中国!

【学习提示】

1942 年 4 月,诗人在香港参加了抗日运动,发表了抗日的文章,被捕入狱,受尽严刑拷打,致残在狱中。但诗人抗日精神依然不减,饱蘸感慨,在狱中写下了这如泣如诉的诗歌和《狱中题壁》。

"残损的手掌"不仅写实,它还是一种意象。作者想象用手掌触摸地图上的沦陷区,一片凄凉景象。风景如画的"家乡",如今被侵略者强占,作者忧愤、悲怆。诗的后半部分,作者抚摸到了解放区那"辽远的一角",突地情绪一变,由消极为积极,灰暗变为明亮,在那辽远的一角,民族的希望正在成长!"那里,永恒的中国!"残损的手掌摸索到了这里,再怎么疼痛再怎么心碎都会在满眼"春的阳光"中烟消云散。诗人对胜利充满了信心,对民族充满了希望!

俞平伯·桨声灯影里的秦淮河

俞平伯(1900~1990),原名俞铭衡,字平伯,清代朴学大师俞樾曾孙。与胡适并称"新红学派"的创始人。湖州德清东郊南埭村(今乾元镇金火村)人。1919年毕业于北京大学,先后在燕京大学、清华大学、北京大学等校任教多年。1952年起任中国科学院文学研究所研究员。最初以创作新诗为主。1918年,以白话诗《春水》崭露头角。次年,与朱自清等人创办我国最早的新诗月刊《诗》。主要作品有红学研究著作《红楼梦研究》;诗集《冬夜》《古槐书屋间》;散文集《燕知草》《杂拌儿》等。在古典诗词研究方面,著有《读词偶得》《清真词释》《读诗札记》等重要著作。

桨声灯影里的秦淮河

我们消受得秦淮河上的灯影,当圆月犹皎的仲夏之夜。

在茶店里吃了一盘豆腐干丝,两个烧饼之后,以歪歪的脚步踅上夫子庙前停泊着的画舫,就懒洋洋躺到藤椅上去了。好郁蒸的江南,傍晚也还是热的。"快开船罢!"桨声响了。

小的灯舫初次在河中荡漾;于我,情景是颇朦胧,滋味是怪羞涩的。我要错认它作七里的山塘;可是,河房里明窗洞启,映着玲珑入画的曲栏干,顿然省得身在何处了。佩弦呢。他已是重来,很应当消释一些迷惘的。但看他太频繁地摇着我的黑纸扇。胖子是这个样怯热的吗?

又早是夕阳西下,河上妆成一抹胭脂的薄媚。是被青溪的姊妹们所薰染的吗?还是匀得她们脸上的残脂呢?寂寂的河水,随双桨打它,终是没言语。密匝匝的绮恨逐老去的年华,已都如蜜饧似的融在流波的心窝里,连呜咽也将嫌它多事,更哪里论到哀嘶。心头,宛转的凄怀;口内,徘徊的低唱;留在夜夜的秦淮河上。

在利涉桥边买了一匣烟,荡过东关头,渐荡出大中桥了。船儿悄悄地穿出连环着的三个壮阔的涵洞,青溪夏夜的韶华已如巨幅的画豁然而抖落。哦!凄厉而繁的弦索,颤岔而涩的歌喉,杂着吓哈的笑语声,劈拍的竹牌响,更能把诸楼船上的华灯彩绘,显出火样的鲜明,火样的温煦了。小船儿载着我们,在大船缝里挤着,挨着,抹着走。它忘了自己也是今宵河上的一星灯火。

既踏进所谓"六朝金粉气"的销金锅,谁不笑笑呢!今天的一晚,且默了滔滔的言说,且舒了恻恻的情怀,暂且学着,姑且学着我们平时认为在醉里梦里的他们的憨痴笑语。看!初上的灯儿们一点点掠剪柔腻的波心,梭织地往来,把河水都皱得微明了。纸薄的心旌,我的,尽无休息地跟着它们飘荡,以致于怦怦而内热。这还好说什么的!如此说,诱惑是诚然有的,且于我已留下不易磨灭的印记。至于对榻的那一位先生,自认曾经一度摆脱了纠缠的他,其辨解又在何处?这实在非我所知。

我们,醉不以涩味的酒,以微漾着,轻晕着的夜的风华。不是什么欣悦,不是什么慰藉,只感到一种怪陌生,怪异样的朦胧。朦胧之中似乎胎孕着一个如花的笑——这么淡,那么淡的倩笑。淡到已不可说,已不可拟,且已不可想;但我们终久是眩晕在它离合的神光之下的。我们没法使人信它是有,我们不信它是没有。勉强哲学地说,这或近于佛家的所谓"空",既不当鲁莽说它是"无",也不能径直说它是"有"。或者说"有"是有的,只因无可比拟形容那"有"的光景;故从表面看,与"没有"似不生分别。若定要我再说得具体些:譬如东风初劲时,直上高翔的纸鸢,牵线的那人儿自然远得很了,知她是哪一家呢?但凭那鸢尾一缕飘绵的彩线,便容易揣知下面的人寰中,必有微红的一双素手,卷起轻绡的广袖,牢担荷小纸鸢儿的命根。飘翔岂不是东风的力,又岂不是纸鸢的含德;但其根株却将另有所寄。请问,这和纸鸢的省悟与否有何关系?故我们不能认笑是非有,也不能认朦胧即是笑。我们定应当如此说,朦胧里胎孕着一个如花的幻笑,和朦胧又互相混融着的;因它本来是淡极了,淡极了这么一个。

漫题那些纷烦的话,船儿已将泊在灯火的丛中去了。对岸有盏跳动的汽油灯,佩弦便硬说它远不如微黄的灯火。我简直没法和他分证那是非。

时有小小的艇子急忙忙打桨,向灯影的密流里横冲直撞。冷静孤独的油灯映见黯淡久的画船头上,秦淮河姑娘们的靓妆。茉莉的香,白兰花的香,脂粉的香,纱衣裳的香……微波泛滥出甜的暗香,随着她们那些船儿荡,随着我们这船儿荡,随着大大小小一切的船儿荡。有的互相笑语,有的默然不响,有的衬着胡琴亮着嗓子唱。一个,三两个,五六七个,比肩坐在船头的两旁,也无非多添些淡薄的影儿葬在我们的心上——太过火了,不至于罢,早消失在我们的眼皮上。谁都是这样急忙忙的打着桨,谁都是这样向灯影的密流里冲着撞;又何况久沉沦的她们,又何况漂泊惯的我们俩。当时浅浅的醉,今朝空空的惆怅;老实说,咱们萍泛的绮思不过如此而已,至多也不过如此而已。你且别讲,你且别想!这无非是梦中的电光,这无非是无明的幻相,这无非是以零星的火种微炎在大欲的根苗上。扮戏的咱们,散了场一个样,然而,上场锣,下场锣,天天忙,人人忙。看!吓!载送女郎的艇子才过去,货郎担的小船不是又来了?一盏小煤油灯,一舱的什物,他也忙得来象手里的摇铃,这样丁冬而郎当。

杨枝绿影下有条华灯璀璨的彩舫在那边停泊。我们那船不禁也依傍短柳的腰肢,欹侧地歇了。游客们的大船,歌女们的艇子,靠着。唱的拉着嗓子;听的歪着头,斜着眼,有的甚至于跳过她们的船头。如那时有严重些的声音,必然说:"这哪里是什么旖旎风光!"咱们真是不知道,只模糊地觉着在秦淮河船上板起方正的脸是怪不好意思的。咱们本是在旅馆里,为什么不早早入睡,掂着牙儿,领略那"卧后清宵细细长";而偏这样急急忙忙跑到河上来无聊浪荡?还说那时的话,从杨柳枝的乱鬓里所得的境界,照规矩,外带三分风华的。况且今宵此地,动荡着有灯火的明姿。况且今宵此地,又是圆月欲缺未缺,欲上未上的黄昏时候。叮当的小锣,伊轧的胡琴,沉填的大鼓……弦吹声腾沸遍了三里的秦淮河。喳喳嚷嚷的一片,分不出谁是谁,分不出那儿是那儿,只有整个的繁喧来把我们包填。仿佛都抢着说笑,这儿夜夜尽是如此的,不过初上城的乡下老是第一次呢。真是乡下人,真是第一次。

穿花蝴蝶样的小艇子多到不和我们相干。货郎担式的船,曾以一瓶汽水之故而拢近来,这是真的。至于她们呢,即使偶然灯影相偎而切掠过去,也无非瞧见我们微红的脸罢了,不见得有什么别的。可是,夸口早哩!——来了,竟向我们来了!不但是近,且拢着了。船头傍着,船尾也傍着;这不但是拢着,且并着了。厮并着倒还不很要紧,且有人扑冬地跨上我们的船头了。这岂不大吃一惊!幸而来的不是姑娘们,还好。(她们正冷冰冰地在那船头上。)来人年纪并不大,神气倒怪狡猾,把一扣破烂的手折,摊在我们眼前,让细瞧那些戏目,好好儿点个唱。他说:"先生,这是小意思。"诸君,读者,怎么办?

好,自命为超然派的来看榜样!两船挨着,灯光愈皎,见佩弦的脸又红起来了。那时的我是否也这样?这当转问他。(我希望我的镜子不要过于给我下不去。)老是红着脸终久不能打发人家走路的,所以想个法子在当时是很必要。说来也好笑,我的老调是一味的默,或干脆说个"不",或者摇摇头,摆摆手表示"决不"。如今都已使尽了。佩弦便进了一步,他嫌我的方术太冷漠了,又未必中用,摆脱纠缠的正当道路惟有辩解。好吗!听他说:"你不知道?这事我们是不能做的。"这是诸辩解中最简洁,最漂亮的一个。可惜他所说的"不知道?"来人倒真有些"不知道!"辜负了这二十分聪明的反语。他想得有理由,你们为什么不能做这事呢?因这"为什么?"佩弦又有进一层的曲解。那知道更坏事,竟只博得那些船上人的一晒而去。他们平常虽不以聪明名家,但今晚却又怪聪明,如洞彻我们的肺肝一样的。这故事即我情愿讲给诸君听,怕有人未必愿意哩。"算了罢,就是这样算了罢;"恕我不再写下了,以外的让他自己说。

叙述只是如此,其实那时连翩而来的,我记得至少也有三五次。我们把它们一个一个的打发走路。但走的是走了,来的还正来。我们可以使它们走,我们不能禁止它们来。我们虽不轻被摇撼,但已有一点杌陧了。况且小艇上总载去一半的失望和一半的轻蔑,在桨声里仿佛狠狠地说,"都是呆子,都是吝啬鬼!"还有我们的船家(姑娘们卖个唱,他可以赚几个子的佣金。)眼看她们一个一个的去远了,呆呆的蹲踞着,怪无聊赖似的。碰着了这种外缘,无怒亦无哀,惟有一种情意的紧张,使我们从颓弛中体会出挣扎来。这味道倒许很真切的,只恐怕不易为倦鸦似的人们所喜。

曾游过秦淮河的到底乖些。佩弦告船家:"我们多给你酒钱,把船摇开,别让他们来罗嗦。"自此以后,桨声复响,还我以平静了,我们俩又渐渐无拘无束舒服起来,又滔滔不断地来谈谈方才的经过。今儿是算怎么一回事?我们齐声说,欲的胎动无可疑的。正如水见波痕轻婉已极,与未波时究不相类。微醉的我们,洪醉的他们,深浅虽不同,却同为一醉。接着来了第二问,既自认有欲的微炎,为什么艇子来时又羞涩地躲了呢?在这儿,答语参差着。佩弦说他的是一种暗昧的道德意味,我说是一种似较深沉的眷爱。我只背诵岂君的几句诗给佩弦听,望他曲喻我的心胸。可恨他今天似乎有些发钝,反而追着问我。

前面已是复成桥。青溪之东，暗碧的树梢上面微耀着一桁的清光。我们的船就缚在枯柳桩边待月。其时河心里晃荡着的，河岸头歇泊着的各式灯船，望去，少说点也有十廿来只。惟不觉繁喧，只添我们以幽甜。虽同是灯船，虽同是秦淮，虽同是我们；却是灯影淡了，河水静了，我们倦了，——况且月儿将上了。灯影里的昏黄，和月下灯影里的昏黄原是不相似的，又何况入倦的眼中所见的昏黄呢。灯光所以映她的，月华所以洗她的秀骨，以腾的心焰跳舞她的盛年以伤涩的眼波供养她的迟暮。必如此，才会有圆足的醉，圆足的恋，圆足的颓弛，成熟了我们的心田。

犹未下弦，一丸鹅蛋似的月，被纤柔的云丝们簇拥上了一碧的遥天。冉冉地行来，冷冷地照着秦淮。我们已打桨而徐归了。归途的感念，这一个黄昏里，心和境的交萦互染，其繁密殊超我们的言说。主心主物的哲思，依我外行人看，实在把事情说得太嫌简单，太嫌容易，太嫌分明了。实有的只是浑然之感。就论这一次秦淮夜泛罢，从来处来，从去处去，分析其间的成因自然亦是可能；不过求得圆满足尽的解析，使片段的因子们合拢来代替刹那间所体验的实有，这个我觉得有点不可能，至少于现在的我们是如此的。凡上所叙，请读者们只看作我归来后，回忆中所偶然留下的千百分之一二，微薄的残影。若所谓"当时之感"，我决不敢望诸君能在此中窥得。即我自己虽正在这儿执笔构思，实在也无从重新体验出那时的情景。说老实话，我所有的只是忆。我告诸君的只是忆中的秦淮夜泛。至于说到那"当时之感"，这应当去请教当时的我。而他久飞升了，无所存在。

……

凉月凉风之下，我们背着秦淮河走去，悄默是当然的事了。如回头，河中的繁灯想定是依然。我们却早已走得远，"灯火未阑人散"；佩弦，诸君，我记得这就是在南京四日的醑嬉，将分手时的前夜。

一九二三，八，二二，北京。

【学习提示】

此作 1923 年 8 月 22 日写于北京，选自《杂拌儿》。多年前，俞平伯与朱自清同游秦淮河，以《桨声灯影里的秦淮河》为共同的题目，各作散文一篇，以风格不同、各有千秋而传世，成为现代文学史上的一段佳话。

南京秦淮河，它那旖旎的风光，尤其是它那蕴含历代兴亡的史迹，历来是许多骚人墨客歌咏凭吊的场所。唐代著名诗人杜牧的《泊秦淮》，就是其中脍炙人口的名篇。诗云："烟笼寒水月笼沙，夜泊秦淮近酒家。商女不知亡国恨，隔江犹唱后庭花。"把对秦淮美景的抒写与对时局的深沉感慨结合了起来。到了清代，孔尚任作传奇《桃花扇》，更是极写秦淮河笙歌繁华的气象和国破家亡的惨景。因此人们神往秦淮河，正如朱自清文中所说的那样，不仅是因为它那华灯映水、画舫凌波的美景，实在是有许多历史的影像使然。

这两篇散文写于"五四"革命风潮刚刚过去三四年的时候。当时，随着革命的深入，"五四"新文化运动的统一战线进一步分化，"有的高升，有的退隐，有的前进"。比之"五四"当时来,整个文化领域显得比较冷落。由于新的革命高潮还没有到来,一些知识分子感到前途茫茫,正如茅盾所指出的那样:"到了'五四'的前夜为止,苦闷彷徨的空气支配了整个文坛,即使外形上有冷观苦笑与要求享乐和麻醉的分别,但内心是同一苦闷彷徨。走向十字街头的当时的文坛只在十字街头徘徊。"(《中国新文学大系·小说一集》)这两篇同题散文当可印证这一点。我们从文章中不难看出,无论是俞平伯还是朱自清,由于他们都困缚在知识分子的狭小天地里,因而他们也就不可能从秦淮河的历史和现状里,发掘出更有积极意义的思想来。他们也有所不满,有所追求,但是又感到十分迷惘,因而文中就都有着一种怅惘之感。他们不掩饰自己思想上的苦闷。朱自清写道:"这实在是因为我们的心枯涩久了,变为脆弱;故偶然润泽一下,便疯狂似的,不能自主了。"俞平伯则写道:"其实同被因袭的癖趣所沉浸。"他们都有着一种精神的渴求,想借秦淮之游来滋润心灵的干枯,慰藉一下寂寞的灵魂,这里多少还回荡着一点"五四"时期个性解放的呼声,虽则这呼声是那么轻微。但是山水声色之乐,毕竟不能解除他们精神上的苦闷,他们也不能像古代一些文人那样放浪形骸,因而在灯月交辉、笙歌彻夜的秦淮河上,他们处处显得拘谨,显得与环境很不协调。结果自然是乘兴而去,惆怅而归。

但是在大致相同的思想境界中,我们又可以发现他们不同的地方。在如画的美景中,朱自清抒发的是难以消受或不堪消受的心境,对那怡人娱目的美景和粗率不拘的歌声,有着一种热切的依恋,感情上比较强烈,而这一切,写来又是那么朴直,不加文饰,更表露作者朴实诚恳的性格。有人说朱自清是"文如其人",他的"风华从朴素出来,幽默从忠厚出来,腴厚从平淡出来",这是很中肯的评论。而俞平伯作文,喜欢在抒情写景之中,阐发所谓"主心主物的哲思",置身在秦淮河这所谓"六朝金粉"的销金窟里,他虽则被这"轻晕着的夜的风华"所陶醉,但是所感到的"不是什么欣悦,不是什么慰藉;只感到一种怪陌生,与怪样的朦胧。""我们无法使人信它是有,我们不信它是没有,勉强哲学地说,在或近于佛家的所谓'空'"。比之朱自清的热切依恋之情,俞平伯表现得冷静、理智,他在文章中极力要造成一种空灵、朦胧的意境,就像水中月、镜中花似的,使人捉摸不定。因而文中有些段落,不仅有一种淡淡的苦涩之感,而且使读者感到有些玄妙。

人们常常说,现实生活是丰富多彩的,因而文学作品的题材应该多样化,这样才能反映生活的真实面貌,文艺也才能百花齐放。这些自然是很对的,但是,如果我们深入一步考察的话,还会发现,即使是同样的题材,在有才能的作家的笔下,由于不同的风格和流派,甚至由于不同的性格和气质,也会有各种各样的表现手法,使同一题材的作品,呈现不同的风貌。一样的灯彩月影,一样的歌吹泛舟,在朱自清和俞平伯的笔下,写得却是各呈异彩。俞平伯是首次来到秦淮河上,朱自清则是重游,因此,那文章一开头,就大为不同。"我们消受得秦淮河上的灯影,圆月犹皎的仲夏之夜。"这突如其来的两句,一下子就把这位初来者的欣悦并略带惊奇的心情勾勒出来了。而那位重游者,在文章的开头,却只是比较平直的段交代:"一九二三年八月的一晚,我和平伯同游秦淮河;平伯是初泛,我是重来了。"朱自清善于把自己的真情实感,通过平易的叙述表达出来,笔致简练,朴素亲切。俞平伯写散文追求一种"独特的风致",遣词造句方面,他吸收了明人小品的某些长处,比较古朴、凝练。在整个格局方面,他又喜欢在细腻柔婉的描写中,插入一些哲理的分析,因此他的散文,就有着一种情与思、热与冷的结合。虽则有些地方显得比较繁缛,但也不乏机智的、富有情味的描写,比如"小船儿载着我们,在大船缝里挤着,挨着,抹着走,它忘了自己也是今宵河上的一星灯火"。这"挤着""挨着""抹着",很有生活实感,写出了秦淮河上一派喧哗景象。特别是"它忘了自己也是今宵河上的一星灯火",更有哲理的意味。任何事物都不是孤立存在的,它们之间有着有形或无形的联系。坐在小船上看风光,殊不知这一叶小舟本身也是河上的风光,每一个赏灯玩景之人,都成了秦淮河风光的组成部分。在这里,情与思有机地交融在一起了。同是写船出大中桥,来到秦淮河最为繁华的地方,朱自清写来从容舒徐,在俞平伯笔下,却是奇峰突起:"船儿悄悄地穿出连环着的三个壮阔的涵洞,青溪夏夜的韶华已如巨幅的画豁然而抖落。哦!凄厉而繁的弦索,颤岔而涩的歌喉,杂着吓哈的笑语声,劈拍的竹牌响,更能把诸楼船上的华灯彩绘,显出火样的鲜明,火样的温煦了。"色彩似乎更为浓烈,更突显出这位初来者的惊奇与欣喜。

　　俞平伯是谙熟古典小说词曲的,因此在这篇散文中,随处可见他在这方面的功力。他把这些文艺样式的用词融汇在一起,并不显得突兀或错杂,反而增添了文章的生气和风采。比如"今天的一晚,且默了滔滔的言说,且舒了恻恻的情怀,暂且学着,姑且学着我们平时认为在醉里梦里的他们的憨痴笑话",这一段颇像古典词曲的句式,用在这儿,却也显得自然而风趣。"时有小小的艇子急忙忙打桨,向灯影的密流里横冲直撞。冷静孤独的油灯映见黯淡久的画船头上,秦淮河姑娘们的靓妆。茉莉的香,白兰花的香,脂粉的香,纱衣裳的香……微波泛滥出甜的暗香,随着她们那些船儿荡,随着我们这船儿荡,随着大大小小一切的船儿荡。有的互相笑语,有的默默不响,有的衬着胡琴亮着嗓子唱。一个,三两个,五六七个,比肩坐在船头的两旁,也无非多添些淡薄的影儿葬在我们的心上——太过火了,不至于罢,早消失在我们的眼皮上。不过同是些女人们,你能认识那一个面庞?谁都是这样急忙忙的打着桨,谁都是这样向灯影的密流里冲着撞;又何况久沉沦的她们,又何况漂泊惯的我们俩。当时浅浅的醉,今朝空空的惆怅;老实说,咱们萍泛的绮思不过如此而已,至多也不过如此而已。你且别讲,你且别想!这无非是梦中的电光,这无非是无明的幻相,这无非是以零星的火种微炎在大欲的根苗上。扮戏的咱们,散了场一个样,然而,上场锣,下场锣,天天忙,人人忙。看!吓!载送女郎的艇子才过去,货郎旦的小船不是又来了?一盏小煤油灯,一舱的什物,他也忙得来像手里的摇铃,这样丁冬而郎当。"整整这么一段,不仅读起来琅琅上口,而且有着一种诗词的韵律美。从它的句式和韵律来看,这一段无异是一段散曲,看得出来,作者在这些地方是着意经营的,但又不使人感到前后不协调,反而使文章平添了不少风采,增加了读者许多兴味,应该说,这些地方都是得力于作者古典文学修养的深厚。

（选自陆永品主编《俞平伯名作欣赏》中国和平出版社 1998 年 6 月）

梁遇春 · 谈"流浪汉"

梁遇春（1906～1932），福建闽侯人，1924 年进入北京大学英文系学习。1928 年秋毕业后曾到上海暨南大学任教。翌年返回北京大学图书馆工作。后因染急性猩红热，猝然去世。作品主要是散文与翻译西方文学作品，大部分收入《春醪集》和《泪与笑》。废名曾说过："他的文思如星珠串天，稍纵即逝。"在上个世纪二三十年代他被郁达夫称之为"中国的爱利亚。"（即英国 19 世纪初著名散文大师兰姆笔名）

谈"流浪汉"

当人生观论战已经闹个满城风雨，大家都谈厌烦了不想再去提起时候，我一天忽然写一篇短文，叫做《人死观》。这件事实在有些反动嫌疑，而且该捱思想落后的罪名，后来仔细一想，的确很追悔。前几年北平有许多人讨论 Gentleman 这字应该要怎么样子翻译才好，现在是几乎谁也不说这件事了，我却又来喋喋，谈那和"君子"Gentleman 正相反的"流浪汉"Vagabond，将来恐怕免不了自悔。但是想写文章时候，哪能够顾到那么多呢？

Gentleman 这字虽然难翻，可是还不及 Vagabond 这字那样古怪，简直找不出适当的中国字眼来。普通的英汉字典都把它翻做"走江湖者""流氓""无赖之徒""游手好闲者"……但是我觉得都失丢这个字的原意。Vagabond 既不像走江湖的卖艺为生，也不是流氓那种一味敲诈，"无赖之徒""游手好闲者"都带有贬骂的意思，Vagabond 却是种可爱的人儿。在此无可奈何时候，我只好暂用"流浪汉"三字来翻，自然也不是十分合式的。我以为 Gentleman，Vagabond 这些字所以这么刁钻古怪，是因为它们被人们活用得太久了，原来的意义早已消失，于是每个人用这个字时候都添些自己的意思，这字的涵义越大，更加好活用了。因此在中国寻不出一个能够引起那么多的联想的字来。本来Gentleman，Vagabond 这二个字和财产都有关系的，一个是拥有财产，丰衣足食的公子，一个是毫无恒产，四处飘零的穷光蛋。因为有钱，自然能够受良好的教育，行动举止也温文尔雅，谈吐也就蕴藉不俗，更不至于跟人铢锱必较，言语冲撞了。Gentleman 这字的意义就由世家子弟一变变做斯文君子，所以现在我们不管一个人出身的贵贱，财产的有无，只要他的态度是温和，做人很正直，我们都把他当做 Gentleman。一班穷酸的人们被人冤枉时节，也可以答辩道："我虽然穷，却是个 Gentleman。"Vagabond 这个字意义的演化也经过了同样的历程。本来只指那班什么财产也没有，天天随便混过去的人们。他们既没有一定的职业，有时或者也干些流氓的勾当。但是他们整天随遇而安，倒也无忧无虑，他们过惯了放松的生活，所以就是手边有些钱，也是胡里胡涂地用光，对人们当然是很慷慨的。他们没有身家之虑，做事也就痛痛快快，并不像富人那种畏首畏尾，瞻前顾后。酒是大杯地喝下去，话是随便地顺口开河，有时也胡诌些有趣味的谎语。他们万事不关怀，天天笑呵呵，规矩的人们背后说他们没有责任心。他们与世无忤，既不会桌上排着一斗黄豆,一斗黑豆,打算盘似的整天数自己的好心思和坏心思,也不会皱着眉头,弄出连环巧计来陷害人们。他们的行为是胡涂的,他们的心肠是好的。他们是大个顽皮小孩,可是也带了小孩的天真。他们脑里存了不少奇奇怪怪的幻想,满脸春风,老是笑眯眯的,一些机心也没有。……我们现在把凡是带有这种心情的人们都叫做 Vagabond,就是他们是王侯将相的子孙,生平没有离开家乡过也不碍事。他们和中国古代的侠客有些相像,可是他们又不像侠客那样朴刀横腰,给夸大狂迷住,一脸凶气,走遍天下专为打不平。他们对于伦理观念,没有那么死板地痴痴执着。我不得已只好翻做"流浪汉",流浪是指流浪的心情,所以我所赞美的流浪汉或者同守深闺的小姐一样,终身未出乡里一步。

英国十九世纪末叶诗人和小品文作家斯密士 Alexan Dder Smith 对于流浪汉是无限地颂扬。他有一段描写流浪汉的文章,说得很妙。他说:"流浪汉对于许多事情的确有他的特别意见。比如他从小是同密尼表妹一起养大,心里很爱她,而她小孩时候对于他的感情也是跟着年龄热烈起来,他俩结合后大概也可以好好地过活,他一定把她娶来,并没有考虑到他们收入将来能够不能够允许他请人们来家里吃饭或者时髦地招待朋友。这自然是太鲁莽了。可是对于流浪汉你是没法子说服他。他自己有他一套再古怪不过的逻辑(他自己却以为是很自然的推论),他以为他是为自己娶亲的,并不是为招待他的朋友的缘故;他把得到一个女人的真心同纯洁的胸怀比袋里多一两镑钱看得重得多。规矩的人们不爱流浪汉。那班膝下有还未出嫁姑娘的母亲特别怕他——并不是因他为子不孝,或者将来不能够做个善良的丈夫,或者对朋友不忠,但是他的手不像别人的手,总不会把钱牢牢地握着。他对于外表丝毫也不讲究。

他结交朋友,不因为他们有华屋美酒,却是爱他们的性情,他们的好心肠,他们讲笑话听笑话的本领,以及许多别人看不出的好处。因此他的朋友是不拘一类的,在富人的宴会里却反不常见到他的踪迹。我相信他这种流浪态度使他得到许多好处。他对于人生的希奇古怪的地方都有接触过。他对于人性晓得便透彻,好像一个人走到乡下,有时舍开大路,去凭吊荒墟古冢,有时在小村逆旅休息,路上碰到人们也攀谈起来,这种人对于乡下自然比那在坐四轮马车里骄傲地跑过大道的知道得多。我们因为这无理的骄傲,失丢了不少见识。一点流浪汉的习气都没有的人是没有什么价值的。"斯密士说到流浪汉的成家立业的法子,可见现在所谓的流浪汉并不限于那无家可归,脚跟如蓬转的人们。斯密士所说的只是一面,让我再由另一个观察点——流浪汉和 Gentleman 的比较——来论流浪汉,这样子一些一些凑起来或者能够将流浪汉的性格描摹得很完全,而且流浪汉的性格复杂万分(汉既以流浪名,自不是安分守己,方正简单的人们),绝不能一气说清。

英国文学里分析 Gentleman 的性格最明晰深入的文章,公推是那位叛教分子纽门 J. H. Newman 的《大学教育的范围同性质》。纽门说:"说一个人他从来没有给别人以苦痛,这句话几乎可以做'君子'的定义……'君子'总是从事于除去许多障碍,使同他接近的人们能够自然地随意行动;'君子'对于他人行动是取赞同合作态度,自己却不愿开首主动……真正的'君子'极力避免使同他在一块的人们心里感到不快或者颤震,以及一切意见的冲突或者感情的碰撞，一切拘束，猜疑，沉闷，怨恨；他最关心的是使每个人都很随便安逸像在自己家里一样。"这样小心翼翼的君子我们当然很愿意和他们结交，但是若使天下人都是这么我让你，你体贴我，扭扭泥泥地，谁也都是捧着同情等着去附和别人的举动，可是谁也不好意思打头阵；

　　你将就我，我将就你，大家天天只有个互相将就的目的，此外是毫无成见的，这种的世界和平固然很和平，可惜是死国的和平。迫得我们不得不去欢迎那豪爽英迈，勇往直前的流浪汉。他对于自己一时兴到想干的事趣味太浓厚了，只知道口里吹着调子，放手做去，既不去打算这事对人是有益是无益，会成功还是容易失败，自然也没有虑及别人的心灵会不会被他搅乱，而且"君子"们袖手旁观，本是无可无不可的，大概总会穿着白手套轻轻地鼓掌。流浪汉干的事情不一定对社会有益，造福于人群，可是他那股天不怕，地不怕，不计得失，不论是非的英气总可以使这麻木的世界呈现些须生气，给"君子"们以赞助的材料，免得"君子"们整天掩着手打呵欠（流浪汉才会痛快地打呵欠，"君子"们总是像林黛玉那样子抿着嘴儿）找不出话讲，我承认偷情的少女，再嫁的寡妇都是造福于社会的，因为没有她们，那班贞洁的小姐，守节的孀妇就失去了谈天的材料，也无从来赞美自己了。并且流浪汉整天瞎闹过去，不仅目中无人，简直把自己都忘却了。真正的流浪汉所以不会引起人们的厌恶，因为他已经做到无人无我的境地，那一刹那间的冲动是他惟一的指导，他自己爱笑，也喜欢看别人的笑容，别的他什么也不管了。"君子"们处处为他人着想，弄得不好，反使别人怪难受，倒不如流浪汉的有饭大家吃，有酒大家喝，有话大家说，先无彼此之分，人家自然会觉得很舒服，就是有冲撞地方，也可以原谅，而且由这种天真的冲撞更可以见流浪汉的毫无机心。真是像中国旧文人所爱说文章天成，妙手偶得之，流浪汉任性顺情，万事随缘，丝毫没有想到他人，人们却反觉得他是最好的伴侣，在他面前最能够失去世俗的拘束，自由地行动。许多人爱留连在乌烟瘴气的酒肆小茶店里，不愿意去高攀坐在王公大人们客厅的沙发上，一班公子哥儿喜欢跟马夫下流人整天打伙，不肯到他那客气温和的亲戚家里走走，都是这种道理。纽门又说："君子知道得很清楚，人类理智的强处同弱处，范围同限制。若使他是个不信宗教的人，他是太精明太雅量了，绝不会去嘲笑或者反宗教；他太智慧了，不会武断地或者热狂地反教。他对于虔敬同信仰有相当的尊敬；有些制度他虽然不肯赞同，可是他还以为这些制度是可敬的良好的或者有用的；他礼遇牧师，自己仅仅是不谈宗教的神秘，没有去攻击否认。他是信教自由的赞助者，这并不只是因为他的哲学教他对于各种宗教一视同仁，一半也是由于他的性情温和近于女性，凡是有文化的人们都是这样。"这种人修养功夫的确很到家，可谓火候已到，丝毫没有火气，但是同时也失去活气，因为他所磨炼去的火是 Prometheus 由上天偷来做人们灵魂用的火。十八世纪第一画家 Reynolds 是位脾气顶好的人，他的密友约翰生（就是那位麻脸的胖子）一天对他说："Reynolds 你对于谁也不恨，我却爱那善于恨人的人。"约翰生伟大的脑袋蕴蓄有许多对于人生微妙的观察，他通常冲口而出的牢骚都是入木三分的慧话。恨人恨得好（A good hater）真是一种艺术，而且是人人不可不讲究的。我相信不会热烈地恨人的人也是不知道怎地热烈地爱人。流浪汉是知道如何恨人，如何爱人。他对于宗教不是拚命地相信，就是尽力地嘲笑。Donne, Herrick, Cellini 都是流浪汉气味十足的人们，他们对于宗教都有狂热；Voltaire, Nietzsche 这班流浪汉就用尽俏皮的辞句，热嘲冷讽，掉尽枪花，来讥骂宗教。

在人生这幕悲剧的喜剧或者喜剧的悲剧里，我们实在应该旗帜分明地对于一切不是打倒，就是拥护，否则到处妥协，灰色地独自踯躅于战场之上，未免太单调了，太寂寞了。我们既然知道人类理智的能力是有限的，那么又何必自作聪明，僭居上帝的地位，盲目地对于一切主张都持个大人听小孩说梦话态度，保存一种白痴的无情脸孔，暗地里自夸自己的眼力不差，晓得可怜同原谅人们低弱的理智。真真对于人类理智力的薄弱有同情的人是自己也加入跟着人们胡闹，大家一起乱来，对人们自然会有无限同情。和人们结伙走上错路，大家当然能够不言而喻地互相了解。当浊酒三杯过后，大家拍桌高歌，莫名其妙地相视而笑，莫逆于心，那时人们才有真正的同情，对于人们的弱点有愿意的谅解，并不像"君子"们的同情后面常带有我佛如来怜悯众生的冷笑。我最怕那人生的旁观者，所以我对于厚厚的约翰生传会不倦地温读，听人提到 Addison 的旁观报就会皱眉，虽然我也承认他的文章是珠圆玉润，修短适中，但是我怕他那像死尸一般的冰冷。纽门自己说"君子"的性情温和近于女性（The gentleness and effeminacy of feeling），流浪汉虽然没有这类在台上走 S 式步伐的旖旎风光，他却具有男性的健全。他敢赤身露体地和生命肉搏，打个你死我活。不管流浪汉的结果如何，他的生活是有力的，充满趣味的，他没有白过一生，他尝尽人生的各种味道，然后再高兴地去死的国土里遨游。这样在人生中的趣味无穷翻身打滚的态度，已经值得我们羡慕，绝不是女性的"君子"所能晓得的。

耶稣说过："凡想要保全生命的，必丧掉生命。凡丧掉生命的，必救活生命。"流浪汉无时不是只顾目前的痛快，早把生命的安全置之度外，可是他却无时不尽量地享受生之乐。守己安分的人们天天守着生命，战战兢兢，只怕失丢了生命，反把生命真正的快乐完全忽略，到了盖棺论定，自己才知道白宝贵了一生的生命，却毫无受到生命的好处，可惜太迟了，连追悔的时候都没有。他们对于生命好似守财虏的念念不忘于金钱，不过守财虏还有夜夜关起门来，低着头数血汗换来的钱财的快乐，爱惜生命的人们对于自己的生命，只有刻刻不忘的担心，连这种沾沾自喜的心情也没有，守财虏为了金钱缘故还肯牺牲了生命，比那什么想头也消失了，光会顾惜自己皮肤的人们到底是高一等，所以上帝也给他那份应得的快乐。用句罗素的老话，流浪汉对于自己生命不取占有冲动，是被创造冲动的势力鼓舞着。实在说起来，宇宙间万事万物流动不息，哪里真有常住的东西。只有灭亡才是永存不变的，凡是存在的天天总脱不了变更，这真是"法轮常转"。Walter Pater 在他的《文艺复兴研究》的结论曾将这个意思说得非常美妙，可惜写得太好了，不敢翻译。尤其生命是瞬刻之间，变幻万千的，不跳动的心是属于死人的。所以除非顺着生命的趋势，高兴地什么也不去管往前奔，人们绝不能够享受人生。近代小品文家 Jaekson 在他那篇论"流浪汉"文里说："流浪汉如入生命的波涛汹涌的狂潮里生活。"他不把生命紧紧地拿着，（普通

人将生命握得太紧,反把生命弄僵化死了)

却做生命海中的弄潮儿,伸开他的柔软身体,跟着波儿上下,他感觉到处处触着生命,他身内的热血也起共鸣。最能够表现流浪汉这种的精神是美国放口高歌,不拘韵脚的惠提曼 Walt Whitman 他那本诗集《草之叶》Leaves of Grass 里句句诗都露出流浪汉的本色,真可说是流浪汉的圣经。流浪汉生活所以那么有味,一半也由于他们的生活是很危险的。踢足球,当兵,爬悬崖峭壁……所以会那么饶有趣味,危险性也是一个主因。在这个单调寡趣,平淡无奇的人生里凡有血性的人们常常觉到不耐烦,听到旷野的呼声,原人时代啸游山林,到处狩猎的自由化做我们的本能,潜伏在黑礼服的里面,因此我们时时想出外涉险,得个更充满的不羁生活。万顷波涛的大海谁也知道覆灭过无千无数的大船,可是年年都有许多盎格罗萨格逊的小孩恋着海上危险的生涯,宁愿抛弃家庭的安逸,违背父母的劝谕,跑去过碧海苍天中辛苦的水手生涯。海所以会有那么大的魔力就是因为它是世上最危险的地方,而身心健全的好汉哪个不爱冒险,爱慕海洋的生活,不仅是一“海上夫人”而已也。所以海洋能够有小说家们像 Marryat,Cooper,Loti,Conrad,等等去描写它,而他们的名著又能够博多数人的同情。蔼理斯曾把人生比做跳舞,若使世界真可说是个跳舞场,那么流浪汉是醉眼朦胧,狂欢地跳二人旋转舞的人们。规矩的先生们却坐在小桌边无精打采地喝无聊的咖啡,空对着似水的流年惆怅。

流浪汉在无限量地享受当前生活之外,他还有丰富的幻想做他的伴侣。Dickens 的《块肉余生述》里面的 Micaw ber 在极穷困的环境中不断地说“我们快交好运了”,这确是流浪汉的本色。他总是乐观的,走的老是蔷薇的路。他相信前途一定会光明,他的将来果然会应了他的预测,因为他一生中是没有一天不是欣欣向荣的;就是悲哀时节,他还是肯定人生,痛痛快快地哭一阵后,他的泪珠已滋养大了希望的根苗。他信得过自己,所以他在事情还没有做出之前,就先口说莲花,说完了,另一个新的冲动又来了,他也忘却自己讲的话,那事情就始终没有干好。这种言行不能一致,孔夫子早已反对在前,可是这类英气勃勃的矛盾是多么可爱!蔼理斯在他名著《生命的跳舞》里说:“我们天天变更,世界也是天天变更,这是顺着自然的路,所以我们表面的矛盾有时就全体来看却是个深一层的一致。”(他的话大概是这样,一时记不清楚。)流浪汉跟着自然一团豪兴。想到哪里就说到哪里,他的生活是多么有力。

行为不一定是天下一切主意的唯一归宿,有些微妙的主张只待说出已是值得赞美了,做出来或者反见累赘。神话同童话里的世界哪个不爱,虽然谁也知道这是不能实现的。

流浪汉的快语在惨淡的人生上布一层彩色的虹,这就很值得我们谢谢了。并且有许多事情起先自己以为不能胜任,若使说出话来,因此不得不努力去干,倒会出乎意料地成功;倘然开头先怕将来不好,连半句话也不敢露,一碰到障碍,就随它去,那么我们的作事能力不是一天天退化了?

一定要言先乎事,做我们努力的刺激,生活才有兴味,才有发展。就是有时失败,富有同情的人们定会原谅,尖酸刻薄人们的同情是得不到的,并且是不值一文的。我们的行为全借幻想来提高,所以 Masefield 说"缺乏幻想能力的人民是会灭亡的"。幻想同矛盾是良好生活的经纬,流浪汉心里想出七古八怪的主意,干出离奇矛盾的事情。什么传统正道也束缚他不住,他真可说是自由的骄子,在他的眼睛里,世界变做天国,因为他过的是天国里的生活。

若使我们翻开文学史来细看,许多大文学家全带有流浪汉气味。Shake-speare 偷过人家的鹿,Ben Jonson,Marlowe 等都是 Mermaid Tavern 这家酒店的老主顾,Goldsmith 吴市吹箫,靠着他的口笛遍游大陆,Steele 整天忙着躲债,Charles Lamb,Leigh Hunt 颠头颠脑,吃大烟的 Coleridge,De Quincey 更不用讲了,拜伦,雪莱,济茨那是谁也晓得的。就是 Wordsworth 那么道学先生神气,他在法国时候,也有过一个私生女,他有一首有名的十四行诗就是说这个女孩。目光如炬专说精神生活的塔果尔,小孩时候最爱的是逃学。Browning 带着人家的闺秀偷跑,Mrs. Browning 违着父亲淫奔,前数年不是有位好事先生考究出 Dickens 年轻时许多不轨的举动,其他如 Swinburne,Stevenson 以及《黄书》杂志那班唯美派作家那是更不用说了。为什么偏是流浪汉才会写出许多不朽的书,让后来"君子"式的大学生整天整夜按部就班地念呢?头一下因为流浪汉敢做敢说,不晓得掩饰求媚,委曲求全,所以他的话真挚动人。有时加上些瞒天大谎,那谎却是那样子大胆子地杜撰的,一般拘谨人和假君子所绝对不敢说的,谎言因此有谎言的真实在,这真实是扯谎者的气魄所逼成的。而且文学是个性的结晶,个性越显明,越能够坦白地表现出来,那作品就更有价值。流浪汉是具有出类拔萃的个性的人物,他们的思想同行事全有他们的特别性格的色彩,他们豪爽直截的性情使他们能够把这种怪异的性格跃跃地呈现于纸上。斯密士说得不错"天才是个流浪汉",希腊哲学家讲过知道自己最难,所以在世界文学里写得好的自传很少,可是世界中所流传几本不朽的自传全是流浪汉写的。Cellini 杀人不眨眼,并且敢明明白白地记下,他那回忆录(Memoirs)过了几千年还没有失去光辉。Augustine 少年时放荡异常,他的忏悔录却同托尔斯泰(他在莫斯科纵欲的事迹也是不可告人的)的忏悔录,卢骚的忏悔录同垂不朽。富兰克林也是有名的流浪汉,不管他怎样假装做正人君子,他那浪子的骨头总常常露出,只要一念 Cobbett 攻击他的文章就知道他是个多么古怪一个人。De Quincey 的《英国一个吃鸦片人的忏悔录》,这个名字已经可以告诉我们那内容了。做《罗马衰亡史》的 Gibbon,他年轻时候爱同教授捣乱,他那本薄薄的自传也是个愉快的读物。Jeffries 一心全在自然的美上面,除开游荡山林外,什么也不注意,他那《心史》是本冰雪聪明,微妙无比的自白。记得从前美国一位有钱老太太希望她的儿子成个文学家,写信去请教一位文豪,这位文豪回信说:"每年给他几千镑,让他自己鬼混去罢。"这实在是培养创造精神的无上办法。我希望想写些有生气的文章的大学生不死滞在文科讲堂里,走出来当一当流浪汉罢。最近半年北大的停课对于中国将来文坛大有裨益,因为整天没有事只好逛市场跑前门的文科学生免不了染些流浪汉气息。这种千载一时的机会,希望我那些未毕业的同学们好好地利用,免贻后悔。

前几年才死去的一位英国小说家 Conrad 在他的散文集《人生与文学》内,谈到一位有流浪汉气的作家 Luff mann，说起有许多小女读他的书以后，写信去向他问好，不禁醋海生波，顾影自怜地（虽然他是老舟子出身）叹道：

"我平生也写过几本故事（我不愿意无聊地假假自谦），既属纪实，又很有趣。可是没有女人用温柔的话写信给我。为什么呢？只是因为我没有他那种流浪汉气。家庭中可爱的专制魔王对于这班无法无天的人物偏动起怜惜的心肠。"

流浪汉确是个可爱的人儿，他具有完全男性，情怀潇洒，磊落大方，哪个怀春的女儿见他不会倾心。俗语说"痴心女子负心汉"。就是因为负心汉全是处处花草颠连的浪子，什么事情都不放在心头，他那痛快淋漓的气概自然会叫那老被人拘在深闺里的女孩儿一见心倾，后来无论他怎地负心总是痴心地等待着。中古的贵女爱骑士，中国从前的美人爱英雄总是如花少女对于风尘中飘荡人的一往情深的表现。红拂的夜奔李靖，乌江军帐里的虞姬，随着范蠡飘荡五湖的西施……这些例子也不知道有多少。清朝上海窑子爱娈马夫，现在电影明星娈汽车夫，姨太太跟马弁偷情也是同样的道理。总之流浪汉天生一种叫人看着不得不爱的情调，他那种古怪莫测的行径刚中女人爱慕热情的易感心灵。岂只女人的心见着流浪汉会熔，我们不是有许多瞎闹胡乱用钱行事乖张的朋友，常常向我们借钱捣乱，可是我们始终恋着他们率直的态度，对他们总是怜爱帮忙。天下最大的流浪汉是基督教里的魔鬼。可是哪个人心里不喜欢魔鬼。在莎士比亚以前英国神话剧盛行时候，丑角式的魔鬼一上场，大家都忙着拍手欢迎，魔鬼的一举一动看客必定跟着捧腹大笑。Robert Lynd 在他的小品文集《橘树》里《论魔鬼》那篇中说"《失乐园》诗所说的撒但在我们想象中简直等于儿童故事里面伟大英猛的海盗。"凡是儿童都爱海盗，许多人念了密尔敦史诗觉得诡谲的撒但比板板的上帝来得有趣得多。魔鬼的堪爱地方太多了，不是随便说得完，留得将来为文细论。

清末有几位王公贝勒常在夏天下午换上叫花子的打扮，偷跑到什刹海路旁口唱莲花向路人求乞，黄昏时候才解下百衲衣回王府去。我在北京住了几年，心中很羡慕旗人知道享乐人生，这事也是一个证明。大热天气里躺在柳荫底下，顺口唱些歌儿，自在地饱看来往的男男女女；放下朝服，着半件轻轻的破衫，尝一尝暂时流浪汉生活的滋味，这是多么知道享受人生。戏子的生活也是很有流浪汉的色彩，粉墨登场，去博人们的笑和泪，自己仿佛也变做戏中人物，清末宗室有几位很常上台串演，这也是他们会寻乐地方。白浪滔天半生奔走天下，最后入艺者之家，做一个门弟子，他自己不胜感慨，我却以为这真是浪人应得的涅槃。不管中外，戏子女优必定是人们所喜欢的人物，全靠着他们是社会中最显明的流浪汉。Dickens 的小说所以会那么出名，每回出版新书时候，要先通知警察到书店门口守卫，免得购书的人争先恐后打起架来，也是因为他书内大角色全是流浪汉，Pickwick 俱乐部那四位会员和他们周游中所遇的人们，《双城记》中的 Carton 等等全是第一等的流浪汉。《儒林外史》的杜少卿，《水浒》的鲁智深，《红楼梦》的柳二郎，《老残游记》的补残老是深深地刻在读者的心上，变成模范的流浪汉。

流浪汉自己一生快活，并且凭空地布下快乐的空气，叫人们看到他们也会高兴起来，说不出地喜欢他们,难怪有人说"自然创造我们时候,我们个个都是流浪汉,是这俗世把我们弄成个讲究体面的规矩人。"在这点我要学着卢骚,高呼"返于自然"。无论如何,在这麻木不仁的中国,流浪汉精神是一服极好的兴奋剂,最需要的强心针。就是把什么国家,什么民族一笔勾销,我们也希望能够过个有趣味的一生,不像现在这样天天同不好不坏,不进不退的先生们敷衍。写到这里,忽然记起东坡一首《西江月》,觉得很能道出流浪汉的三昧,就抄出做个结论吧!

照野弥弥浅浪,横空隐隐层霄,障泥未解玉骢骄,我欲醉眠芳草。可惜一溪风月,莫教踏碎琼瑶,解鞍敧枕绿杨桥,杜宇一声春晓。顷在黄州,春夜行蕲水中,过酒家,饮酒醉。乘月至一溪桥上,解鞍曲肱,醉卧少休。及觉已晓,乱山攒拥,流水锵锵,疑非尘世也。书此语桥柱上。

十八年除夕之前二日于福州

【学习提示】

梁遇春笔下的流浪汉着实让人羡慕,他们"整天随遇而安,无忧无虑",他们"做事痛痛快快,并不像富人那种畏首畏尾,瞻前顾后"。他们"与世无争,满面春风,老是笑眯眯的,一点心急也没有"。似乎,他们是隐居深山的隐士或是武侠小说中的绿林好汉,又似现代社会中的某些 Shopping Ladies。但实际上又不是,他们并不逃避现实,也非是那无家可归、脚跟如蓬转的人们,只是他们洒脱超然地面对现世,做自己兴趣中的事而已。他们是精神上的流浪汉。

梁遇春的朋友回忆,他(梁遇春)是一个十分健谈的人,什么事一旦挑起他神奇的思想,他就会"鼓起如莲之舌,说得天花乱坠"。《流浪汉》就是两个人在面对面聊天,轻松随意,散散道来,从自己后悔写《人死观》谈起,思及 Gentleman 之难翻译,再扯出"流浪汉"的英文名字一路扯将下去,从耶稣直谈到在什刹海路旁打扮成叫花子进行乞讨的清末王公贝勒,到最后,兴致来了,不禁吟起古诗来,以苏东坡的一首《西江月》词作结,可谓痛快淋漓。谈话中,梁遇春的才华尽显,古今中外的传说典故,作者信手拈来,却浑然天成,绝无斧凿之痕。

废名在《泪与笑》的序言里说:"秋心(梁遇春的笔名)的散文是我们新文学当中的六朝文,这是一个自然地生长,我们所羡慕不来学不来的,在他写给朋友的书简里,或者更见他的特色,玲珑多态,繁华足媚,其芜杂亦相当,其深厚也正是六朝文章所特有。"读《流浪汉》,想象梁遇春不就是一个追求通达闲适的六朝名士吗?

鲁迅·影的告别

鲁迅(1881～1936),中国文学家、思想家、革命家和教育家。原名周树人,字豫才,浙江绍兴人,1881 年 9 月 25 日诞生。出身于破落封建家庭,青年时代受进化论、尼采超人哲学和托尔斯泰博爱思想的影响。1902年去日本留学，原在仙台医学院学医，后从事文艺工作，希望用以改变国民精神。1918年5月，发表中国现代文学史上第一篇白话小说《狂人日记》，奠定了新文学运动的基石。五四运动前后，参加《新青年》杂志工作，成为"五四"新文化运动的主将。有小说集《呐喊》《彷徨》，论文集《坟》、散文诗集《野草》、散文集《朝花夕拾》、杂文集《热风》《华盖集》《华盖集续编》等。

影的告别

人睡到不知道时候的时候，就会有影来告别，说出那些话——

有我所不乐意的在天堂里，我不愿去；有我所不乐意的在地狱里，我不愿去；有我所不乐意的在你们将来的黄金世界里，我不愿去。

然而你就是我所不乐意的。

朋友，我不想跟随你了，我不愿住。

我不愿意！

呜乎呜乎，我不愿意，我不如彷徨于无地。

我不过一个影，要别你而沉没在黑暗里了。然而黑暗又会吞并我，然而光明又会使我消失。

然而我不愿彷徨于明暗之间，我不如在黑暗里沉没。

然而我终于彷徨于明暗之间，我不知道是黄昏还是黎明。我姑且举灰黑的手装作喝干一杯酒，我将在不知道时候的时候独自远行。

呜乎呜乎，倘若黄昏，黑夜自然会来沉没我，否则我要被白天消失，如果现是黎明。

朋友，时候近了。

我将向黑暗里彷徨于无地。

你还想我的赠品。我能献你甚么呢？无已，则仍是黑暗和虚空而已。但是，我愿意只是黑暗，或者会消失于你的白天；我愿意只是虚空，决不占你的心地。

我愿意这样，朋友——我独自远行，不但没有你，并且再没有别的影在黑暗里。只有我被黑暗沉没，那世界全属于我自己。

一九二四年九月二十四日

【学习提示】

鲁迅曾在给许广平的信中说："我的作品，太黑暗了，因为我常觉得惟'黑暗与虚无'乃是'实有'，却偏要向这些作绝望的抗战，所以很多着偏激的声音。其实这或者是年龄和经历的关系，也许未必一定的确的，因为我终于不能证实：惟黑暗与虚无乃是实有。"（《两地书·四》）

1924年的鲁迅，正处于人生的黑暗期，找不到自己的位置，彷徨无助，便以象征手法，写影与人告别，这个"影"无疑是诗人自己，开篇无助的"我"呼喊："朋友，我不想跟随你了，我不愿住。我不愿意！"他要反抗，"我愿意只是黑暗，或者会消失于你的白天；我愿意只是虚空，决不占你的心地。""只有我被黑暗沉没，那世界全属于我自己。"全篇折射着独立不倚的精神光芒，表达了诗人义无反顾地上下求索的坚定信念。

老舍·断魂枪

老舍（1899～1966），原名舒庆春，字舍予，另有笔名絜青，鸿来、非我等。满族，北京人。出身于一个贫民家庭。1918年北京师范学校毕业后任小学校长和中学教员。1924年赴英国任伦敦大学东方学院汉语讲师，阅读了大量英文作品，并从事小说创作，1926年加入文学研究会。1930年回国后任济南齐鲁大学、青岛山东大学教授。抗日战争爆发后南下赴汉口和重庆。1938年中华全国文艺界抗敌协会成立，他被选为理事兼总务部主任。新中国成立后，曾任中国文联副主席、中国作家协会副主席、中国民间文艺研究会副主席等职。因创作优秀话剧《龙须沟》而被授予"人民艺术家"称号。"文化大革命"初期因被迫害而弃世。

老舍以长篇小说和剧作著称于世，长篇小说以《骆驼祥子》《四世同堂》为代表，剧作以《龙须沟》《茶馆》为代表。

断魂枪

"生命是闹着玩，事事显出如此；从前我这么想过，现在我懂得了。"

沙子龙的镖局已改成客栈。

东方的大梦没法子不醒了。炮声压下去马来与印度野林中的虎啸。半醒的人们，揉着眼，祷告着祖先与神灵；不大会儿，失去了国土、自由与主权。门外立着不同面色的人，枪口还热着。他们的长矛毒弩，花蛇斑彩的厚盾，都有什么用呢；连祖先与祖先所信的神明全不灵了啊！龙旗的中国也不再神秘，有了火车呀，穿坟过墓破坏着风水。枣红色多穗的镖旗，绿鲨皮鞘的钢刀，响着串铃的口马，江湖上的智慧与黑话，义气与声名，连沙子龙，他的武艺、事业，都梦似的成昨夜的。今天是火车、快枪，通商与恐怖。听说，有人还要杀下皇帝的头呢！

这是走镖已没有饭吃，而国术还没被革命党与教育家提倡起来的时候。

谁不晓得沙子龙是短瘦、利落、硬棒，两眼明得象霜夜的大星？可是，现在他身上放了肉。镖局改了客栈，他自己在后小院占着三间北房，大枪立在墙角，院子里有几只楼鸽。只是在夜间，他把小院的门关好，熟习熟习他的"五虎断魂枪"。这条枪与这套枪，二十年的工夫，在西北一带，给他创出来："神枪沙子龙"五个字，没遇见过敌手。现在，这条枪与这套枪不会再替他增光显胜了；只是摸摸这凉、滑、硬而发颤的杆子，使他心中少难过一些而已。只有在夜间独自拿起枪来，才能相信自己还是"神枪沙"。在白天，他不大谈武艺与往事；他的世界已被狂风吹了走。

在他手下创练起来的少年们还时常来找他。他们大多数是没落子弟，都有点武艺，可是没地方去用。有的在庙会上去卖艺：踢两趟腿，练套家伙，翻几个跟头，附带着卖点大力丸，混个三吊两吊的。有的实在闲不起了，去弄筐果子，或挑些毛豆角，赶早儿在街上论斤吆喝出去。那时候，米贱肉贱，肯卖膀子力气本来可以混个肚儿圆；他们可是不成：肚量既大，而且得吃口管事儿的；干饽饽辣饼子咽不下去。况且他们还时常去走会：五虎棍，开路，太狮少狮……虽然算不了什么——比起走镖来——可是到底有个机会活动活动，露露脸。是的，走会捧场是买脸的事，他们打扮的得象个样儿，至少得有条青洋绉裤子，新漂白细市布的小褂，和一双鱼鳞洒鞋——顶好是青缎子抓地虎靴子。他们是神枪沙子龙的徒弟——虽然沙子龙并不承认——得到处露脸，走会得赔上俩钱，说不定还得打场架。没钱，上沙老师那里去求。沙老师不含糊，多少不拘，不让他们空着手儿走。可是，为打架或献技去讨教一个招数，或是请给说个"对子"——什么空手夺刀，或虎头钩进枪——沙老师有时说句笑话，马虎过去："教什么？拿开水浇吧！"有时直接把他们赶出去。他们不大明白沙老师是怎么了，心中也有点不乐意。

可是，他们到处为沙老师吹腾，一来是愿意使人知道他们的武艺有真传授，受过高人的指教；二来是为激动沙老师：万一有人不服气而找上老师来，老师难道还不露一两手真的么？所以：沙老师一拳就砸倒了个牛！沙老师一脚把人踢到房上去，并没使多大的劲！他们谁也没见过这种事，但是说着说着，他们相信这是真的了，有年月，有地方，千真万确，敢起誓！

王三胜——沙子龙的大伙计——在土地庙拉开了场子，摆好了家伙。抹了一鼻子茶叶末色的鼻烟，他抢了几下竹节钢鞭，把场子打大一些。放下鞭，没向四围作揖，又着腰念了两句："脚踢天下好汉，拳打五路英雄！"向四围扫了一眼："乡亲们，王三胜不是卖艺的；玩艺儿会几套，西北路上走过镖，会过绿林中的朋友。现在闲着没事，拉个场子陪诸位玩玩。有爱练的尽管下来，王三胜以武会友，有赏脸的，我陪着。神枪沙子龙是我的师傅；玩艺地道！诸位，有愿下来的没有？"他看着，准知道没人敢下来，他的话硬，可是那条钢鞭更硬，十八斤重。

王三胜，大个子，一脸横肉，努着对大黑眼珠，看着四围。大家不出声。他脱了小褂，紧了紧深月白色的"腰里硬"，把肚子杀进去。给手心一口唾沫，抄起大刀来：

"诸位，王三胜先练趟瞧瞧。不白练，练完了，带着的扔几个；没钱，给喊个好，助助威。这儿没生意口。好，上眼！"

大刀靠了身，眼珠努出多高，脸上绷紧，胸脯子鼓出，象两块老桦木根子。一跺脚，刀横起，大红缨子在肩前摆动。削砍劈拨，蹲越闪转，手起风生，忽忽直响。忽然刀在右手心上旋转，身弯下去，四围鸦雀无声，只有缨铃轻叫。刀顺过来，猛的一个"踩泥"，身子直挺，比众人高着一头，黑塔似的。收了势："诸位！"一手持刀，一手叉腰，看着四围。稀稀的扔下几个铜钱，他点点头。"诸位！"

他等着，等着，地上依旧是那几个亮而削薄的铜钱，外层的人偷偷散去。他咽了口气："没人懂！"他低声的说，可是大家全听见了。

"有功夫！"西北角上一个黄胡子老头儿答了话。

"啊?"王三胜好似没听明白。

"我说:你——有——功——夫!"老头子的语气很不得人心。

放下大刀,王三胜随着大家的头往西北看。谁也没看重这个老人:小干巴个儿,披着件粗蓝布大衫,脸上窝窝瘪瘪,眼陷进去很深,嘴上几根细黄胡,肩上扛着条小黄草辫子,有筷子那么细,而绝对不象筷子那么直顺。王三胜可是看出这老家伙有功夫,脑门亮,眼睛亮——眼眶虽深,眼珠可黑得象两口小井,深深的闪着黑光。王三胜不怕:他看得出别人有功夫没有,可更相信自己的本事,他是沙子龙手下的大将。

"下来玩玩,大叔!"王三胜说得很得体。

点点头,老头儿往里走。这一走,四外全笑了。他的胳臂不大动;左脚往前迈,右脚随着拉上来,一步步的往前拉扯,身子整着,象是患过瘫痪病。蹭到场中,把大衫扔在地上,一点没理会四围怎样笑他。

"神枪沙子龙的徒弟,你说? 好,让你使枪吧;我呢?"老头子非常的干脆,很象久想动手。

人们全回来了,邻场耍狗熊的无论怎么敲锣也不中用了。

"三截棍进枪吧?"王三胜要看老头子一手,三截棍不是随便就拿得起来的家伙。

老头子又点点头,拾起家伙来。

王三胜努着眼,抖着枪,脸上十分难看。

老头子的黑眼珠更深更小了,象两个香火头,随着面前的枪尖儿转,王三胜忽然觉得不舒服,那俩黑眼珠似乎要把枪尖吸进去! 四外已围得风雨不透,大家都觉出老头子确是有威。为躲那对眼睛,王三胜耍了个枪花。老头子的黄胡子一动:"请!"王三胜一扣枪,向前躬步,枪尖奔了老头子的喉头去,枪缨打了一个红旋。老人的身子忽然活展了,将身微偏,让过枪尖,前把一挂,后把撩王三胜的手。拍,拍,两响,王三胜的枪撒了手。场外叫了好。王三胜连脸带胸口全紫了,抄起枪来;一个花子,连枪带人滚了过来,枪尖奔了老人的中部。老头子的眼亮得发着黑光;腿轻轻一屈,下把掩裆,上把打着刚要抽回的枪杆;拍,枪又落在地上。

场外又是一片彩声。王三胜流了汗,不再去拾枪,努着眼,木在那里。老头子扔下家伙,拾起大衫,还是拉拉着腿,可是走得很快了。大衫搭在臂上,他过来拍了王三胜一下:

"还得练哪,伙计!"

"别走!"王三胜擦着汗:"你不离,姓王的服了! 可有一样,你敢会会沙老师?"

"就是为会他才来的!"老头子的干巴脸上皱起点来,似乎是笑呢。"走;收了吧;晚饭我请!"

王三胜把兵器拢在一处,寄放在变戏法二麻子那里,陪着老头子往庙外走。后面跟着不少人,他把他们骂散了。

"你老贵姓?"他问。

"姓孙哪,"老头子的话与人一样,都那么干巴。"爱练;久想会会沙子龙。"

沙子龙不把你打扁了！王三胜心里说。他脚底下加了劲，可是没把孙老头落下。他看出来，老头子的腿是老走着查拳门中的连跳步；交起手来，必定很快。但是，无论他怎么快，沙子龙是没对手的。准知道孙老头要吃亏，他心中痛快了些，放慢了些脚步。

"孙大叔贵处？"

"河间的，小地方。"孙老者也和气了些："月棍年刀一辈子枪，不容易见功夫！说真的，你那两手就不坏！"

王三胜头上的汗又回来了，没言语。

到了客栈，他心中直跳，唯恐沙老师不在家，他急于报仇。他知道老师不爱管这种事，师弟们已碰过不少回钉子，可是他相信这回必定行，他是大伙计，不比那些毛孩子；再说，人家在庙会上点名叫阵，沙老师还能丢这个脸么？

"三胜，"沙子龙正在床上看着本《封神榜》，"有事吗？"三胜的脸又紫了，嘴唇动着，说不出话来。

沙子龙坐起来，"怎么了，三胜？"

"栽了跟头！"

只打了个不甚长的哈欠，沙老师没别的表示。

王三胜心中不平，但是不敢发作；他得激动老师："姓孙的一个老头儿，门外等着老师呢；把我的枪，枪，打掉了两次！"他知道"枪"字在老师心中有多大分量。没等吩咐，他慌忙跑出去。

客人进来，沙子龙在外间屋等着呢。彼此拱手坐下，他叫三胜去泡茶。三胜希望两个老人立刻交了手，可是不能不沏茶去。孙老者没话讲，用深藏着的眼睛打量沙子龙。沙很客气：

"要是三胜得罪了你，不用理他，年纪还轻。"

孙老者有些失望，可也看出沙子龙的精明。他不知怎样好了，不能拿一个人的精明断定他的武艺。"我来领教领教枪法！"他不由地说出来。

沙子龙没接碴儿。王三胜提着茶壶走进来——急于看二人动手，他没管水开了没有，就沏在壶中。

"三胜，"沙子龙拿起个茶碗来，"去找小顺们去，天汇见，陪孙老者吃饭。"

"什么！"王三胜的眼珠几乎掉出来。看了看沙老师的脸，他敢怒而不敢言地说了声"是啦！"走出去，撅着大嘴。

"教徒弟不易！"孙老者说。

"我没收过徒弟。走吧，这个水不开！茶馆去喝，喝饿了就吃。"沙子龙从桌子上拿起缎子褡裢，一头装着鼻烟壶，一头装着点钱，挂在腰带上。

"不，我还不饿！"孙老者很坚决，两个"不"字把小辫从肩上抢到后边去。

"说会子话儿。"

"我来为领教领教枪法。"

"功夫早搁下了，"沙子龙指着身上，"已经放了肉！"

"这么办也行，"孙老者深深的看了沙老师一眼："不比武，教给我那趟五虎断魂枪。"

"五虎断魂枪？"沙子龙笑了："早忘干净了！早忘干净了！告诉你，在我这儿住几天，咱们各处逛逛，临走，多少送点盘缠。"

"我不逛，也用不着钱，我来学艺！"孙老者立起来，"我练趟给你看看，看够得上学艺不够！"一屈腰已到了院中，把楼鸽都吓飞起去。拉开架子，他打了趟查拳：腿快，手飘洒，一个飞脚起去，小辫儿飘在空中，象从天上落下来一个风筝；快之中，每个架子都摆得稳、准、利落；来回六趟，把院子满都打到，走得圆，接得紧，身子在一处，而精神贯串到四面八方。抱拳收势，身儿缩紧，好似满院乱飞的燕子忽然归了巢。

"好！好！"沙子龙在台阶上点着头喊。

"教给我那趟枪！"孙老者抱了抱拳。

沙子龙下了台阶，也抱着拳："孙老者，说真的吧；那条枪和那套枪都跟我入棺材，一齐入棺材！"

"不传？"

"不传！"

孙老者的胡子嘴动了半天，没说出什么来。到屋里抄起蓝布大衫，拉拉着腿："打搅了，再会！"

"吃过饭走！"沙子龙说。

孙老者没言语。

沙子龙把客人送到小门，然后回到屋中，对着墙角立着的大枪点了点头。

他独自上了天汇，怕是王三胜们在那里等着。他们都没有去。

王三胜和小顺们都不敢再到土地庙去卖艺，大家谁也不再为沙子龙吹胜；反之，他们说沙子龙栽了跟头，不敢和个老头儿动手；那个老头子一脚能踢死个牛。不要说王三胜输给他，沙子龙也不是他的对手。不过呢，王三胜到底和老头子见了个高低，而沙子龙连句硬话也没敢说。"神枪沙子龙"慢慢似乎被人们忘了。

夜静人稀，沙子龙关好了小门，一气把六十四枪刺下来；而后，挂着枪，望着天上的群星，想起当年在野店荒林的威风。叹一口气，用手指慢慢摸着凉滑的枪身，又微微一笑，"不传！不传！"

【学习提示】

老舍善于把个人命运的小故事和时代变迁的历史大背景结合起来。

进入半封建半殖民地社会的近代中国，古老的传统文明遭遇到西方现代文明的严峻挑战，以刀枪棍棒为代表的国术，面对强大凶残的坚船利炮，不得不谋求改变。身怀"五虎断魂枪"绝技的镖师沙子龙，一方面对往昔神枪的威风八面满怀留恋，一方面又在痛苦与无奈中将镖局改成客栈，并执意"不传"断魂枪。通过沙子龙的复杂心态，小说展现了传统文化在社会大变革时代一时找不到现实延续点和连接线的焦灼困境,揭示出当时国人在时代变迁中一时找不到自己生存位置的孤寂与悲凉这一丰厚而沉重的思想内涵。

沈从文·丈夫

沈从文(1902~1988),原名沈岳焕,苗族湖南凤凰县人,14 岁时,他投身行伍,浪迹湘川黔边境地区,1924 年开始文学创作,抗战爆发后到西南联大任教,1946 年回到北京大学任教,新中国成立后在中国历史博物馆和中国社会科学院历史研究所工作,主要从事中国古代服饰的研究,1988 年病逝于北京。一生共出版了《石子船》《从文子集》等 30 多种短集小说集和《边城》《长河》等 6 部中长篇小说。

丈 夫

落了春雨,一共有七天,河水涨大了。

河中涨了水,平常时节泊在河滩的烟船妓船,离岸极近,船皆系在吊脚楼下的支柱上。

在四海春茶馆楼上喝茶的闲汉子,伏身在临河一面窗口,可以望到对河的宝塔"烟雨红桃"好景致,也可以知道船上妇人陪客烧烟的情形。因为那么近,上下都方便,有喊熟人的声音,从上面或从下面喊叫,到后是互相见到了,谈话了,取了亲昵样子,骂着野话粗话,于是楼上人会了茶钱,从湿而发臭的甬道走去,从那些肮脏地方走到船上了。

上了船,花钱半元到五块,随心所欲吃烟睡觉,同妇人毫无拘束的放肆取乐,这些在船上生活的大臀肥身年青女人,就用一个妇人的好处,服侍男子过夜。

船上人,她们把这件事也像其余地方一样称呼,这叫做"生意"。她们都是做生意而来的。在名分上,那名称与别的工作同样,既不与道德相冲突,也并不违反健康。她们从乡下来,从那些种田挖园的人家,离了乡村,离了石磨同小牛,离了那年青而强健的丈夫,跟随到一个熟人,就来到这船上做生意了。做了生意,慢慢的变成为城市里人,慢慢的与乡村离远,慢慢的学会了一些只有城市里才需要的恶德,于是这妇人就毁了。但那毁,是慢慢的,因为需要一些日子,所以谁也不去注意了。而且也仍然不缺少在任何情形下还依然会好好的保留着那乡村纯朴气质的妇人,所以在市的小河妓船上,决不会缺少年青女子的来路。

事情非常简单,一个不呕呕于生养孩子的妇人,到了城市,能够每月把从城市里两个晚上所得的钱,送给那留在乡下诚实耐劳种田为生的丈夫处去,在那方面就可以过了好日子,名分不失,利益存在,所以许多年青的丈夫,在娶妻以后,把妻送出来,自己留在家中耕田种地安分过日子,也竟是极其平常的事。

这种丈夫,到什么时候,想及那在船上做生意的年青的媳妇,或逢年过节,照规矩要见见媳妇的面了，自己便换了一身浆洗干净的衣服，腰带上挂了那个工作时常不离口的短烟袋，背了整箩整篓的红薯糍粑之类，赶到市上来，象访远亲一样，从码头第一号船上问起，一直到认出自己女人所在的船上为止。问明白了，到了船上，小心小心的把一双布鞋放到舱外护板上，把带来的东西交给了女人，一面便用着吃惊的眼睛，搜索女人的全身。这时节，女人在丈夫眼下自然已完全不同了。

大而油光的发髻，用小镊子扯成的细细眉毛，脸上的白粉同绯红胭脂，以及那城市里人神气派头，城市里人的衣裳，都一定使从乡下来的丈夫感到极大的惊讶，有点手足无措。那呆像是女人很容易清楚的。女人到后开了口，或者问："那次五块钱得了么？"或者问："我们那对猪养儿子了没有？"女人说话时口音自然也完全不同了，变成象城市里做太太的大方自由，完全不是在乡下做媳妇的神气了。

听女人问到钱，问到家乡豢养的猪，这作丈夫的看出自己做主人的身分，并不在这船上失去，看出这城里奶奶还不完全忘记乡下，胆子大了一点，慢慢的摸出烟管同火镰。第二次惊讶，是烟管忽然被女人夺去，即刻在那粗而厚大的掌握里，塞了一枝哈德门香烟的缘故。吃惊也仍然是暂时的事，于是这做丈夫的，一面吸烟一面谈话，……

到了晚上，吃过晚饭，仍然在吸那有新鲜趣味的香烟。来了客，一个船主或一个商人，穿身牛皮长统靴子，抱兜一角露出粗而发亮的银链，喝过一肚子烧酒，摇摇荡荡的上了船。一上船就大声的嚷要亲嘴要睡，那洪大而含胡的声音，那势派，都使这作丈夫的想起了村长同乡绅那些大人物的威风，于是这丈夫不必指点，也就知道怯生生的往后舱钻去，躲到那后梢舱上去低低的喘气，一面把含在口上那枝卷烟摘下来，毫无目的的眺望河中暮景。夜把河上改变了，岸上河上已经全是灯火，这丈夫到这时节一定要想起家里的鸡同小猪，仿佛那些小小东西才是自己的朋友，仿佛那些才是亲人，如今与妻接近，与家庭却离得很远，淡淡的寂寞袭上了身，他愿意转去了。

当真转去没有？不。三十里路路上有豺狗，有野猫，有查夜的放哨的团丁，全是不好惹的东西，转去自然做不到。船上的大娘自然还得留他上三元宫看夜戏，到四海春去喝清茶，并且既然到了市上，大街上的灯同城市中的人更不可不去看看。于是留下了，坐到后舱看河中景致，等候大娘的空暇。到后要上岸了，就由小阳桥上扳篷架到船头；玩过后，仍然由那旧地方转到船上，小心小心使声音放轻，省得留在舱里躺到床上烧烟的人发怒。

到要睡觉的时候，城里起了更，西梁山上的更鼓冬冬响了一会，悄悄的从板缝里看看客人还不走，丈夫没有什么话可说，就在梢舱上新棉絮里一个人睡了。半夜里，或者已睡着，或者还在胡思乱想，那媳妇抽空爬过了后舱，问是不是想吃一点糖。本来非常欢喜口含冰糖的脾气，是做媳妇的记得清楚明白，所以即或说已经睡觉，已经吃过，也仍然还是塞了一小片冰糖在口里。媳妇用着略略抱怨自己那种神气走去了，丈夫把冰糖含在口里，正象仅仅为了这一点理由，就得原谅媳妇的行为，尽她在前舱陪客，自己也仍然很和平的睡觉了。

这样的丈夫在黄庄多着，那里出强健女子同忠厚男人。地方实在太穷了，一点点收成照例要被上面的人拿去一大半，手足贴地的乡下人，任你如何勤省耐劳的干做，一年中四分之一时间，即或用红薯叶子拌和糠灰充饥，总还不容易对付下去。地方虽在山中，离大河码头只三十里，由于习惯，女子出乡讨生活，男人通明白这做生意的一切利益。他懂事，女子名分上仍然归他，养得儿子归他，有了钱，也总有一部分归他。

那些船排列在河下，一个陌生人，数来数去是永远无法数清的。明白这数目，而且明白那秩序，记忆得出每一个船与摇船人样子，是五区一个老水保。

水保是个独眼睛的人。这独眼就据说在年青时节因殴斗杀过一个水上恶人，因为杀人，同时也就被人把眼睛抠瞎了。

但两只眼睛不能分明的，他一只眼睛却办到了。一个河里都由他管事。他的权力在这些小船上，比一个中国的皇帝、总统在地面上的权力还统一集中。

涨了河水，水保比平时似乎忙多了。由于责任，他得各处去看看。是不是有些船上做父母的上了岸，小孩子在哭奶了。是不是有些船上在吵架，需要排难解纷。是不是有些船因照料无人，有溜去的危险。在今天，这位大爷，并且要到各处去调查一些从岸上发生影响到了水面的事情。岸上这几天来发生三次小抢案，据公安局那方面人说，是凡地上小缝小罅都找寻到了，还是毫无痕迹。地上小缝小罅都亏那些体面的在职人员找过，于是水保的责任便到了。他得了通知，就是那些说谎话的公安局办事处通知，要他到半夜会同水面武装警察上船去搜索"歹人"。

水保得到这个消息时是上半天。一个整白天他要做许多事。他要先尽一些从平日受人款待好酒好肉而来的义务了，于是沿了河岸，从第一号船起始，每个船上去谈谈话。他得先调查一下，问问这船上是不是留容得有不端正的外乡人。

做水保的人照例是水上一霸，凡是属于水面上的事他无有不知。这人本来就是一个吃水上饭的人，是立于法律同官府对面，按照习惯被官吏来利用，处治这水上一切的。但人一上了年纪，世界成天变，变去变来这人有了钱，成过家，喝点酒，生儿育女，生活安舒，这人慢慢的转成一个和平正直的人了。在职务上帮助了官府，在感情上却亲近了船家。在这些情形上面他建设了一个道德的模范。他受人尊敬不下于官，却不让人害怕讨厌。他做了河船上许多妓女的干爹。由于这些社会习惯的联系，他的行为处事是靠在水上人一边的。

他这时正从一个木跳板上跃到一只新油漆过的"花船"头，那船位置在较清静的一家莲子铺吊脚楼下。他认得这只船归谁管，一上船就喊"七丫头"。

没有声音。年青的女人不见出来，年老的掌班也不见出来。老年人很懂事情，以为或者是大白天有年青男子上船做呆事，就站在船头眺望，等了一会。

过一阵他又喊了两声，又喊伯妈，喊五多；五多是船上的小毛头，年纪十二岁，人很瘦，声音尖锐，平时大人上了岸就守船，买东西煮饭，常常挨打，爱哭，过一会儿又唱起小调来。但是喊过五多后，也仍然得不到结果。因为听到舱里又似乎实在有声音，象人出气，不象全上了岸，也不象全在做梦。水保就钩身窥觑舱口，向暗处询问是谁在里面。

里面还是不作答。

水保有点生气了，大声的问，"你是哪一个？"

里面一个很生疏的男子声音，又虚又怯回答说，"是我。"

接着又说，"都上岸去了。"

"都上岸了么？"

"上岸了。她们……"

好象单单是这样答应，还深恐开罪了来人，这时觉得有一点义务要尽了，这男子于是从暗处爬出来，在舱口，小心小心扳到篷架，非常拘束的望到来人。

先是望到那一对峨然巍然似乎是为柿油涂过的猪皮靴子，上去一点是一个赭色柔软麂皮抱兜，再上去是一双回环抱着的毛手，满是青筋黄毛，手上有颗其大无比的黄金戒指，再上去才是一块正四方形象是无数橘子皮拼合而成的脸膛。

这男子，明白这是有身分的主顾了，就学到城市里人说话，说，"大爷，您请里面坐坐，她们就回来。"

从那说话的声音，以及干浆衣服的风味上，这水保一望就明白这个人是才从乡下来的种田人。本来女人不在就想走，但年青人忽然使他发生了兴味，他留着了。

"你从什么地方来的？"他问他，为了不使人拘束，水保取得是做父亲的和平样子，望到这年青人。"我认不得你。"

他想了一下，好象也并不认得客人，就回答，"我昨天来的。"

"乡下麦子抽穗了没有？"

"麦子吗？水碾子前我们那麦子，哈，我们那猪，哈，我们那……"

这个人，象是忽然明白了答非所问，记起了自己是同一个有身分的城里人说话，不应当说"我们"，不应当说我们"水碾子"同"猪"，把字眼用错，所以再也接不下去了。

因为不说话，他就怯怯的望到水保笑，他要人了解他，原谅他——他是个正派人，并不敢有意张三拿四。

水保是懂这个意思的。且在这对话中，明白这是船上人的亲戚了，他问年青人，"老七到什么地方去了，什么时候可以回来？"

这时节，这年青人答语小心了。他仍然说，"是昨天来的。"

他又告水保，他"昨天晚上来的。"末了才说，老七同掌班、五多上岸烧香去了，要他守船。因为守船必得把守船身分说出，他还告给了水保，他是老七的"汉子"。

因为老七平常喊水保都喊干爹，这干爹第一次认识了女婿，不必挽留，再说了几句，不到一会儿,两人皆爬进舱中了。

舱中有个小小床铺,床上有锦绸同红色印花洋布铺盖,摺叠得整整齐齐。来客照规矩应当坐在床沿。光线从舱口来,所以在外面以为舱中极黑,在里面却一切分明。

年青人为客找烟卷,找自来火,毛脚毛手打翻了身边一个贮栗子的小坛子,圆而发乌金光泽的板栗在薄明的船舱里各处滚去,年青人各处用手去捕捉,仍然放到小坛中去,也不知道应当请客人吃点东西。但客人却毫不客气,从舱板上把栗拾起咬破了吃,且说这风干的栗子真好。

"这个很好,你不欢喜么?"因为水保见到主人并不剥栗子吃。

"我欢喜。这是我屋后栗树上长的。去年结了好多,乖乖的从刺球里爆出来,我欢喜。"他笑了,近于提到自己儿子模样,很高兴说这个话。

"这样大栗子不容易得到。"

"我一个一个选出来的。"

"你选?"

"是的,因为老七欢喜吃这个,我才留下来。"

"你们那里可有猴栗?"

"什么猴栗?"

水保就把故事所说的"猴子在大山上住,被人辱骂时,抛下拳大栗子打人。人想这栗子,就故意去山下骂丑话,预备捡栗子。"——说给乡下人听。

因为栗子,正苦无话可说的年青人,得到同情他的人了。

他就告水保另外属于栗子的种种事情。他知道的乡下问题可多咧。于是他说到地名"栗坳"的新闻。又说到一种栗木作成的犁具如何结实合用。这人是太需要说到这些了。昨天来一晚上都有客人吃酒烧酒,把自己关闭在小船后梢,同五多说话,五多睡得成死猪。今天一早上,本来应当有机会同媳妇谈到乡下事情了,女人又说要上岸过七里桥烧香,派他一个人守船。坐到船上等了半天,还不见人回,到后梢去看河上景致,一切新奇不同,全只给自己发闷。先一时,正睡在舱里,就想这满江大水若到乡下涨,鱼梁上不知道应当有多少鲤鱼上梁!把鱼捉来时,用柳条穿鳃到太阳下去晒,正计算到那数目,总算不清楚。忽然客人来到船上,似乎一切鱼都争着跳进水中去了。

来了客人,且在神气上看出来人是并不拒绝这些谈话的,所以这年青人,凡是预备到同自己媳妇在枕边诉说的各样事情,这时得到了一个好机会,都拿来同水保谈了。

他告给水保许多乡下情形,说到小猪捣乱的脾气,叫小猪名字是"乖乖",又说到新由石匠整治过的那副石磨,顺便告给了一个石匠的笑话。又说到一把失去了多久的镰刀,一把水保梦想不到的小镰刀,他说,"你瞧,奇怪不奇怪? 我赌咒我各处都找到了。我们的床下,门枋上,仓角里,什么不找到? 它躲了。躲猫猫一样,不见了。我为这件事骂过老七。

老七哭过。可还是不见。鬼打岩,蒙蒙眼,原来它躲在屋梁上饭箩里! 半年躲在饭箩里! 它吃饭! 一身锈得象生疮。这东西多狡猾! 我说这个你明白我没有? 怎么会到饭箩里半年? 那是一只做样子的东西,挂到斗窗上。我记起那事了,是我削楔子,手上刮了皮,流了血,生了大气,赌气把刀一丢。⋯⋯到水上磨了半天,还不错,仍然能吃肉,你一不小心,就得流血。我还不曾同老七说到这个,她不会忘记那哭得伤心的一回事。找到了,哈哈,真找到了。"

"找到它就好了。"

"是的,得到了它那是好的。因为我总疑心这东西是老七掉到溪里,不好意思说明。我知道她不骗我了。我明白了。我知道她受了冤屈,因为我说过:'找不出么? 那我就要打人!'我并不曾动过手。可是生气时也真吓人。她哭了半夜!"

"你不是用得着它割草么?"

"嗨,哪里,用处多咧。是小镰刀,那么精巧,你怎么说是割草? 那是削一点薯皮,刮刮箫:这些这些用的。小得很,值三百钱,钢火妙极了。我们都应当有这样一把刀放到身边,不明白么?"

水保说,"明白明白:都应当有一把,我懂你这个话。"

他以为水保当真是懂的,什么也说到了,甚至于希望明年来一个小宝宝,这样只合宜于同自己的媳妇睡到一个枕头上商量的话也说到了。年青人毫无拘束的还加上许多粗话蠢话。说了半天,水保起身要走了,他才记起问客人贵姓。

"大爷,您贵姓? 留一个片子到这里,我好回话。"

"不用不用。你只告她有这么一个大个儿到过船上,穿这样大靴子。告她晚上不要接客,我要来。"

"不要接客,您要来?"

"就是这样说,我一定要来的。我还要请你喝酒。我们是朋友。"

"我们是朋友,是朋友。"

水保用他那大而肥厚的手掌,拍了一下年青人的肩膊,从船头上岸,走到别一个船上去了。

在水保走后,年青人就一面等候一面猜想这个大汉子是谁。他还是第一次同这样尊贵的人物谈话。他不会忘记这很好的印象的。人家今天不仅是同他谈话,还喊他做朋友,答应请他喝酒! 他猜想这人一定是老七的"熟客"。他猜想老七一定得了这人许多钱。他忽然觉得愉快,感到要唱一个歌了,就轻轻的唱了一首山歌。用四溪人体裁,他唱得是"水涨了,鲤鱼上梁,大的有大草鞋那么大,小的有小草鞋那么小。"

但是等了一会还不见老七回来,一个鬼也不回来,他又想起那大汉子的丰采言谈了。他记起那一双靴子,闪闪发光,以为不是极好的山柿油涂到上面,是不会如此体面好看的。

他记起那黄而发沉的戒子，说不分明那将值多少钱，一点不明白那宝贝为什么如此可爱。他记起那伟人点头同发言，一个督抚的派头，一个军长的身分——这是老七的财神！他于是又唱了一首歌。用杨村人不庄重口吻，唱得是"山坳的团总烧炭，山脚的地保爬灰；爬灰红薯才肥，烧炭脸庞发黑。"

到午时，各处船上都已有人烧饭了。湿柴烧不燃，烟子各处窜，使人流泪打嚏，柴烟平铺到水面时如薄绸。听到河街馆子里大师傅用铲子敲打锅边的声音，听到邻船上白菜落锅的声音，老七还不见回来。可是船上烧湿柴的本领年青人还没有学到，小钢灶总是冷冷的不发吼。做了半天还是无结果，只有把它放下一个办法了。

应当吃饭时候不得饭吃，人饿了，坐到小凳上敲打舱板，他仍然得想一点事情。一个不安分的估计在心上滋长了。正似乎为装满了钱钞便极其骄傲模样的抱兜，在他眼下再现时，把原有的和平已失去了。一个用酒糟同红血所捏成的橘皮红色四方脸，也是极其讨厌的神气，保留到印象上。并且，要记忆有什么用？他记忆得到那嘱咐，是当到一个丈夫面前说的！"今晚上不要接客，我要来。"该死的话，是那么不客气的从那吃红薯的大口里说出！为什么要说这个？有什么理由要说这个？……

胡想使他心上增加了愤怒，饥饿重复揪着了这愤怒的心，便有一些原始人就不缺少的情绪，在这个年青简单的人情绪中长大不已。

他不能再唱一首歌了。喉咙为妒嫉所扼，唱不出什么歌。

他不能再有什么快乐。按照一个种田人的脾气，他想到明天就要回家。

有了脾气再来烧火，自然更不行了，于是把所有的柴全丢到河里去了。

"雷打你这柴！要你到洋里海里去！"

但那柴是在两三丈以外，便被别个船上的人捞起了的。那船上人似乎一切都准备好了，正等待一点从河面漂流而来的湿柴，把柴捞上，即刻就见到用废缆一段引火，且即刻满船发烟，火就带着小小爆裂声音燃好了。看到这一切，新的愤怒使年青人感到羞辱，他想不必等待人回船就要走路。

在街尾遇到女人同小毛头五多两个人，正牵了手说着笑着走来。五多手上拿得有一把胡琴，崭新的样子，这是做梦也不曾遇到的一件家伙！

"你走哪里去？"

"我——要回去。""要你看船船也不看，要回去。什么人得罪了你，这样小气？"

"我要回去，你让我回去。"

"回到船上去！"

看看媳妇，样子比说话还硬劲。并且看到那一张胡琴，明知道这是特别买来给他的，所以再不能坚持，摸了摸自己发烧的额角，幽幽的说，"回去也好，回去也好"，就跟了媳妇的身后跑转船上。

掌班大娘也赶来了，原来提了一副猪肺，好象东西只是乘便偷来的，深恐被人追上带

到衙门里去。所以跑得颧骨发了红,喘气不止。大娘一上船,女人在舱中就喊:

"大娘,你瞧,我家汉子想走!"

"谁说的,戏都不看就走!"

"我们到街口碰到他,他生气样子,一定是怪我们不早回来。"

"那是我的错;是菩萨的错;是屠户的错。我不该同屠户为一个钱吵闹半天,屠户不该肺里灌这样多水。"

"是我的错。"陪男子在舱里的女人,这样说了一句话,坐下了。对面是男子汉。她于是有意的在把衣服解换时,露出极风情的红绫胸褡。胸褡上绣了"鸳鸯戏荷"。

男子觑着,不说话。有说不出的什么东西,在血里窜着涌着。

在后梢,听到大娘同五多谈着柴米。

"怎么我们的柴都被谁偷去了!"

"米是谁淘好的?"

"一定是火烧不燃。……姐夫是乡下人,只会烧松香。"

"我们不是昨天才解散一捆柴么?"

"都完了。"

"去前面搬一捆,不要说了。"

"姐夫只知道淘米!"

听到这些话的年青汉子,一句话不说,静静的坐在舱里,望到那一把新买来的胡琴。

女人说,"弦都配好了,试拉拉看。"

先是不作声,到后把琴搁在膝上,查看松香。调琴时,生疏的音从指间流出,拉琴人便快乐的微笑了。

不到一会,满舱是烟,男子被女人喊出去,仍然把琴拿到外面去,站在船头调弦。

到后吃中饭时,五多说:

"姐夫,你回头拉'孟姜女哭长城',我唱。"

"我不会拉。"

"我听说你拉得很好,你骗我谎我。"

"我不骗你。"

大娘说,"我听老七说你拉得好,所以到庙里,一见这琴,我就想起你才说就为姐夫买回去吧。是运气,烂贱就买来了。

这到乡里一块钱还恐怕买不到,不是么?"

"是的。值多少钱?"

"一吊六。他们都说值得!"

五多说,"谁说值得?"

大娘很生气的说,"毛丫头,谁说不值得? 你知道什么! 撕你的嘴!"

因为这琴是从一个卖琴熟人手上拿来，一个钱不花，听到大娘的谎话，五多分辩，大娘就骂五多，老七却笑了。男子以为这是笑大娘不懂事，所以也在一旁干笑。

男子先把饭吃完，就动手拉琴，新琴声音又清又亮，五多高兴到得意忘形，放下碗筷唱将起来，被大娘结结实实打了一筷子头，才忙着吃饭、收碗、洗锅子。

到了晚上，前舱盖了篷，男子拉琴，五多唱歌，老七也唱歌，美孚灯罩子有红纸剪成的遮光帽，全舱灯光红红的如办大喜事，年青人在热闹中像过年，心上开了花。可是过不久，有兵士从河街过身，喝得烂醉，听到这声音了。

两个醉鬼跟跟跄跄到了船边，两手全是污泥，用手扳船，口含胡桃那么混混胡胡的嚷叫：

"什么人唱，报上名来！唱得好，赏一个五百。不听到么？老子赏你五百！"

里面琴声戛然而止，沉静了。

醉鬼用脚不住踢船，蓬蓬蓬发出钝而沉闷的声音，且想推篷，搜索不到篷盖接榫处，于是又叫嚷，"不要赏么，婊子狗造的？装聋，装哑？什么人敢在这里作乐？我怕谁？皇帝我也不怕。大爷，我怕皇帝我不是人！我们军长师长，都是混账王八蛋！是皮蛋鸡蛋，寡了的臭蛋！我才不怕。"

另一个喉咙发沙的说道：

"骚婊子？出来拖老子上船！"

且即刻听到用石头打船篷，大声的辱骂祖宗。一船人都吓慌了。大娘忙把灯扭小一点，走出去推篷，男子听到那汹汹声气，夹了胡琴就往后舱钻去。不一会，醉人已经进到前舱了。两个人一面说着野话一面要争到同老七亲嘴，同大娘五多亲嘴。且听到问："是什么人在此唱歌作乐，把拉琴的抓来再给老子唱一个歌。"

大娘不敢作声，老七也无主意了，两个酒疯子就大声的骂人。

"臭货，喊龟子出来，跟老子拉琴，赏一千！英雄盖世的曹孟德也不会这样大方！我赏一千，一千个红薯，快来，不出来我烧掉你们这只船！听着没有，老东西！？赶快，莫让老子们生了气，灯笼子认不得人？"

"大爷，这是我们自己家几个人玩玩，不是外人……"

"不！不！不！老婊子，你不中吃。你老了，皱皮柑！快叫拉琴的来！杂种！我要拉琴，我要自己唱！"一面说一面便站起身来，想向后舱去搜寻。大娘弄慌了，把口张大合不拢去。老七急中生智，拖着那醉鬼的手，安置到自己的大奶上。

醉人懂到这意思，又坐下了。"好的，妙的，老子出得起钱，老子今天晚上要到这里睡觉！孤王酒醉在桃花宫，韩素梅生来好貌容……"

这一个在老七左边躺下去后，另一个不说什么，也在右边躺了下去。

年青人听到前舱仿佛安静了一会，在隔壁轻轻的喊大娘。

正感到一种侮辱的大娘，悄悄爬过去，男子还不大分明是什么事情，问大娘：

"什么事情?"

"营上的副爷,醉了,象猫,等一会儿就得走。"

"要走才行。我忘记告你们了,今天有一个大方脸人来,好象大官,吩咐过我,他晚上要来,不许留客。"

"是脚上穿大皮靴子,说话象打锣么?"

"是的,是的。他手上还有一个大金戒子。"

"那是老七干爹。他今早上来过了么?"

"来过的。他说了半天话才走,吃过些干栗子。"

"他说些什么?"

"他说一定要来,一定莫留客,……还说一定要请我喝酒。"

大娘想想,来做什么? 难道是水保自己要来歇夜? 难道是老对老,水保注意到……想不通,一个老鸨虽一切丑事做成习惯,什么也不至于红脸,但被人说到"不中吃"时,是多少感到一种羞辱的。她悄悄的回到前舱,看前舱新事情不成样子,扁了扁瘪嘴,骂了一声猪狗,终归又转到后舱来了。

"怎么?"

"不怎么。"

"怎么,他们走了?"

"不怎么,他们睡了。"

"睡了?"

大娘虽不看清楚这时男子的脸色,但她很懂这语气,就说:"姐夫,你难得上城来,我们可以上岸玩去。今夜三元宫夜戏,我请你坐高台子,是'秋胡三戏结发妻'。"

男子摇头不语。

兵士胡闹一阵走后,五多大娘老七都在前舱灯光下说笑,说那兵士的醉态。男子留在后舱不出来。大娘到门边喊过了二次,不答应,不明白这脾气从什么地方发生。大娘回头就来检查那四张票子的花纹,因为她已经认得出票子的真假了。

票子倒是真的,她在灯光下指点给老七看那些记号,那些花,且放到鼻子上嗅嗅,说这个一定是清真馆子里找出来的,因为有牛油味道。

五多第二次又走过去,"姐夫,姐夫,他们走了,我们来把那个唱完,我们还得……"

女人老七象是想到了什么心事,拉着了五多,不许她说话。

一切沉默了。男子在后舱先还是正用手指扣琴弦,作小小声音,这时手也离开那弦索了。

三个女人都听到从河街上飘来的锣鼓唢呐声音,河街上一个做生意人办喜事,客来贺喜,大唱堂戏,一定有一整夜热闹。

过了一会,老七一个人轻脚轻手爬到后舱去,但即刻又回来了。

214

大娘问:"怎么了?"

老七摇摇头,叹了一口气。

先以为水保恐怕不会来的,所以大家仍然睡了觉,大娘老七五多三个人在前舱,只把男子放到后面。

查船的在半夜时,由水保领来了,水面鸦雀无声,四个全副武装警察守在船头,水保同巡官晃着手电筒进到前舱。这时大娘已把灯捻明了,她经验多,懂得这不是大事情。老七披了衣坐在床上,喊干爹,喊巡官老爷,要五多倒茶。五多还睡意迷蒙,只想到梦里在乡下摘三月莓。

男子被大娘摇醒揪出来,看到水保,看到一个穿黑制服的大人物,吓得不能说话,不晓得有什么严重事情发生。

那巡官装成很有威风的神气开了口:"这是什么人?"

水保代为答应,"老七的汉子,才从乡下来走亲戚。"

老七说道,"老爷,他昨天才来的。"

巡官看了一会儿男子,又看了一会儿女人,仿佛看出水保的话不是谎话,就不再说话了,随意在前舱各处翻翻。待注意到那个贮风干栗子的小坛子时,水保便抓了一大把栗子塞到巡官那件体面制服的大口袋里去,巡官只是笑,也不说什么。

一伙人一会儿就走到另一船上去了。大娘刚要盖篷,一个警察回来传话:

"大娘,大娘,你告老七,巡官要回来过细考察她一下,你懂不懂?"

大娘说,"就来么?"

"查完夜就来。"

"当真吗?"

"我什么时候同你这老婊子说过谎?"

大娘很欢喜的样子,使男子很奇怪,因为他不明白为什么巡官还要回来考察老七。但这时节望到老七睡起的样子,上半晚的气已经没有了,他愿意讲和,愿意同她在床上说点家常私话,商量件事情,就傍床沿坐定不动。

大娘象是明白男子的心事,明白男子的欲望,也明白他不懂事,故只同老七打知会,"巡官就要来的!"

老七咬着嘴唇不作声,半天发痴。

男子一早起来就要走路,沉默的一句话不说,端整了自己的草鞋,找到了自己的烟袋。一切归一了,就坐到那矮床边沿,象是有话说又说不出口。

老七问他,"你不是昨晚上答应过干爹,今天到他家中吃中饭吗?"

"……"摇摇头,不作答。

"人家特意为你办了酒席,好意思不领情?"

"……"

"戏也不看看么?"

"……"

"满天红的晕油包子,到半日才上笼,那是你欢喜的包子。"

"……"

一定要走了,老七很为难,走出船头呆了一会,回身从荷包里掏出昨晚上那兵士给的票子来,点了一下数,一共四张,捏成一把塞到男子左手心里去。男子无话说,老七似乎懂到那意思了,"大娘,你拿那三张也把我。"大娘将钱取出,老七又把这钱塞到男子右手心里去。

男子摇摇头,把票子撒到地下去,两只大而粗的手掌捣着脸孔,象小孩子那样莫名其妙的哭了起来。

五多同大娘看情形不好,一齐逃到后舱去了。五多心想这真是怪事,那么大的人会哭,好笑。可是她并不笑。她站在船后梢舵,看见挂在梢舱顶梁上的胡琴,很愿意唱一个歌,可是不知为什么也总唱不出声音来。

水保来船上请远客吃酒,只有大娘同五多在船上。问到时,才明白两夫妇一早都回转乡下去了。

1930 年 4 月作于吴淞

【学习提示】

沈从文说过:"故事中我所最满意的文章,常用船上水上作为背景,我故事中人物的性格,全为我在水边船上所见到的人物性格。"他的短篇小说《丈夫》就是反映湘西水边上的故事。主人公是"男子";作者或许特意没有赋予明确的名字。可以是特指女主人公老七的丈夫,也可以是所有在花船上卖身女子的丈夫的总称。小说围绕着丈夫这个中心展开,极费笔墨地描绘了丈夫的数次心理变化。

丈夫进城后,本没想把妻子领回去,而只是"像访远亲一样"看看妻子而已。丈夫惊讶于妻子的变化,只有在妻子问起家乡养的猪,交的田租时,才能胆子大一点儿。而当其烟管被女人夺去,塞给他一支"哈德门"香烟时,他更吃惊了。当看到那"一上船就大声地嚷着要亲嘴要睡觉的客人时,他往后舱钻去"。一个"钻"字,让人心酸,丈夫似乎是麻木愚昧的,但所幸,丈夫已有了一丁点儿朦胧意识,他觉得变得大方的妻子与家庭倒生疏了,丈夫心灵的涟漪即在于此。对于水保,丈夫先是高兴的,因为他认真地听他说话,对他说"我们是朋友",他真的当对方是朋友了,但半夜的查船毁灭了丈夫的迷茫,他清醒了,心理变化推向了高潮,一切对他失去了吸引力,"丈夫"觉醒了。当老七把自己挣的钱交到他手中时,"男子摇摇头,把票子抛到地下去,两只大而粗的手掌捂着面孔,像小孩子那样莫名其妙地哭了起来"。这是自然人性的觉醒与人格尊严的勃发,可喜的是,最后,老七和丈夫一起回乡下去了。

张爱玲·金锁记(节选)

张爱玲(1920～1995),原名张瑛,生于上海一个没落的官宦世家。祖父张佩纶,是清末锋头极劲的清流人物,其祖母则是洋务重臣李鸿章的女儿。显赫但又日显颓势的家境,让张爱玲自幼就饱尝人间冷暖。中学毕业后,张爱玲到香港读大学,1941年太平洋战争爆发,她随之开始了文学创作。两年后,发表了小说《沉香屑:第一炉香》,一举成名。主要作品有散文集《流言》、散文小说合集《张看》、中短篇小说集《传奇》、长篇小说《倾城之恋》《秧歌》《赤地之恋》。晚年从事中国文学评论和《红楼梦》研究。

张爱玲在《自己的文章》中坦言,"我的作品,旧派的人看了觉得还轻松,可是嫌它不够舒服。新派的人看了觉得还有些意思,可是嫌它不够严肃。但我只能做到这样,而且自信也并非折中派。我只求自己能够写得真实些。"

金锁记(节选)

维持了几天的僵局,到底还是无声无息照原定计划分了家。孤儿寡妇还是被欺负了。

七巧带着儿子长白,女儿长安另租了一幢屋子住下了,和姜家各房很少来往。隔了几个月,姜季泽忽然上门来了。老妈子通报上来,七巧怀着鬼胎,想着分家的那一天得罪了他,不知他有什么手段对付。可是兵来将挡,她凭什么要怕他?她家常穿着佛青实地纱袄子,特地系上一条玄色铁线纱裙,走下楼来。季泽却是满面春风地站起来问二嫂好,又问白哥儿可是在书房里,安姐儿的湿气可大好了。七巧心里便疑惑他是来借钱的,加意防备着,坐下笑道:"三弟你近来又发福了。"季泽笑道:"看我像一点心事都没有的人。"七巧笑道:"有福之人不在忙吗!你一向就是无牵无挂的。"季泽笑道:"等我把房子卖了,我还要无牵无挂呢!"七巧道:"就是你做了押款的那房子,你要卖?"季泽道:"当初造它的时候,很费了点心思,有许多装置都是自己心爱的,当然不愿意脱手。后来你是知道的,那块地皮值钱了,前年把它翻造了弄堂房子,一家一家收租,跟那些住小家的打交道,我实在嫌麻烦,索性打算卖了它,图个清净。"七巧暗地里说道:"口气好大!我是知道你的底细的,你在我跟前充什么阔大爷!"

虽然他不向她哭穷,但凡谈到银钱交易,她总觉得有点危险,便岔了开去道:"三妹妹好么?腰子病近来发过没有?"季泽笑道:"我也有许久没见过她的面了。"七巧道:"这是什么话?你们吵了嘴么?"季泽笑道:"这些时我们倒也没吵过嘴。不得已在一起说两句话,也是难得的,也没那闲情逸致吵嘴。"七巧道:"何至于这样?我就不相信!"季泽两肘撑在藤椅的扶手上,交叉十指,手搭凉棚,影子落在眼睛上,深深地唉了一声。七巧笑道:"没有别的,要不就是你在外头玩得太厉害了。自己做错了事,还唉声叹气的仿佛谁害了你似的。你们姜家就没有一个好人!"说着,举起白团扇,作势要打。季泽把那交叉着的十指往下移了一移,两只大拇指按在嘴唇上,两只食指缓缓抚摸着鼻梁,露出一双水汪汪的眼睛来。那眼珠却是水仙花缸底的黑石子，上面汪着水，下面冷冷的没有表情。看不出他在想什么。七巧道："我非打你不可！"季泽的眼睛里突然冒出一点笑泡儿，道："你打，你打！"七巧待要打，又掣回手去，重新一鼓作气道："我真打！"抬高了手，一扇子劈下来，又在半空中停住了，吃吃笑起来，季泽带笑将肩膀耸了一耸，凑了上去道："你倒是打我一下罢！害得我浑身骨头痒着，不得劲儿！"七巧把扇子向背后一藏，越发笑得格格的。

季泽把椅子换了个方向，面朝墙坐着，人向椅背上一靠，双手蒙住了眼睛，又是长长地叹了口气。七巧啃着扇子柄，斜睨着他道："你今儿是怎么了？受了暑吗？"季泽道："你哪里知道？"半响，他低低的一个字一个字说道："你知道我为什么跟家里的那个不好，为什么我拼命地在外头玩，把产业都败光了？你知道这都是为了谁？"七巧不知不觉有点胆寒，走得远远的，倚在炉台上，脸色慢慢地变了。季泽跟了过来。七巧垂着头，肘弯撑在炉台上，手里擎着团扇，扇子上的杏黄穗子顺着她的额角拖下来。季泽在她对面站住了，小声道："二嫂！……七巧！"

七巧背过脸去淡淡笑道："我要相信你才怪呢！"季泽便也走开了，道："不错。你怎么能够相信我？自从你到我家来，我在家一刻也待不住，只想出去。你没来的时候我并没有那么荒唐过，后来那都是为了躲你。娶了兰仙来，我更玩得凶了，为了躲你之外又要躲她。见了你，说不了两句话我就要发脾气——你哪儿知道我心里的苦楚？你对我好，我心里更难受——我得管着我自己——我不能平白地坑坏了你，家里人多眼杂，让人知道了，我是个男子汉，还不打紧。你可了不得！"七巧的手直打颤，扇柄上的杏黄须子在她额上苏苏摩擦着。季泽道："你信也罢！不信也罢！信了又怎样？横竖我们半辈子已经过去了，说也是白说。我只求你原谅我这一片心。我为你吃了这些苦，也就不算冤枉了。"

七巧低着头，沐浴在光辉里，细细的音乐，细细的喜悦……这些年了，她跟他捉迷藏似的，只是近不得身，原来还有今天！可不是，这半辈子已经完了——花一般的年纪已经过去了。人生就是这样的错综复杂，不讲理。当初她为什么嫁到姜家来？为了钱么？不是的，为了要遇见季泽，为了命中注定她要和季泽相爱。她微微抬起脸来，季泽立在她跟前，两手合在她扇子上，面颊贴在她扇子上。他也老了十年了，然而人究竟还是那个人呵！他难道是哄她么？他想她的钱——她卖掉她的一生换来的几个钱？仅仅这一转念便使她暴怒起来。就算她错怪了他，他为她吃的苦抵得过她为他吃的苦么？好容易她死了心了，他又来撩拨她，她恨他。他还在看着她。他的眼睛——虽然隔了十年，人还是那个人呵！就算他是骗她的，迟一点儿发现不好么？即使明知是骗人的，他太会演戏了，也跟真的差不多罢？

不行！她不能有把柄落在这厮手里。姜家的人是厉害的，她的钱只怕保不住。她得先证明他是真心不是。七巧定了一定神，向门外瞟了一瞟，轻轻惊叫道："有人！"便三脚两步赶出门去，到下房里吩咐潘妈替三爷弄点心去，快些端了来，顺便带芭蕉扇进来替三爷打扇。七巧回到屋里来，故意皱着眉道："真可恶，老妈子在门口探头探脑的，见了我抹过头去就跑，被我赶上去喝住了。若是关上了门说两句话，指不定造出什么谣言来呢！饶是独门独户住了,还没个清净。"潘妈送了点心与酸梅汤进来,七巧亲自拿筷子替季泽拣掉了蜜层糕上的玫瑰与青梅,道:"我记得你是不爱吃红绿丝的。"有人在跟前,季泽不便说什么,只是微笑。七巧似乎没话找话说似的,问道:"你卖房子,接洽得怎样了?"季泽一面吃,一面答道:"有人出八万五,我还没打定主意呢。"七巧沉吟道:"地段倒是好的。"季泽道:"谁都不赞成我脱手,说还要涨呢。"七巧又问了些详细情形,便道:"可惜我手头没有这一笔现款,不然我倒想买。"季泽道:"其实呢,我这房子倒不急,倒是咱们乡下你那些田,早早脱手的好。自从改了民国,接二连三的打仗,何尝有一年闲过,把地面上糟蹋得不成样子,中间还被收租的、师爷、地头蛇一层一层勒啃着,莫说这两年不是水就是旱,就遇着了丰年,也没有多少进账轮到我们头上。"七巧寻思着,道:"我也盘算过来,一直挨着没有办。先晓得把它卖了,这会子想买房子,也不至于钱不凑手了。"季泽道:"你那田要卖趁现在就得卖,听说直鲁又要开仗了。"七巧道:"急切间你叫我卖给谁去?"季泽顿了一顿道:"我去替你打听打听,也成。"七巧耸了耸眉毛笑道:"得了,你那些狐群狗党里头,又有谁是靠得住的?"季泽把咬开的饺子在小碟里蘸了点醋,闲闲说出两个靠得住的人名,七巧便认真仔细盘问他起来,他果然回答得有条不紊,显然他是筹之已熟的。

七巧虽是笑吟吟的,嘴里发干,上嘴唇黏在牙仁上,放不下来。她端起盖碗来吸了一口茶,舔了舔嘴唇,突然把脸一沉,跳起身来,将手里的扇子向季泽头上滴溜溜掷过去,季泽向左偏了一偏,那团扇敲在他肩膀上,打翻了玻璃杯,酸梅汤淋淋漓漓溅了他一身。七巧骂道:"你要我卖了田去买你的房子?你要我卖田?钱一经你的手,还有得说么?你哄我——你拿那样的话来哄我——你拿我当傻子——"她隔着一张桌子探身过去打他,然而她被潘妈下死劲抱住了。潘妈叫唤起来,祥云等人都奔了来,七手八脚按住了她,七嘴八舌求告着。七巧一头挣扎,一头叱喝着,然而她的一颗心直往下坠——她很明白她这举动太蠢——太蠢——她在这儿丢人出丑。

季泽脱下了他那湿漉漉的白云纱长衫,潘妈绞了毛巾来代他揩擦,他理也不理,把衣服夹在手臂上,竟自扬长出门去了,临行的时候向祥云道:"等白哥儿下了学,叫他替他母亲请个医生来看看。"祥云吓糊涂了,连声答应着,被七巧兜脸给她一个耳刮子。

季泽走了。丫头老妈子也给七巧骂跑了。酸梅汤沿着桌子一滴一滴朝下滴,像迟迟的夜漏——一滴,一滴……一更,二更……一年,一百年。真长,这寂寂的一刹那。七巧扶着头站着倏地掉转身来上楼去,提着裙子,性急慌忙,跌跌跄跄,不住地撞到那阴暗的绿粉墙上,佛青袄子上沾了大块的淡色的灰。她要在楼上的窗户里再看他一眼。无论如何,她从前爱过他。她的爱给了她无穷的痛苦。单只是这一点,就使她值得留恋。多少回了,为了要按捺她自己,她进得全身的筋骨与牙根都酸楚了。今天完全是她的错。他不是个好人,她又不是不知道。她要他,就得装糊涂,就得容忍他的坏。她为什么要戳穿他?人生在世,还不就是那么一回事?归根究底,什么是真的?什么是假的?

她到了窗前,揭开了那边上缀有小绒球的墨绿洋式窗帘,季泽正在弄堂里往外走,长衫搭在臂上,晴天的风像一群白鸽子钻进他的纺绸裤褂里去,哪儿都钻到了,飘飘拍着翅子。

　　七巧眼前仿佛挂了冰冷的珍珠帘，一阵热风来了，把那帘子紧紧贴在她脸上，风去了，又把帘子吸了回去，气还没透过来，风又来了，没头没脸包住她——一阵凉一阵热，她只是流着眼泪。

　　玻璃窗的上角隐隐约约反映出弄堂里一个巡警的缩小的影子，晃着膀子踱过去。一辆黄包车静静在巡警身上辗过。小孩把袍子掖在裤腰里，一路踢着球，奔出玻璃的边缘。绿色的邮差骑着自行车，复印在巡警身上，一溜烟掠过。都是些鬼，多年前的鬼，多年后的没投胎的鬼……什么是真的？什么是假的？

　　过了秋天又是冬天，七巧与现实失去了接触。虽然一样的使性子，打丫头，换厨子，总有些失魂落魄的。她哥哥嫂子到上海来探望了她两次，住不上十来天，末了永远是给她絮叨得站不住脚，然而临走的时候她也没有少给他们东西。她侄子曹春熹上城来找事，耽搁在她家里。那春熹虽是个浑头浑脑的年轻人，却也本本分分的。七巧的儿子长白，女儿长安，年纪到了十三四岁，只因身材瘦小，看上去才只七八岁的光景。在年下，一个穿着品蓝摹本缎棉袍，一个穿着葱绿遍地锦棉袍，衣服太厚了，直挺挺撑开了两臂，一般都是薄薄的两张白脸，并排站着，纸糊的人儿似的。这一天午饭后，七巧还没起身，那曹春熹陪着他兄妹俩掷骰子，长安把压岁钱输光了，还不肯歇手。长白把桌上的铜板一捞，笑道："不跟你来了。"长安道："我们用糖莲子来赌。"春熹道："糖莲子揣在口袋里，看脏了衣服。"长安道："用瓜子也好，柜顶上就有一罐。"便搬过一张茶几来，踩了椅子爬上去拿。慌得春熹叫道："安姐儿你可别摔跤，回头我脱不了这干系！"正说着，只见长安猛可里向后一仰，若不是春熹扶住了，早是个倒栽葱。长白在旁拍手大笑，春熹嘟嘟嚷嚷骂着，也撑不住要笑，三人笑成一片。春熹将她抱下来，忽然从那红木大橱的穿衣镜里瞥见七巧蓬着头叉着腰站在门口，不觉一怔，连忙放下了长安，回身道："姑妈起来了。"七巧汹汹奔了过来，将长安向自己身后一推，长安立脚不稳，跌了一跤。七巧只顾将身子挡住了她，向春熹厉声道："我把你这狼心狗肺的东西！我三茶六饭款待你这狼心狗肺的东西，什么地方亏待了你，你欺负我女儿？你那狼心狗肺，你道我揣摩不出么？你别以为你教坏了我女儿，我就不能不捏着鼻子把她许配给你，你好霸占我们的家产！我看你这浑蛋，也还想不出这等主意来，敢情是你爹娘把着手儿教的！那两个狼心狗肺忘恩负义的老浑蛋！齐了心想我的钱，一计不成，又生一计！"春熹气得白瞪眼，欲待分辩，七巧道："你还有脸顶撞我！你还不给我快滚，别等我乱棒打出去！"说着，把儿女们推推撞撞送了出去，自己也气喘吁吁扶着个丫头走了。春熹究竟年纪轻火性大，赌气卷了铺盖，顿时离了姜家的门。

　　七巧回到起坐间里，在烟榻上躺下了。屋里暗昏昏的，拉上了丝绒窗帘。时而窗户缝里漏了风进来，帘子动了，方在那墨绿小绒球底下毛茸茸地看见一点天色，除此只有烟灯和烧红的火炉的微光。长安吃了吓，呆呆坐在火炉边一张小凳上。七巧道："你过来。"长安只道是要打，只是延捱着，搭讪把火炉边的洋铁围屏上晾着的小红格子法布衬衫翻了一翻，道："快烤糊了。"衬衫发出热烘烘的毛气。

七巧却不像要责打她的光景,只数落了一番,道:"你今年过了年也有十三岁了,也该放明白些。表哥虽不是外人,天下的男子都是一样混账。你自己要晓得当心,谁不想你的钱?"一阵风过,窗帘上的绒球与绒球之间露出白色的寒天,屋子里暖热的黑暗给打上了一排小洞。烟灯的火焰住下一挫,七巧脸上的影子仿佛更深了一层。她突然坐起身来,低声道:"男人……碰都碰不得!谁不想你的钱?你娘这几个钱不是容易得来的,也不是容易守得住。轮到你们手里,我可不能眼睁睁看着你们上人的当——叫你以后提防着些,你听见了没有?"长安垂着头道:"听见了。"

　　七巧的一只脚有点麻,她探身去捏一捏她的脚。仅仅是一刹那,她眼睛里蠢动着一点温柔的回忆。她记起了想她钱的一个男人。

　　她的脚是缠过的,尖尖的缎鞋里塞了棉花,装成半大的文明脚。她瞧着那双脚,心里一动,冷笑一声道:"你嘴里尽管答应着,我怎么知道你心里是明白还是糊涂?你人也有这么大了,又是一双大脚,哪里去不得?我就是管得住你,也没那个精神成天看着你。按说你今年十三了,裹脚已经嫌晚了,原怪我耽误了你。马上这就替你裹起来,也还来得及。"长安一时答不出话来,倒是旁边的老妈子们笑道:"如今小脚不时兴了,只怕将来给姐儿定亲的时候麻烦。"七巧道:"没有扯淡!我不愁我的女儿没人要,不劳你们替我担心!真没人要,养活她一辈子,我也养得起!"当真替长安裹起脚来,痛得长安鬼哭神号的。这时连姜家这样守旧的人家,缠过脚的也都已经放了脚了,别说是没缠过的,因此都拿长安的脚传作笑话奇谈。裹了一年多,七巧一时的兴致过去了,又经亲戚们劝着,也就渐渐放松了,然而长安的脚可不能完全恢复原状了。

　　姜家大房三房里的儿女都进了洋学堂读书,七巧处处存心跟他们比赛着,便也要送长白去投考。长白除了打小牌之外,只喜欢跑跑票房,正在那里朝夕用功吊嗓子,只怕进学校要耽搁了他的功课,便不肯去。七巧无奈,只得把长安送到沪范女中,托人说了情,插班进去。长安换上了蓝爱国布的校服,不上半年,脸色也红润了,胳膊腿腕也粗了一圈。住读的学生洗换衣服,照例是送到学校里包着的洗衣房里去的。长安记不清自己的号码,往往失落了枕套手帕种种零件,七巧便闹着说要去找校长说话。这一天放假回家,检点了一下,又发现有一条褥单是丢了。七巧暴跳如雷,准备明天亲自上学校去大兴问罪之师。长安着了急,拦阻了一声,七巧便骂道:"天生的败家精,拿你的钱不当钱。你娘的钱是容易得来的?——将来你出嫁,你看我有什么陪送给你!——给也是白给!"长安不敢作声,却哭了一晚上。她不能在她的同学跟前丢这个脸。对于十四岁的人,那似乎有天大的重要。她母亲去闹一场,她以后拿什么脸去见人?她宁死也不到学校里去了。她的朋友们,她所喜欢的音乐教员,不久就会忘记了有这么一个女孩子,来了半年,又无缘无故悄悄地走了。走得干净。她觉得她这牺牲是一个美丽的,苍凉的手势。

　　半夜里她爬下床来,伸手到窗外试试,漆黑的,是下了雨么?没有雨点。她从枕头边摸出一只口琴,半蹲半坐在地上,偷偷吹起来。犹疑地,Long Long Ago的细小的调子在庞大的夜里袅袅漾开,不能让人听见了。为了竭力按捺着,那呜呜的口琴忽断忽续,如同婴儿的哭泣。她接不上气来,歇了半响。窗格子里,月亮从云里出来了。墨灰的天,几点疏星,模糊的缺月,像石印的图画,下面白云蒸腾,树顶上透出街灯淡淡的圆光。长安又吹起口琴。"告诉我那故事,往日我最心爱的那故事,许久以前,许久以前……"

第二天她大着胆子告诉她母亲:"娘,我不想念下去了。"七巧睁着眼道:"为什么?"长安道:"功课跟不上,吃的太苦了,我过不惯。"七巧脱下一只鞋来,顺手将鞋底抽了她一下,恨道:"你爹不如人,你也不如人?养下你来又不是个十不全,就不肯替我争口气!"长安反剪着一双手,垂着眼睛,只是不言语。旁边老妈子们便劝道:"姐儿也大了,学堂里人杂,的确有些不方便。其实不去也罢了。"七巧沉吟道:"学费总得想法子拿回来。白便宜了他们不成?"便要领着长安一同去索讨,长安抵死不肯去,七巧带着两个老妈子去了一趟回来了,据她自己补叙,钱虽然没收回来,却也着实羞辱了那校长一场。长安以后在街上遇着了同学,脸上红一阵白一阵,无地自容,只得装做不看见,急急地走了过去。朋友寄信来,她拆也不敢拆,原封退了回去,她的学校生活就此告一结束。

有时她也觉得牺牲得有点不值得,暗自懊悔着,然而也来不及挽回了。她渐渐放弃了一切上进的思想,安分守己起来。她学会了挑是非,使小坏,干涉家里的行政。她不时地跟母亲怄气,可是她的言谈举止越来越像她母亲了。每逢她单叉着裤子,揸开了两腿坐着,两只手按在胯间露出的凳子上,歪着头,下巴搁在心口上凄凄惨惨瞅住了对面的人说道:"一家有一家的苦处呀,表嫂——一家有一家的苦处!"——谁都说她是活脱脱的一个七巧。她打了一根辫子,眉眼的紧俏有似当年的七巧,可是她小小的嘴过于瘪进去,仿佛显老一点。她再年轻些也不过是一棵较嫩的雪里红——盐腌过的。

也有人来替她做媒。若是家境推扳一点的,七巧总疑心人家是贪他们的钱。若是那有财有势的,对方却又不十分热心,长安不过是中等姿色,她母亲出身既低,又有个不贤慧的名声,想必没有什么家教。因此高不成,低不就,一年一年耽搁了下去。那长白的婚事却不容耽搁。长白在外面赌钱,捧女戏子,七巧还没甚话说,后来渐渐跟着他三叔姜季泽逛起窑子来,七巧方才着了慌,手忙脚乱替他定亲,娶了一个袁家的小姐,小名芝寿。行的是半新式的婚礼,红色盖头是蠲免了,新娘戴着蓝眼镜,粉红喜纱,穿着粉红彩绣裙袄,进了洞房,除去了眼镜,低着头坐在湖色帐幔里。闹新房的人围着打趣,七巧只看了一看便出来了。长安在门口赶上了她,悄悄笑道:"皮色倒还白净,就是嘴唇太厚了些。"七巧把手撑着门,拔下一只金挖耳来搔搔头,冷笑道:"还说呢! 你新嫂子这两片嘴唇,切切倒有一大碟子。"旁边一个太太便道:"说是嘴唇厚的人天性厚哇!"七巧哼了一声,将金挖耳指住了那太太,倒剔起一只眉毛,歪着嘴微微一笑道:"天性厚,并不是什么好话。当着姑娘们,我也不便多说——但愿咱们白哥儿这条命别送在她手里!"七巧天生着一副高爽的喉咙,现在因为苍老了些,不那么尖了,可是扁扁的依旧四面刮得人疼痛,像剃刀片。这两句话,说响不响,说轻也不轻。人丛里的新娘子的平板的脸与胸震了一震——多半是龙凤烛的火光的跳动。

三朝过后,七巧嫌新娘子笨,诸事不如意,每每向亲戚们诉说着。便有人劝道:"少奶奶年纪轻，二嫂少不得要费点心教导教导她。谁叫这孩子没心眼儿呢！"七巧啐道："你们瞧咱们新少奶奶老实呀——一见了白哥儿，她就得去上马桶！真的！你信不信？"这话传到芝寿耳朵里，急得芝寿只待寻死。然而这还是没满月的时候，七巧还顾些脸面，后来索性这一类的话当着芝寿的面也说了起来，芝寿哭也不是，笑也不是，若是木着脸装不听见，七巧便一拍桌子嗟叹起来道："在儿子媳妇手里吃口饭，可真不容易！动不动就给人脸子看！"

这天晚上，七巧躺着抽烟，长白盘踞在烟铺跟前的一张沙发椅上嗑瓜子，无线电里正唱着一出冷戏，他捧着戏考，一个字一个字跟着哼，哼上了劲，甩过一条腿去骑在椅背上，来回摇着打拍子。七巧伸过脚去踢他一下道："白哥儿你来替我装两筒。"长白道："现放着烧烟的，偏要支使我！我手上有蜜是怎么着？"说着，伸了个懒腰，慢腾腾移身坐到烟灯前的小凳上，卷起了袖子。七巧笑道："我把你这不孝的奴才！支使你，是抬举你！"她眯缝着眼望着他。这些年来她的生命里只有这一个男人。只有他，她不怕他想她的钱——横竖钱都是他的。可是，因为他是她的儿子，他这一个人还抵不了半个……现在，就连这半个人她也保留不住——他娶了亲。他是个瘦小白皙的年轻人，背有点驼，戴着金丝眼镜，有着工细的五官，时常茫然地微笑着，张着嘴，嘴里闪闪发着光的不知道是太多的唾沫水还是他的金牙。他敞着衣领，露出里面的珠羔里子和白小褂。七巧把一只脚搁在他肩膀上，不住地轻轻踢着他的脖子，低声道："我把你这不孝的奴才！打几时起变得这么不孝了？"长安在旁答道："娶了媳妇忘了娘吗！"七巧道："少胡说！我们白哥儿倒不是那样的人！我也养不出那样的儿子！"长白只是笑。七巧斜着眼看定了他，笑道："你若还是我从前的白哥儿，你今儿替我烧一夜的烟！"长白笑道："那可难不倒我！"七巧道："盹着了，看我捶你！"

起坐间的帘子撤下送去洗濯了。隔着玻璃窗望出去，影影绰绰乌云里有个月亮，一搭黑，一搭白，像个戏剧化的狰狞的脸谱。一点，一点，月亮缓缓地从云里出来了，黑云底下透出一线烱烱的光，是面具底下的眼睛。天是无底洞的深青色。久已过了午夜了。长安早去睡了，长白打着烟泡，也前仰后合起来。七巧斟了杯浓茶给他，两人吃着蜜饯糖果，讨论着东邻西舍的隐私。七巧忽然含笑问道："白哥儿你说，你媳妇儿好不好？"长白说道："这有什么可说的？"七巧道："没有可批评的，想必是好的了？"长白笑着不作声。七巧道："好，也有个怎么个好呀！"长白道："谁说她好来着？"七巧道："她不好？哪一点不好？说给娘听。"长白起初只是含糊对答，经不起七巧再三盘问，只得吐露一二。旁边递茶递水的老妈子们都背过脸去笑得格格的，丫头们都掩着嘴忍着笑回避出去了。七巧又是咬牙，又是笑，又是喃喃咒骂，卸下烟斗来狠命磕里面的灰，敲得托托一片响，长白说溜了嘴，止不住要说下去，足足说了一夜。

次日清晨，七巧吩咐老妈子取过两床毯子来打发哥儿在烟榻上睡觉。这时芝寿也已经起了身，过来请安。七巧一夜没合眼，却是精神百倍，邀了几家女眷来打牌，亲家母也在内。在麻将桌上一五一十将她儿子亲口招供的她媳妇的秘密宣布了出来，略加渲染，越发有声有色。众人竭力地打岔，然而说不出两句闲话，七巧笑嘻嘻地转了个弯，又回到她媳妇身上来了。逼得芝寿的母亲脸皮紫胀,也无颜再见女儿,放下牌,乘了包车回去了。

　　七巧接连着要长白为她烧了两晚上的烟。芝寿直挺挺躺在床上,搁在肋骨上的两只手蜷曲着像死去的鸡的脚爪。她知道她婆婆又在那里盘问她丈夫,她知道她丈夫又在那里叙述一些什么事,可是天知道他还有什么新鲜的可说!明天他又该涎着脸到她跟前来了。也许他早料到她会把满腔怨毒都结在他身上,就算她没本领跟他拼命,最不济也得质问他几句,闹上一场。多半他准备先声夺人,借酒盖住了脸,找点岔子,摔上两件东西。她知道他的脾气。末后他会坐到床沿上来,耸起肩膀,伸手到白绸小褂里面去抓痒,出人意料之外地一笑。他的金丝眼镜上抖动着一点光,他嘴里抖动着一点光,不知道是唾沫还是金牙。他摘去了他的眼镜。……芝寿猛然坐起身来,哗啦揭开了帐子。这是个疯狂的世界,丈夫不像个丈夫,婆婆也不像个婆婆。不是他们疯了,就是她疯了。今天晚上的月亮比哪一天都好,高高的一轮满月,万里无云,像是黑漆的天上一个白太阳。遍地的蓝影子,帐顶上也是蓝影子,她的一双脚也在那死寂的影子里。

　　芝寿待要挂起帐子来,伸手去摸索帐钩,一只手臂吊在那铜钩上,脸偎住了肩膀,不由得就抽噎起来。帐子自动地放了下来。昏暗的帐子里除了她之外没有别人,然而她还是吃了一惊,仓皇地再度挂起了帐子。窗外还是那使人汗毛凛凛的反常的明月——漆黑的天上一个灼灼的小而白的太阳。屋里看得分明那玫瑰紫绣花椅披桌布,大红平金五凤齐飞的围屏,水红软缎对联,绣着盘花篆字。梳妆台上红绿丝网络着银粉缸、银漱盂、银花瓶,里面满满盛着喜果,帐檐上垂下五彩攒金绕绒花球、花盆、如意、粽子,下面滴溜溜坠着指头大的琉璃珠和尺来长的桃红穗子。偌大一间房里充塞着箱笼、被褥、铺陈,不见得她就找不出一条汗巾子来上吊,她又倒到床上去。月光里,她脚没有一点血色——青、绿、紫、冷去的尸身的颜色。她想死,她想死。她怕这月亮光,又不敢开灯。明天她婆婆会说:"白哥儿给我多烧了两口烟,害得我们少奶奶一宿没睡觉,半夜三更点着灯等着他回来——少不了他吗!"芝寿的眼泪顺着枕头不停地流。她不用手帕去擦眼睛,擦肿了,她婆婆又该说了:"白哥儿一晚上没回房去睡,少奶奶就把眼睛哭得桃儿似的!"

　　七巧虽然把儿子媳妇描摹成这样热情的一对,长白对于芝寿却不甚中意,芝寿也把长白恨得牙痒痒的。夫妻不和,长白渐渐又往花街柳巷里走动。七巧把一个丫头绢儿给了他做小,还是牢笼不住他。七巧又变着方儿哄他吃烟。长白一向就喜欢玩两口,只是没上瘾,现在吸得多了,也就收了心不大往外跑了,只在家守着母亲和新姨太太。

　　他妹子长安二十四岁那年生了痢疾,七巧不替她延医服药,只劝她抽两筒鸦片,果然减轻了不少痛苦。病愈之后,也就上了瘾。那长安更与长白不同,未出阁的小姐,没有其他的消遣,一心一意地抽烟,抽的倒比长白还要多。也有人劝阻,七巧道:"怕什么!莫说我们姜家还吃得起,就是我今天卖了两顷地给他们姐儿俩抽烟,又有谁敢放半个屁?姑娘赶明儿聘了人家,少不得有她这一份嫁妆。她吃自己的,喝自己的,姑爷就是舍不得,也只好干望着她罢了!"

　　话虽如此说,长安的婚事毕竟受了点影响。来做媒的本来就不十分踊跃,如今竟绝迹了。长安到了近三十的时候，七巧见女儿注定了是要做老姑娘的了，便又换了一种论调，道："自己长得不好，嫁不掉，还怨我做娘的耽搁了她！成天挂搭着个脸，倒像我该还她二百钱似的。我留她在家里吃一碗闲茶闲饭，可没打算留她在家里给我气受呢！"

姜季泽的女儿长馨过二十岁生日，长安去给她堂房妹子拜寿。那姜季泽虽然穷了，幸喜他交游广阔，手里还算兜得转。长馨背地里向她母亲道："妈想法子给安姐姐介绍个朋友罢，瞧她怪可怜的。还没提起家里的情形，眼圈儿就红了。"兰仙慌忙摇手道："罢！罢！这个媒我不敢做！你二妈那脾气是好惹的？"长馨年少好事，哪里理会得？歇了些时，偶然与同学们说起这件事，恰巧那同学有个表叔新从德国留学回来，也是北方人，仔细攀认起来，与姜家还沾着点老亲。那人名唤童世舫，叙起来比长安略大几岁。长馨竟自作主张，安排了一切，由那同学的母亲出面请客。长安这边瞒得家里铁桶似的。

七巧身子一向硬朗，只因她媳妇芝寿得了肺痨，七巧嫌她乔张做致，吃这个，吃那个，累又累不得，比寻常似乎多享了一些福，自己一赌气便也病了。起初不过是气虚血亏，却也将阖家支使得团团转，哪儿还能够兼顾到芝寿？后来七巧竟真得了病，卧床不起，越发鸡犬不宁。长安趁乱里便走开了，把裁缝唤到她三叔家里，由长馨出主意替她制了新装。赴宴的那天晚上，长馨先陪她到理发店去用钳子烫了头发，从天庭到鬓角一路密密地贴着细小的发圈，耳朵上戴了二寸来长的玻璃翡翠宝塔坠子，又换上了苹果绿乔琪纱旗袍，高领圈，荷叶边袖子，腰以下是半西式的百褶裙。一个小大姐蹲在地上为她扣揿钮，长安在穿衣镜里端详着自己，忍不住将两臂虚虚的一伸，裙子一踢，摆了个葡萄仙子的姿势，一扭头笑了起来道："把我打扮得天女散花似的！"长馨在镜子里向那小大姐做了个眉眼，两人不约而同也都笑了起来。长安妆罢，便向高椅上端端正正坐下了。长馨道："我去打电话叫车。"长安道："还早呢！"长馨看了看表道："约的是八点，已经八点过五分了。"长安道："晚个半个钟头，想必也不碍事。"长馨猜她是存心要搭点架子，心中又好气又好笑，打开银丝手提皮包来检点了一下，借口说忘了带粉镜子，迳自走到她母亲屋里来，如此这般告诉了一遍，又道："今儿又不是姓童的请客，她这架子是冲着谁搭的？我也懒得去劝她，由她挨到明儿早上去，也不干我事。"兰仙道："瞧你这糊涂！人是你约的，媒是你做的，你怎么卸得了这干系？我埋怨过你多少回了——你早该知道了，安姐儿就跟她娘一样的小家子气，不上台盘。待会儿出乖露丑的，说起来是你姐姐，你丢人也是活该，谁叫你把这些是是非非，揽上身来，敢是闲疯了？"长馨咕嘟着嘴在她母亲屋里坐了半晌。兰仙笑道："看这情形，你姐姐是等着人催请呢。"长馨道："我才不去催她呢！"兰仙道："傻丫头，要你催，中甚么用？她等着那边来电话哪！"长馨失声笑道："又不是新娘子，要三请四催的，逼着上轿！"兰仙道："好歹你打个电话到饭店里去，叫他们打个电话来，不就结了？快九点了，再挨下去，事情可真要崩了！"长馨只得依言做去，这边方才动了身。

长安在汽车里还是兴兴头头，谈笑风生的，到了菜馆子里，突然矜持起来，跟在长馨后面，悄悄掩进了房间，怯怯地褪去了苹果绿鸵鸟毛斗篷，低头端坐，拈了一只杏仁，每隔两分钟轻轻啃去了十分之一，缓缓咀嚼着。她是为了被看而来的。她觉得她浑身的装束，无懈可击，任凭人家多看两眼也不妨事，可是她的身体完全是多余的，缩也没处缩，她始终缄默着，吃完了一顿饭。等着上甜菜的时候，长馨把她拉到窗子跟前去观看街景，又托故走开了，那童世舫便踱到窗前，问道："姜小姐这儿来过么？"长安细声道："没有。"童世舫道："我也是第一次，菜倒是不坏，可是我还是吃不大惯。"长安道："吃不惯？"世舫道："可不是！外国菜比较清淡些，中国菜要油腻得多。刚回来，连着几天亲戚朋友们接风，很容易的就吃坏了肚子。"长安反复地看她的手指，仿佛一心一意要数数一共有几个指纹是螺形的，几个是簸箕……

玻璃窗上面，没来由开了小小的一朵霓虹灯的花——对过一家店面里反映过来的，绿心红瓣，是尼罗河祀神的莲花，又是法国王室的百合徽章……

世舫多年没见过故国的姑娘，觉得长安很有点楚楚可怜的韵致，倒有几分欢喜。他留学以前早就定了亲，只因他爱上了一个女同学，抵死反对家里的亲事，路远迢迢，打了无数的笔墨官司，几乎闹翻了脸，他父母曾经一度断绝了他的接济，使他吃了不少的苦，方才依了他，解了约。不幸他的女同学别有所恋，抛下了他，他失意之余，倒埋头读了七八年的书。他深信妻子还是旧式的好，也是由于反应作用。

和长安见了这一面之后，两下里都有了意。长馨想着送佛送到西天，自己再热心些，也没有资格出来向长安的母亲说话，只得央及兰仙。兰仙执意不肯道："你又不是不知道，你爹跟你二妈仇人似的，向来是不见面的。我虽然没有跟她红过脸，再好些也有限，何苦去自讨没趣？"长安见了兰仙，只是垂泪，兰仙却不过情面，只得答应去走一遭。妯娌相见，问候了一番，兰仙便说明了来意。七巧初听见了，倒也欣然，因道："那就拜托三妹妹罢！我病病哼哼的，也管不得了，偏劳了三妹妹。这丫头就是我的一块心病。我做娘的也不能说是对不起她了，行的是老法规矩，我替她裹脚；行的是新派规矩，我送她上学堂——还要怎么着？照我这样扒心扒肝调理出来的人，只要她不疤不麻不瞎，还会没人要吗？怎奈这丫头天生的是扶不起的阿斗，恨得我只嚷嚷；多是我眼闭一去了，男婚女嫁，听天由命罢！"

当下议妥了，由兰仙请客，两方面相亲。长安与童世舫只做没见过面模样，只会晤了一次。七巧病在床上，没有出场，因此长安便风平浪静地订了婚。在筵席上，兰仙与长馨强拉着长安的手，递到童世舫手里，世舫当众替她套上了戒指。女家也回了礼，文房四宝虽然免了，却用新式的丝绒文具盒来代替，又添上了一只手表。

订婚之后，长安遮遮掩掩竟和世舫单独出去了几次。晒着秋天的太阳，两人并排在公园里走，很少说话，眼角里带着一点对方的衣服与移动着的脚，女子的粉香，男子的淡巴菰气，这单纯而可爱的印象便是他们身边的栏干，栏干把他们与众人隔开了。空旷的绿草地上，许多人跑着、笑着、谈着，可是他们走的是寂寂的绮丽的回廊——走不完的寂寂的回廊。不说话，长安并不感到任何缺陷。她以为新式的男女间的交际也就"尽于此矣"。童世舫呢，因为过去的痛苦的经验，对于思想的交换根本抱着怀疑的态度。有个人在身边，他也就满足了。从前，他顶讨厌小说上的男人，向女人要求同居的时候，只说："请给我一点安慰。"安慰是纯粹精神上的，这里却做了肉欲的代名词。但是他现在知道精神与物质的界限不能分得这么清。言语究竟没有用。久久的握手，就是妥协的安慰，因为会说话的人很少，真正有话说的人还要少。

有时在公园里遇着了雨，长安撑起了伞，世舫为她擎着。隔着半透明的蓝绸伞，千万粒雨珠闪着光，像一天的星。一天的星到处跟着他们，在水珠银烂的车窗上，汽车驰过了红灯、绿灯，窗子外营营飞着一颗红的星，又是一颗绿的星？

长安带了点星光下的乱梦回家来，人变得异常沉默了。时时微笑着。七巧见了，不由得有气，便冷言冷语道："这些年来，多多怠慢了姑娘，不怪姑娘难得开个笑脸。这下子跳出了姜家的门，称了心愿了，再快活些，可也别这么摆在脸上呀——叫人寒心！"依着长安素日的性子，就要回嘴，无如长安近来像换了个人似的，听了也不计较，自顾自努力去戒烟。七巧也奈何她不得。

长安订婚那天，大奶奶玳珍没去，隔了些天来补道喜。七巧悄悄唤了声大嫂，道："我看咱们还是在外头打听打听哩，这事可冒失不得！前天我耳朵里仿佛刮着一点，说是乡下有太太，外洋还有一个。"玳珍道："乡下的那个没过门就退了亲。外洋那个也是这样，说是做了几年的朋友了，不知怎么又没成功。"七巧道："那还有个为什么？男人的心，说声变，就变了，他连三媒六聘的还不认账，何况那不三不四的歪辣货？知道他在外洋还有旁人没有？我就只这一个女儿，可不能糊里糊涂断送了她的终身，我自己是吃过媒人的苦的！"

长安坐在一旁用指甲去掐手掌心，手掌心掐红了，指甲却挣得雪白。七巧一抬眼望见了她，便骂道："死不要脸的丫头，竖着耳朵听呢！这话是你听得的吗？我们做姑娘的时候，一声提起婆婆家，来不迭地躲开了。你姜家枉为世代书香，只怕你还要到你开麻油店的外婆家去学点规矩哩！"长安一头哭一头奔了出去。七巧拍着枕头嗳了一声道："姑娘急着要嫁，叫我也没法子。腥的臭的往家里拉。名为是她三婶给找的人，其实不过是拿她三婶做个幌子。多半是生米煮成了熟饭了，这才挽了三婶出来做媒。大家齐打伙儿糊弄我一个人……糊弄着也好！说穿了，叫做娘的做哥哥的脸往哪儿放？"

又一天，长安托辞溜了出去，回来的时候，不等七巧查问，待要报告自己的行踪，七巧叱道："得了，得了，少说两句罢！在我前面糊什么鬼？有朝一日你让我抓着了真凭实据——哼！别以为你大了，订了亲了，我打不得你了！"长安急了道："我给馨妹妹送鞋样子去，犯了法了？娘不信，娘问三婶去！"七巧道："你三婶替你寻了个汉子来，就是你的重生父母，再养爹娘！也没见你这样的轻骨头！……一转眼就不见你的人了。你家里供养了你这些年，就只差买个小厮伺候你，哪一处对你不住了，你在家里一刻也坐不稳？"长安红了脸，眼泪直掉下来。七巧缓过一口气来，又道："当初多少好的都不要，这会子去嫁个不成器的，人家拣剩下来的，岂不是自己打嘴？他若是个人，怎么活到三十来几，漂洋过海的，跑上十万里地，一房老婆还没弄到手？"

然而长安一味的执迷不悟。因为双方的年纪都不小了，订了婚不上几月，男方便托了兰仙来议定婚期。七巧指着长安道："早不嫁，迟不嫁，偏赶着这两年钱不射手！明年若是田上收成好些，嫁妆也还整齐些。"兰仙道："如今新式结婚，倒也不讲究这些了。就照新派

227

办法,省着点也好。"七巧道:"什么新派旧派?旧派无非排场大些,新派实惠些,一样还是娘家的晦气!"兰仙道:"二嫂看着办就是了,难道安姐儿还会争多论少不成?"一屋子的人全笑了,长安也不觉微微一笑。七巧破口骂道:"不害臊!你是肚子里有了搁不住的东西是怎么着?火烧眉毛,等不及的要过门!嫁妆也不要了——你情愿,人家倒许不情愿呢?你就拿准了他是图你的人?你好不自量。你有哪一点叫人看得上眼?趁早别自骗自了!姓童的还不是看中了姜家的门第!别瞧你们家轰轰烈烈,公侯将相的,其实全不是那么回事!早就是外强中干,这两年连空架子也撑不起了。人呢,一代坏似一代,眼里哪儿还有天地君亲?少爷们是什么都不懂,小姐们就知道霸钱要男人——猪狗都不如!我娘家当初千不该万不该跟姜家结了亲,坑了我一世,我待要告诉那姓童的趁早别像我似的上了当!"

自从吵闹过这一番,兰仙对于这头亲事便洗手不管了。七巧的病渐渐痊愈,略略下床走动,便逐日骑着门坐着,遥遥向长安屋里叫喊道:"你要野男人你尽管去找,只别把他带上门来认我做丈母娘,活活地气死了我!我只图个眼不见,心不烦。能够容我多活两年,便是姑娘的恩典了!"颠来倒去几句话,嚷得一条街上都听得见。亲戚丛中自然更将这事沸沸扬扬传了开去。

七巧又把长安唤到跟前,忽然滴下泪来道:"我的儿,你知道外头人把你怎么长怎么短糟蹋得一个钱也不值!你娘自从嫁到姜家来,上上下下谁不是势利的,狗眼看人低,明里暗里我不知受了他们多少气。就连你爹,他有什么好处到我身上,我要替他守寡?我千辛万苦守了这二十年,无非是指望你姐儿俩长大成人,替我争回一点面子来。不承望今日之下,只落得这等的收场!"说着,呜咽起来。

长安听了这话,如同轰雷掣顶一般。她娘尽管把她说得不成人,外头人尽管把她说得不成人,她管不了这许多。唯有童世舫——他——他该怎么想?他还要她么?上次见面的时候,他的态度有点改变吗?很难说……她太快乐了,小小的不同的地方她不会注意到……被戒烟期间身体上的痛苦与种种刺激两面夹攻着,长安早就有点受不了,可是硬撑着也就撑了过去,现在她突然觉得浑身的骨骼都脱了节,向他解释么?他不比她的哥哥,他不是她母亲的儿女,他决不能彻底明白她母亲的为人。他果真一辈子见不到她母亲,倒也罢了,可是他迟早要认识七巧。这是天长地久的事,只有千年做贼的,没有千年防贼的——她知道她母亲会放出什么手段来?迟早要出乱子,迟早要决裂。这是她的生命里顶完美的一段,与其让别人给它加上一个不堪的尾巴,不如她自己早早结束了它。一个美丽而苍凉的手势……她知道她会懊悔的,她知道她会懊悔的,然而她抬了抬眉毛,做出不介意的样子,说道:"既然娘不愿意结这个亲,我去回掉他们就是了。"七巧正哭着,忽然住了声,停了一停,又抽答抽答哭了起来。

长安定了一定神,就去打了个电话给童世舫。世舫当天没有空,约了明天下午。长安所最怕的就是中间隔的这一晚,一分钟,一刻、一刻,啃进她心里去。次日,在公园里的老地方,世舫微笑着迎上前来,没跟她打招呼——这在他是一种亲匿的表示。他今天仿佛是特别的注意她，并肩走着的时候，屡屡的望着她的脸。太阳煌煌的照着，长安越发觉得眼皮肿得抬不起来了。趁他不在看她的时候把话说了罢。她用哭哑了的喉咙轻轻唤了一声"童先生"，世舫没听见。那么，趁他看她的时候把话说了罢。她诧异她脸上还带着点笑，小声道："童先生，我想——我们的事也许还是——还是再说罢。对不起得很。"她褪下戒指来塞在他手里，冷涩的戒指，冷湿的手。她放快了步子走去，他愣了一会，便追上来，问道："为什么呢？对于我有不满意的地方么？"长安笔直向前望着，摇了摇头。世舫道："那么，为什么呢？"长安道："我母亲……"世舫道："你母亲并没有看见过我。"长安道："我告诉过你了，不是因为你。跟你完全没有关系。我母亲……"世舫站定了脚。这在中国是很充分的理由了罢？他这么略一踌躇，她已经走远了。

园子在深秋的日头里晒了一上午又一下午，怀烂熟的水果一般，往下坠着，坠着，发出香味来。长安悠悠忽忽听见了口琴的声音，迟钝地吹出了 Long Long Ago——"告诉我那故事，往日我最心爱的那故事。许久以前，许久以前……"这是现在，一转眼也就变了许久以前了，什么都完了。长安着了魔似的，去找那吹口琴的人——去找她自己。迎着阳光走着，走到树底下，一个穿着黄短裤的男孩骑在树桠枝上颠颠着，吹着口琴，可是他吹的是另一个调子，她从来没听见过。不大的一棵树，稀稀朗朗的梧桐叶在太阳里摇着像金的铃铛。长安仰面看着，眼前一阵黑，像骤雨似的，泪珠一串串的披了一脸，世舫找到了她，在她身边悄悄站了半晌，方道："我尊重你的意见。"长安攀起了她的皮包来遮住了脸上的阳光。

他们继续来往了一些时。世舫要表示新人物交女朋友的目的不仅限于择偶，因此虽然与长安解除了婚约，依旧常常的邀她出去。至于长安呢，她是抱着什么样的矛盾的希望跟着他出去，她自己也不知道——知道了也不肯承认。订着婚的时候，光明正大的一同出去，尚且要瞒了家里，如今更成了幽期密约了。世舫的态度始终是坦然的。固然，她略略伤害了他的自尊心，同时他对于她多少也有点惋惜，然而"大丈夫何患无妻？"男子对于女子最隆重的赞美是求婚。他割舍了他的自由，送了她这一份厚礼，虽然她是"心领璧还"了，他可是尽了他的心。这是惠而不费的事。

无论两人之间的关系是怎样的微妙而尴尬，他们认真的做起朋友来了。他们甚至谈起话来。长安的没见过世面的话每每使世舫笑起来，说道："你这人真有意思！"长安渐渐的也发现了她自己原来是个"很有意思"的人。这样下去，事情会发展到什么地步，连世舫自己也会惊奇。

然而风声吹到了七巧的耳朵里。七巧背着长安吩咐长白下帖子请童世舫吃便饭。世舫猜着姜家许是要警告他一声，不准他和他们小姐藕断丝连，可是他同长白在那阴森高敞的餐室里吃了两盅酒，说了一会话，天气、时局、风土人情，并没有一个字沾到长安身上。冷盘撤了下去，长白突然手按着桌子站了起来。世舫回过头去，只见门口背着光立着一个小身材的老太太，脸看不清楚，穿一件青灰团龙宫织缎袍，双手捧着大红热水袋，身边夹峙着两个高大的女仆。门外日色昏黄，楼梯上铺着湖绿花格子漆布地衣，一级一级上去，通入没有光的所在。世舫直觉地感到那是个疯子——无缘无故的,他只是毛骨悚然,长白介绍道:"这就是家母。"

世舫挪开椅子站起来,鞠了一躬。七巧将手搭在一个佣妇的胳膊上,款款走了进来,客套了几句,坐下来便敬酒让菜。长白道:"妹妹呢? 来了客,也不帮着张罗张罗。"七巧道:"她再抽两筒就下来了。"世舫吃了一惊,睁眼望着她。七巧忙解释道:"这孩子就苦在先天不足,下地就得给她喷烟。后来也是为了病,抽上了这东西。小姐家,够多不方便哪! 也不是没戒过,身子又娇,又是由着性儿惯了的,说丢,哪儿丢得掉呢! 戒戒抽抽,这也有十年了。"世舫不由得变了色,七巧有一个疯子的审慎与机智。她知道,一不留心,人们就会用嘲 笑的,不信任的眼光截断了她的话锋,她已经习惯了那种痛苦。她怕话说多了要被人看穿了。因此及早止住了自己,忙着添酒布菜。隔了些时,再提起长安的时候,她还是轻描淡写地把那几句话重复了一遍。她那平扁而尖利的喉咙四面割着人像剃刀片。

长安悄悄地走下楼来,玄色花绣鞋与白丝袜停留在日色昏黄的楼梯上。停了一会,又上去了,一级一级,走进没有光的所在。

七巧道:"长白你陪童先生多喝两杯,我先上去了。"佣人端上一品锅来,又换上了新烫的竹叶青。一个丫头慌里慌张站在门口将席上伺候的小厮唤了出去,叽咕了一会,那小厮又进来向长白附耳说了几句,长白仓皇起身,向世舫连连道歉,说:"暂且失陪,我去去就来,"三脚两步也上楼去了,只剩世舫一人独酌。那小厮也觉过意不去,低低地告诉了他:"我们绢姑娘要生了。"世舫道:"绢姑娘是谁?"小厮道:"是少爷的姨奶奶。"

世舫拿上饭来胡乱吃了两口,不便放下碗来就走,只得坐在花梨炕上等着,酒酣耳热,忽然觉得异常的委顿,便躺了下来。卷着云头的花梨炕,冰凉的黄藤心子,柚子的寒香……姨奶奶添了孩子了。这就是他所怀念着的古中国……他的幽娴贞静的中国闺秀是抽鸦片的! 他坐了起来,双手托着头,感到了难堪的落寞。

他取了帽子出门,向那个小厮道:"待会儿请你对上头说一声,改天我再面谢罢!"他穿过砖砌的天井,院子正中生着树,一树的枯枝高高印在淡青的天上,像磁上的冰纹。长安静静地跟在他后面送了出来,她的藏青长袖旗袍上有着淡黄的雏菊。她两手交握着,脸上显出稀有的柔和。世舫回过身来道:"姜小姐……"她隔得远远的站定了,只是垂着头。世舫微微鞠了一躬,转身就走了。长安觉得她是隔了相当的距离看这太阳里的庭院,从高楼上望下来,明晰、亲切,然而没有能力干涉,天井、树、曳着萧条的影子的两个人,没有话——不多的一点回忆,将来是要装在水晶瓶里双手捧着看的——她的最初也是最后的爱。

芝寿直挺挺躺在床上,搁在肋骨上的两只手蜷曲着像宰了的鸡的脚爪。帐子吊起了一半。不分昼夜她不让他们给她放下帐子来,她怕。

外面传进来说绢姑娘生了个小少爷。丫头丢下了热气腾腾的药罐子跑出去凑热闹。敞着房门,一阵风吹了进来,帐钩豁朗朗乱摇,帐子自动地放了下来,然而芝寿不再抗议了。她的头向右一歪,滚到枕头外面去。她并没有死——又挨了半个月光景才死的。

大学语文

绢姑娘扶了正,做了芝寿的替身。扶了正不上一年就吞了生鸦片自杀了。长白不敢再娶了,只在妓院里走走。长安更是早就断了结婚的念头。

七巧似睡非睡横在烟铺上。三十年来她戴着黄金的枷。她用那沉重的枷角劈杀了几个人,没死的也送了半条命。她知道她儿子女儿恨毒了她,她婆家的人恨她,她娘家的人恨她。她摸索着腕上的翠玉镯子,徐徐将那镯子顺着骨瘦如柴的手臂往上推,一直推到腋下。她自己也不能相信她年轻的时候有过滚圆的胳膊。就连出了嫁之后几年,镯子里也只塞得进一条洋绉手帕。十八九岁做姑娘的时候,高高挽起了大镶大滚的蓝夏布衫袖,露出一双雪白的手腕,上街买菜去。喜欢她的有肉店里的朝禄,她哥哥的结拜弟兄丁玉根、张少泉,还有沈裁缝的儿子。喜欢她,也许只是喜欢跟她开开玩笑。然而如果她挑中了他们之中的一个,往后日子久了,生了孩子,男人多少对她有点真心。七巧挪了挪头底下的荷叶边小洋枕,射上脸去揉擦了一下,那一面的一滴眼泪她就懒怠去揩拭,由它挂在腮上,渐渐自己干了。

七巧过世以后,长安和长白分了家搬出来住。七巧的女儿是不难解决她自己的问题的,谣言说她和一个男子在街上一同走,停在摊子跟前,他为她买了一双吊袜带。也许她用的是她自己的钱,可是无论如何是由男子的袋里掏出来的。……当然这不过是谣言。

三十年前的月亮早已沉下去,三十年前的人也死了,然而三十年前的故事还没完——完不了。

【学习提示】

《金锁记》被人们誉为最出色的中篇小说,傅雷在《论张爱玲的小说》一文中称之为"张女士截至目前的最完满之作",是"我们的文坛最美的收获之一"。夏志清的《中国现代小说史》在论张爱玲时说"这是中国自古以来最伟大的中篇小说"。

张爱玲令人震惊地拉开了两性世界温情脉脉的面纱。主人公曾被作者称为她小说世界中唯一的"英雄",她拥有着"一个疯子的审慎和机智",为了报复曾经伤害过她的社会,她用最为病态的方式,"她那平扁而尖利的喉咙四面割着人像剃刀片",随心所欲地施展着淫威。曹七巧本是一个健康单纯的姑娘,有几分姿色,风流泼辣,敢在街上与卖肉的朝禄调情,生活清苦但也有自己的幸福,但命运之神却把她推给了姜家,让她变成了一个丧失人性、为金钱所困的变态的疯子。她的疯狂不仅使自己走向了毁灭,而且她还将身边的亲人拉来做陪葬,"三十年来她戴着黄金的枷,她用那沉重的枷角劈杀了几个人,没死的也送了半条命。"她自己呢?被金钱榨干了青春,蚀空了灵魂,终于在临死之前流出了干涩的泪。她是一个可恶可恨的害人者,更是一个可怜可悲的被害者。

弃 妇

李金发

长长发披遍我两眼之前，
遂割断了一切羞恶之疾视，
与鲜血之急流，枯骨之沉睡
黑夜与蚊虫联步徐来，
越此短墙之角，
狂呼在我清白之耳后，
如荒野狂风怒号：
战栗了无数游牧

靠一根草儿，与上帝之灵往返在空谷里。
我的哀戚惟游蜂之脑能深印着；
或与山泉长泻在悬崖，
然后随红叶而俱去。

弃妇之隐忧堆积在动作上，
夕阳之火不能把时间之烦闷
化成灰烬，从烟突里飞去，
长染在游鸦之羽，
将同栖止于海啸之石上，
静听舟子之歌。

衰老的裙裾发出哀吟，
徜徉在丘墓之侧，
永无热泪，
点滴在草地，
为世界之装饰。

我是一条小河

冯 至

我是一条小河，
我无心从你的身边流过，
你无心把你彩霞般的影儿
投入了河水的柔波。
我流过一座森林，
柔波便荡荡地
把那些碧绿的叶影儿
裁剪成你的衣裳。
我流过一座花丛，
柔波便粼粼地
把那些彩色的花影儿
编织成你的花冠。
最后我终于
流入无情的大海，
海上的风又厉，浪又狂，
吹折了花冠，击碎了衣裳！
我也随着海潮漂漾，
漂漾到无边的地方；
你那彩霞般的影儿，
也和幻散了的彩霞一样！

纸船——寄母亲

冰 心

我从不肯妄弃了一张纸，
总是留着——留着。
叠成一只一只很小的船儿，
从舟上抛下在海里。
有的被天风吹卷到舟中的窗里，
有的被海浪打湿，沾在船头上。
我仍是不灰心的每天的叠着，
总希望有一只能流到我要它到的地方去。

233

母亲,倘若你梦中看见一只很小的白船儿,

不要惊讶它无端入梦。

这是你至爱的女儿含着泪叠的,

万水千山,求它载着她的爱和悲哀归去。

一日的春光

冰 心

我给一位远方的朋友写信,曾说我要尽量的吞咽今年北平的春天。

今年北平的春天来的特别的晚,而且在还不知春在哪里的时候,抬头忽见黄尘中绿叶成阴,柳絮乱飞,才晓得在厚厚的尘沙黄幕之后,春还未曾露面,已悄悄的远引了。

天下事都是如此——

去年冬天是特别地冷,也显得特别地长。每天夜里,灯下孤坐,听着扑窗怒号的朔风,小楼震动,觉得身上心里都没有一丝暖气。一冬来,一切的快乐、活泼、力量和生命,似乎都冻得蜷伏在每一个细胞的深处。我无聊地安慰自己说:"等着罢,冬天来了,春天还能很远么?"

然而这狂风、大雪,冬天的行列,排得意外地长,似乎没有完尽的时候。有一天看见湖上冰软了,我的心顿然欢喜,说:"春天来了!"当天夜里,北风又卷起漫天匝地的黄沙,忿怒的扑着我的窗户,把我心中的春意又吹得四散。有一天看见柳梢嫩黄了,那天的下午,又不住地下着不成雪的冷雨,黄昏时节,严冬的衣服,又披上了身。

九十天看看过尽——我不信了春天!

几位朋友说:"到大觉寺看杏花去罢。"虽然我的心中始终 未曾得到春的消息,却也跟着大家去了。到了管家岭,扑面的风尘里,几百棵杏树枝头,一望已尽是残花败蕊;转到了大工,向阳的山谷之中,还有几株盛开的红杏,然而盛开中气力已尽,不是那满树浓红、花蕊相间的情态了。

我想,"春去了就去了罢!"归途中心里倒也坦然,这坦然中是三分悼惜,七分憎嫌,总之,我不信了春天。

四月三十日的下午,有位朋友约我到挂甲屯吴家花园看海棠,"且喜天气晴明"——现在回想起来,那天是九十春光中惟一的春天——海棠花又是我所深爱的,就欣然地答应了。

东坡恨海棠无香,我却以为若是香得不妙,宁可无香。我的院里栽了几棵丁香和珍珠梅,夏天还有玉簪,秋天还有菊花,栽后都很后悔。因为这些花香,都使我头痛,不能折来养在屋里。所以有香的花中,我只爱兰花、桂花、香豆花和玫瑰,无香的花中,海棠要算我最喜欢的了。

海棠是浅浅的红,红得"乐而不淫",淡淡的白,白得"哀而不伤",又有满树的绿叶掩映着，秾纤适中，像一个天真、健美、欢悦的少女，同是造物者最得意的作品。

斜阳里，我正对着那几树繁花坐下。

春在眼前了！

这四棵海棠在怀馨堂前，北边的那两棵较大，高出堂檐约五六尺。花后是响晴蔚蓝的天，淡淡的半圆的月，遥俯树梢。这四棵树上，有千千万万玲珑娇艳的花朵，乱烘烘的在繁枝上挤着开。

看见过幼稚园放学没有？从小小的门里，挤着的跳出涌出使人眼花缭乱的一大群的快乐、活泼、力量、生命；这一大群跳着涌着的分散在极大的周围，在生的季候里做成了永远的春天！

那在海棠枝上卖力的春，使我当时有同样的感觉。

一春来对于春的憎嫌，这时都消失了。喜悦地仰首，眼前是烂漫的春，骄奢的春，光艳的春——似乎春在九十日来无数的徘徊瞻顾，百就千拦，只为的是今日在此树枝头，快意恣情的一放！

看得恰到好处，便辞谢了主人回来。这春天吞咽得口有余香！过了三四天，又有友人来约同去，我却回绝了。今年到处寻春，总是太晚，我知道那时若去，已是"落红万点愁如海"，春来萧索如斯，大不必去惹那如海的愁绪。

虽然九十天中，只有一日的春光，而对于春天，似乎已得了酬报，不再怨恨憎嫌了。只是满意之余，还觉得有些遗憾，如同小孩子打架后相寻，大家忍不住回嗔作喜，却又不肯即时言归于好，只背着脸，低着头，撅着嘴说："早知道你又来哄我找我，当初又何必把我冰在那里呢？？这世道！唉！"